# O ANTIGO REGIME E A REVOLUÇÃO

*O livro é a porta que se abre para a realização do homem.*

Jair Lot Vieira

ALEXIS DE TOCQUEVILLE

# O ANTIGO REGIME E A REVOLUÇÃO

Tradução, Apresentação e notas
**JOSÉ MIGUEL NANNI SOARES**
Graduado em História pela Universidade de São Paulo
e em Jornalismo pelas Faculdades Integradas Alcântara Machado.
Mestre e Doutor em História Social pela Universidade de São Paulo.
Atua nas áreas de História Moderna e Contemporânea,
Ética e Filosofia Política.

edipro

Grafia conforme o novo Acordo Ortográfico da Língua Portuguesa.

1ª edição, 1ª reimpressão 2022.

**Editores:** Jair Lot Vieira e Maíra Lot Vieira Micales
**Coordenação editorial:** Fernanda Godoy Tarcinalli
**Revisão:** Ana Paula Luccisano
**Editoração:** Alexandre Rudyard Benevides
**Diagramação e Arte:** Karine Moreto Massoca
**Imagem de capa:** Queda da Bastilha, 1789 (iStockphoto)

Dados Internacionais de Catalogação na Publicação (CIP)
(Câmara Brasileira do Livro, SP, Brasil)

---

Tocqueville, Alexis de, 1805-1859.

O Antigo Regime e a Revolução / Alexis de Tocqueville ; tradução, apresentação e notas José Miguel Nanni Soares. – São Paulo : Edipro, 2017.

Título original: L'Ancien régime et la Révolution.

Bibliografia.

ISBN 978-85-7283-982-2

1. França – História – Revolução, 1789-1799 – Causas I. Soares, José Miguel Nanni. II. Título.

16-08257 CDD-944.04

---

Índice para catálogo sistemático:
1. Revolução Francesa : Causas : História : 944.04

CÓPIA NÃO AUTORIZADA É CRIME
ABDR
RESPEITE O DIREITO AUTORAL
EDITORA AFILIADA

edipro

São Paulo: (11) 3107-7050 • Bauru: (14) 3234-4121
www.edipro.com.br • edipro@edipro.com.br
@editoraedipro @editoraedipro

# SUMÁRIO

## LIVRO III

# SOBRE A TRADUÇÃO

Realizada com base no texto original em francês – a 4ª edição de *L'Ancien Régime et la Révolution* (Paris: Michel Lévy Frères, 1859) –, esta tradução foi cuidadosamente cotejada com as versões espanhola (*El Antiguo Régimen y la Revolución*. Trad. Jorge Ferreiro. México: D.F., Fondo de Cultura Económica, 2006) e inglesa (*The Old Regime and the Revolution*. Trad. Alan S. Kahan. Chicago: The University of Chicago Press, 1998).

Esta edição apresenta todas as notas finais indicadas por Tocqueville no corpo principal do texto de *L'Ancien Régime et la Révolution*, as quais são comumente excluídas pelas diversas traduções, na esteira de uma convenção adotada pelo editor J.-P. Mayer em sua edição de 1964, pela Gallimard (sob o pretexto do cunho excessivamente técnico ou especializado das notas). Sem excluir toda razão a Mayer, julgamos que esse critério limita uma maior compreensão sobre o autor e sua obra (de suas virtudes e de seus limites), de modo que excluímos apenas o longo glossário final, muito especializado e que não diz respeito ao texto propriamente dito.

Como algumas dessas notas são bastante extensas, optamos por deixá-las no final da obra, com a devida indicação numérica (entre colchetes) no corpo do texto principal. As notas do tradutor, mais curtas e meramente ilustrativas, encontram-se no rodapé das páginas.

*José Miguel Nanni Soares*

# APRESENTAÇÃO

No momento em que publica *O Antigo Regime e a Revolução* (junho de 1856), o cinquentenário Alexis-Henri-Charles Clérel, o conde de Tocqueville (1805-1859), já era um pensador consagrado – seus dois volumes de *A democracia na América* (publicados, respectivamente, em 1835 e 1840) valeram-lhe um título tão honroso quanto o ingresso na prestigiosa Academia Francesa, em 1842, a saber, o título de "moderno Montesquieu"[1] – e um político de considerável experiência (fora deputado entre 1839 e 1851, além de ministro dos Assuntos Estrangeiros entre junho e outubro de 1849). Em 1835 como em 1856, a questão que o intrigou foi sempre a mesma: por que a marcha da civilização ocidental rumo à democracia assumiu formas revolucionárias na França?

Os eventos políticos de 1848-1852, que instauraram a Segunda República francesa e culminaram no regime *cesarista* de Luís Napoleão (o primeiro presidente francês eleito por sufrágio universal, mas também o promotor do golpe de Estado de dezembro de 1851, que pavimentou a via para o Segundo Império), trouxeram à tona a memória do ciclo revolucionário de 1789-1799.

Testemunha ocular das jornadas revolucionárias de fevereiro de 1848, o então deputado Tocqueville – vinculado afetiva e socialmente à aristocracia,[2] mas aderindo convicta e voluntariamente à democracia – não hesitou em aderir à nova República, pois já não via condições para a arrivista e irresponsável elite política da Monarquia de Julho governar o país. Eleito deputado constituinte em abril de 1848 – fora membro do comitê encarregado de redigir a nova Constituição francesa – e deputado legislativo em maio de 1849, um politicamente frustrado

1. O primeiro autor deste elogioso epípeto à figura de Tocqueville teria sido o filósofo e líder político doutrinário Royer-Collard (1763-1845).

2. Neto pelo lado materno do célebre Malesherbes – amigo dos filósofos e defensor de Luís XVI no julgamento deste – e filho de um servidor devotado da Restauração e par da França (que por muito pouco lograra escapar da guilhotina), a linhagem nobre de Tocqueville remontava ao século XV.

Tocqueville[3] teve a ideia, durante seu retiro italiano em Sorrento (entre dezembro de 1850 e março de 1851), de escrever um livro de memórias políticas (publicadas postumamente por expressa vontade do autor e que receberam o nome Souvenirs[4]), e aproveitou para esboçar um projeto de livro histórico sobre o Império.

A opção por fazer uma obra histórica oferecia-lhe a vantagem retórica de ancorar sua argumentação numa base factual sólida, evitando assim um desdobramento excessivamente dogmático de seu pensamento. E para que sua obra lograsse o efeito político desejado junto aos leitores, impunha-se destacar o mecanismo de repetição da história francesa de maior pertinência no presente, isto é, perscrutar as origens do amálgama entre a paixão revolucionária pela igualdade e o gosto servil pela ordem, responsável pela supressão das liberdades políticas republicanas em proveito de uma política despótica. Como bem destacou François Furet a respeito da concepção histórica de Tocqueville:

> O vínculo de Tocqueville com a história não é formado de apreço pelo passado, mas de sensibilidade em relação ao presente. Tocqueville não pertence à raça dos historiadores voltados para a estranheza do distanciamento do tempo, a poesia do passado, ou a diversão da erudição; ele pertence inteiramente a um outro tipo de curiosidade histórica, na qual a reflexão sobre a atualidade serve de ponto de partida para uma pesquisa de filiação. Assim, não existe nele, como no caso de seu contemporâneo Michelet, essa paixão obsessiva pelo passado [...]. O que ele busca e o que proporcionará à sua vida intelectual tanta força de penetração e coerência [...] é o sentido de seu presente.[5]

Na mesma linha e completando o argumento de Furet, o estudioso brasileiro Marcelo Jasmin sublinhou a importância do livro histórico-filosófico de Montesquieu sobre os romanos (*Considerações sobre as causas da grandeza dos romanos e de sua decadência*, 1734)* como referência metodológica para Tocqueville, na

3. Além de ver seu candidato presidencial (o general Cavaignac, líder da brutal repressão às jornadas insurrecionais de junho de 1848) derrotado nas eleições de 1848, Tocqueville acabara de ser destituído do Ministério dos Assuntos Estrangeiros, onde ficara marcado pela controversa e dilacerante decisão de reprimir a República Democrática Romana (proclamada em fevereiro de 1849): controversa pelo aspecto político (pois a intervenção, uma política de Estado iniciada pelo ministro anterior, contrariava a Constituição de 1848 em letra e espírito, uma vez que não só ingeria em assuntos de outros povos, como também combatia uma igualmente jovem República inspirada justamente no recente modelo francês), não foi menos dilacerante no plano pessoal, pois Tocqueville, que preferia a pasta da Educação e não tinha nenhuma simpatia seja pelos revolucionários romanos, seja pelo papa, viu-se impelido a continuar a política de seu antecessor (mais antiaustríaca do que qualquer coisa), na crença de que era possível conciliar uma política liberal para a Itália central com a supressão daquela República.

4. Na edição brasileira, encontra-se sob o título de *Lembranças de 1848*.

5. F. Furet, 1989a, p. 145.

*. Obra a ser publicada em breve pela Edipro. (N.E.)

medida em que o barão de La Brède privilegiava a compreensão das causas e dos impactos dos acontecimentos (numa complexa e dinâmica fusão de fatos, ideias, narração e juízo) à narração erudita e exaustiva dos fatos.[6] Mais do que uma descrição ou relato, a história tocquevilleana é uma matéria que deve ser organizada e explicada num vaivém constante entre o árduo estudo dos arquivos e a conceitualização.[7] Há mais: como bem destacou o filósofo e sociólogo francês Raymond Aron, a obra histórica de Tocqueville pode perfeitamente ser enquadrada na tradição da filosofia política clássica, uma vez que avança uma sociologia do Antigo Regime que "não cessa de julgar, ao mesmo tempo em que descreve".[8]

Portanto, assim que o golpe de Estado de Luís Napoleão (dezembro de 1851) afastou-o das atividades políticas – junto aos demais deputados, teve seus direitos políticos cassados –, Tocqueville deu início, entre julho e setembro de 1852, à pesquisa daquele projeto de livro sobre o primeiro Império. Retirado na Normandia, inicia uma pequena pesquisa oral com vários sobreviventes locais da Revolução de 1789, além de consultar inventários, documentos, tratados históricos (como o de Fréminville, uma das raras fontes citadas no texto) e registros notariais de toda espécie, inclusive os de sua família. A leitura dessa documentação revelou-lhe uma surpreendente continuidade econômico-social entre o período anterior e o posterior à Revolução, especialmente no tocante à propriedade camponesa, obrigando-o a alterar o recorte cronológico: de um ato de nascimento ou origem de uma nova sociedade, a grande Revolução de 1789 assumira o aspecto de uma etapa de um processo histórico temporalmente mais longo e remoto.

Diante desse *insight* conceitual-cronológico, no final de 1852 Tocqueville abandona o estudo do Império e redistribui suas fontes, privilegiando a faina dos arquivos à leitura das histórias e memórias de autores e personagens célebres. Inicia-se então uma nova e ampliada pesquisa que, voltada para as práticas administrativas e para as sensibilidades políticas e culturais, já operava com o conceito de longa duração e se abria para a compreensão das

6. M. Jasmin, 1996, p. 94.

7. Tocqueville deixa isso claro já nas linhas inaugurais do *Prefácio* da presente obra (ver p. 41): "O livro que agora publico não é uma história da Revolução, história feita com demasiado brilho para que eu intente refazê-la: trata-se de um estudo sobre esta Revolução".

8. Aron vincula Montesquieu e Tocqueville a uma tradição política que remonta a Aristóteles: "Para Aristóteles, não se pode interpretar adequadamente a tirania sem entender que é o regime que mais se afasta do melhor dos regimes, porque a realidade do fato é inseparável de sua qualidade. Querer descrever as instituições sem julgá-las é não ver o que faz com que elas sejam o que são." Cf. R. Aron, 2008, p. 343. Na mesma linha, Marcelo Jasmin (1996, p. 101) destacou: "Tocqueville exige do historiador a sua opinião sobre o que narra e o seu juízo acerca das ações e dos agentes do passado. Esta é a dimensão ética que não pode ser oculta, sob o risco de o narrador tornar-se mero reprodutor de fatos, um cronista, e não um historiador.".

mentalidades, no melhor espírito do que bem depois seria preconizado pelos historiadores da Escola dos *Annales*.

Após consultar os arquivos nacionais de Paris (início de 1853) e os arquivos de Tours (entre junho de 1853 e meados de 1854), um já enfermo Tocqueville alcança outro ponto de inflexão determinante de sua pesquisa, isto é, dá-se conta (em março de 1854) de que seu estudo sobre o Antigo Regime ocuparia um livro inteiro, e não apenas um capítulo introdutório sobre a Revolução. Dessa descoberta resultou outra pesquisa que, a exemplo das mencionadas anteriormente, revelou-se decisiva para a realização da obra, deixando-lhe marcas profundas: para compreender a fisionomia própria da Revolução Francesa, impunha-se não só destacar e isolar o que pertencia a 1789 e ao Antigo Regime, mas também comparar o Antigo Regime francês aos seus congêneres do continente europeu. Assim, entre julho e agosto de 1854, Tocqueville empreende viagem à Alemanha, mais precisamente à cidade de Bonn, onde toma ciência de vários detalhes sobre a legislação agrária e o Código de Frederico pelo contato com os professores da prestigiosa universidade local.

Finalmente, entre abril e junho de 1855, Tocqueville dedica-se a uma nova consulta dos arquivos nacionais, mais especificamente os relativos aos *países de Estados* e ao Languedoc em particular, uma região próspera que desfrutava de ampla autonomia administrativa e financeira durante o Antigo Regime. Presente como *Apêndice* neste livro, esse estudo resultou num autêntico exercício de história contrafactual, de uma história possível para a sociedade francesa, em que a transição de uma sociedade aristocrática para outra democrática poderia ter ocorrido fora da modalidade revolucionária.

A redação da obra demandaria mais dois anos e meio de Tocqueville - entre janeiro de 1854 e junho de 1856 -, que teve grande dificuldade para dar-lhe um título: entre os títulos imaginados ("A Revolução", "O espírito da Revolução Francesa", "Democracia e liberdade na França"), prevaleceu o que lhe fora sugerido pelo editor.

Designado para o grande público e não somente para os especialistas, o livro ocultava suas fontes, prática um tanto comum na época. Apesar da massiva e rigorosa pesquisa que norteou e permeou a redação da obra, Tocqueville, na melhor tradição de Montesquieu, preferiu oferecer uma exposição literária clara e simples[9] de suas ideias a uma obra erudita repleta de

9. "Meu objetivo era o de traçar um quadro que fosse estritamente exato e que, ao mesmo tempo, pudesse ser instrutivo. Assim, todas as vezes que encontrei em nossos pais algumas dessas virtudes másculas que nos seriam indispensáveis e que quase já não temos - um verdadeiro espírito de independência, o gosto pelas coisas grandiosas, a fé em nós mesmos e em uma causa -, coloquei-as em destaque e, da mesma maneira, quando encontrei nas leis, nas

conceitos e de fontes,[10] como seria o caso de um historiador acadêmico do século XX.[11] Escrevendo em meados do século XIX, quando o estatuto científico da história ainda era objeto de vários questionamentos, e antes de os estudos sobre a Revolução serem absorvidos pela esfera acadêmica (algo que só ocorreria no final daquele século), não havia demérito algum no fato de Tocqueville privilegiar essa exposição "literária" de suas ideias, as quais, como as notas finais do texto permitem ver, encontram-se amplamente balizadas numa complexa e sólida pesquisa factual/documental, que nada deixaria a dever aos historiadores profissionais de hoje.

Assim, enquanto o célebre crítico literário do século XIX, Sainte-Beuve, tecia severas críticas à obra histórica de Tocqueville (segundo ele, carente de base factual e partindo de deduções, premissas e preconceitos do autor), quase um século depois, ninguém menos do que um dos mais consagrados historiadores acadêmicos da Revolução Francesa, Georges Lefebvre, fez questão de salientar a amplitude e a variedade da pesquisa histórica tocquevilleana, bem como a habilidade do autor no manuseio e na interpretação de seu material.[12]

Crítico da, por assim dizer, abordagem "continuísta" de Tocqueville – que atribui à Revolução a centralização napoleônica e ignora seja a obra descentralizadora de 1789 e da Constituinte, seja a reação aristocrática dos últimos decênios da monarquia (que deixara os monarcas Luís XV e Luís XVI praticamente na impossibilidade de governar) –, nem por isso Lefebvre deixou de assinalar os enormes méritos do livro, especialmente no que diz respeito à sociologia de classes do Antigo Regime e, no interior desta, a descrição das condições do campesinato. No parecer desse historiador, Tocqueville soube apreender objetiva e subjetivamente o estado social e os sentimentos dessa classe que, apesar de abandonada por seus superiores (o clero e a nobreza), ainda arcava com inúmeros foros e direitos senhoriais anacrônicos. Com efeito, algumas das notas inéditas que esta edição apresenta ao público enquadram-se perfei-

---

ideias, nos costumes daquela época o traço de alguns dos vícios que, após terem devorado a antiga sociedade, ainda nos atormentam, tive o cuidado de iluminá-los, a fim de que, vendo claramente o mal que nos fizeram, possamos compreender melhor o mal que ainda podem nos causar." (Ver p. 45 desta obra.)

10. R. Aron, 2008, p. 335. Como o próprio Tocqueville expressou numa carta em que era cobrado a fazer isso, "para atingir meu objetivo... [pedagógico], fui obrigado a reduzir o peso dos detalhes..., [a fim de] "não fatigar" o público numa época de "exaustão intelectual e moral". Cf. Gustave de Beaumont, 1864-1866, p. 402-3.

11. Com a notória exceção de Burke (que lera na primeira metade de 1853), o texto do *Ancien Régime* não oferece nenhuma pista das principais fontes historiográficas consultadas por ele, de Montlosier e Mme. de Stäel a Thiers, Mignet, Guizot, Michelet, Quinet, Barnave, Lamartine etc.

12. G. Lefebvre, 1955.

tamente naquilo que Lefebvre tão bem praticou e que ele definia como sendo a *l'histoire vue d'en bas*, a "história vista de baixo", principalmente aquelas que destacam o caráter abusivo e arbitrário das corveias e da justiça prebostal, e que por si sós bastariam para comprovar o profundo equívoco de certas críticas endereçadas a Tocqueville[13]. Leia-se o seguinte trecho de *O Antigo Regime e a Revolução*, que mereceu destaque de ninguém menos que do célebre político e historiador socialista Jean Jaurès, autor da *Histoire socialiste de la Révolution Française* (*História socialista da Revolução Francesa*, 1900-1903):

> Não importa o que faça, depara-se sempre com esses vizinhos incômodos que vêm perturbar seu prazer, estorvar seu trabalho, comer seus produtos; e quando se livra deles, outros, vestidos de preto, apresentam-se e apoderam-se do melhor de sua colheita. Imaginem a condição, as necessidades, o caráter, as paixões desse homem e calculem, se puderem, os tesouros de ódio e de inveja que se acumularam em seu coração.[14]

Não por acaso, e como reforço à sua tese, ao término desse trecho Tocqueville indica uma longa nota final, intitulada "Irritação que os direitos feudais causavam aos camponeses, especialmente os direitos feudais dos padres".

Diante disso, arriscaríamos a definir o livro da seguinte maneira: um estudo criterioso e rigoroso sobre a Revolução que, a despeito de não adentrar no fenômeno revolucionário propriamente dito, não se limita a seu objeto e permite inúmeras adaptações e deduções políticas para outros contextos, tornando o livro um grande reservatório de sabedoria política[15] ou, conforme a célebre definição de Italo Calvino, um autêntico "clássico" – não só da historiografia, mas do pensamento político ocidental *tout court*. Pois além de nunca terminar de dizer o que tinha para dizer, toda primeira leitura de *O Antigo Regime e a Revolução* é também uma releitura (assim como cada releitura é uma descoberta).[16]

O gosto desmedido pelo bem-estar e o individualismo modernos, a centralização administrativa (podendo assumir a forma do despotismo democrático), a indiferença dos cidadãos pela dimensão pública, o espírito literário e abstrato de alguns agentes políticos, todos esses são temas que não se encerram na sociedade francesa estudada por Tocqueville, mas permanecem válidos

13. Como a de Sheldon Wolin, para quem o *Antigo Regime* representa uma inflexão reacionária no próprio pensamento de Tocqueville, que, pelas frustrantes experiências políticas de 1848-1852, fora levado a elaborar uma descrição utópica da aristocracia do Antigo Regime, fazendo do livro uma espécie de manifesto político aristocrático. Cf. Sheldon S. Wolin, 2003 (p. 471 e 543).

14. Ver p. 72 desta obra.

15. Como o reconheceram, em maior ou menor grau, Taine, Albert Sorel, Augustin Cochin, Ortega y Gasset, Georges Bernanos, Raymond Aron, Alain Peyrefitte, Bertrand de Jouvenel, François Furet, além dos nossos Tavares Bastos, Joaquim Nabuco, Raymundo Faoro etc.

16. I. Calvino, 1993, p. 11.

aos leitores contemporâneos em seus embates contra as "trevas do futuro",[17] diante das constantes transformações dessa "modernidade líquida", para falarmos como Zygmunt Bauman: pois, como bem observou Marcelo Jasmin, as causas e os princípios que ordenaram o devir da moderna sociedade francesa poderiam operar de modo semelhante em contextos heterogêneos, que manifestam relações imanentes de causa e efeito.[18]

Diante disso, ninguém melhor que Lefebvre para descrevê-lo como: "[Um] Livro magnífico, que não é uma história da Revolução, mas que, apesar disso, é o mais belo que já se escreveu sobre a Revolução, e que deveria servir de breviário aos historiadores da época para organizar o trabalho de pesquisas eruditas."[19].

* * *

Composto de três livros e privilegiando a coerência lógica e explicativa aos planos cronológico e narrativo,[20] poderíamos classificar o conteúdo da obra da seguinte maneira: no primeiro livro, uma definição sobre o que foi a Revolução de 1789, o seu caráter; no segundo livro, uma exposição das causas de longa duração para o fenômeno, naquilo que John Elster,[21] à guisa de Lawrence Stone (em sua clássica obra sobre a Revolução Inglesa),[22] classificou como as *precondições* da Revolução (ou fatores determinantes gerais e de longo prazo que, estendendo-se do final da Guerra dos Cem Anos a meados do século XVIII, coincidem com a consolidação do absolutismo monárquico e deixam pouca margem para a ação humana); enfim, no terceiro livro, e conforme o modelo de Stone, as causas *precipitantes* (causas de médio prazo ou *conjunturais*, em que o componente da responsabilidade humana é bastante acentuado).

Ao longo de seus cinco capítulos, o primeiro livro, o mais sucinto da obra, caracteriza a natureza peculiar da Revolução. Após destacar que ela foi uma revolução política que procedeu à maneira das revoluções religiosas[23] e apontar o equívoco de alguns julgamentos emitidos à época da Revolução sobre o acon-

---

17. Ver *Prefácio*, p. 45.
18. M. Jasmin, 1996, p. 98.
19. G. Lefebvre, 1978, p. 230.
20. F. Furet, 1989a, p. 153.
21. J. Elster, 2011.
22. L. Stone, 2000.
23. A esse respeito, R. Aron teceu o seguinte comentário, que nos parece bastante válido: "Esta coincidência de uma crise política com uma espécie de revolução religiosa é, ao que parece, uma das características das grandes revoluções das sociedades modernas. Aos olhos de um sociólogo da escola de Tocqueville, a Revolução Russa de 1917 tem igualmente a mesma característica de ser uma revolução de essência religiosa. / Creio que é possível generalizar a proposição: toda revolução política assume certas características de revolução reli-

tecimento (mormente o dos estadistas europeus, que a viram como um mero acidente ou como uma dessas "doenças periódicas" que afetam todos os corpos políticos[24]), Tocqueville refuta as teses contrarrevolucionárias (especialmente as de Joseph de Maistre, um autor bastante em voga no momento em que redigia sua obra), que descreviam a Revolução como um fenômeno irreligioso e anárquico (ou antiestatal), concluindo que ela foi uma manifestação local de um processo civilizatório mais abrangente, a saber, o da marcha ocidental rumo à igualdade de condições e à substituição das instituições feudais por outras democráticas:

> A Revolução não foi de modo algum um acontecimento fortuito. É verdade que assaltou o mundo de surpresa, e, contudo, não era senão o complemento do trabalho mais longo, a conclusão brusca e violenta de uma obra para a qual dez gerações tinham trabalhado. Se não tivesse acontecido, o velho edifício social não teria deixado de cair por toda parte, aqui mais cedo, ali mais tarde; apenas teria continuado a cair peça por peça, em vez de desabar de uma só vez. A Revolução concluiu abruptamente, por um esforço convulsivo e doloroso, sem transição, sem precaução, sem deferências, o que seria realizado por si mesmo ao longo do tempo. Essa foi sua obra.[25]

Diante de tal definição, que ia de encontro ao que até então fora escrito sobre a Revolução - seja à direita, por negar a teoria da conspiração e sua mensagem voluntarista às avessas (como a que se tornara célebre pelas obras do abade Barruel), seja à esquerda (a historiografia liberal ou republicana), que descrevia a Revolução como uma necessidade inexorável e uma origem –, impunha-se a questão: se a marcha civilizatória ocidental incumbia-se de solapar as instituições feudais por toda parte (como a Inglaterra demonstrava), por que esse esforço revolucionário "convulsivo e doloroso" observou-se na França, onde o peso das instituições feudais era efetivamente bem menor do que o verificado na Alemanha?

Dividido em 12 capítulos, o segundo livro responde com a tese de que a causa dessa singularidade francesa deve ser buscada no Estado absolutista, cuja ação niveladora exerceu um efeito subversivo na política e na sociedade francesas. Na contramão de Burke, que nas *Reflexões* criticava os revolucionários franceses pelo fato de terem desprezado totalmente a antiga Constituição francesa, e de historiadores como Michelet, para quem a Revolução fora

---

giosa quando pretende ser universalmente válida e se considera o caminho da salvação para toda humanidade". Cf. R. Aron, 2008, p.345.

24. Neste ínterim, Tocqueville indica a confusão e a incompreensão que marcaram a diplomacia europeia no momento em que a Revolução eclodiu, um ponto que receberia um tratamento de fôlego pelo "tocquevilleano" Albert Sorel, em sua monumental de *L'Europe et la Révolution Française* (1886-1894).

25. Ver p. 63-4 desta obra.

um advento para os miseráveis camponeses (que adquiriram a propriedade do solo), Tocqueville sustenta que não só a antiga Constituição francesa fora destruída pelo trabalho do absolutismo, como os camponeses já detinham a propriedade do solo há muito tempo, devendo-se encontrar as razões de suas misérias nos anacrônicos e odiosos resíduos dos direitos e privilégios feudais (é a tese principal do primeiro e do duodécimo capítulos, consagrados, respectivamente, à relação entre o camponês e o senhor, e aos efeitos da centralização estatal sobre a sociedade, sob a perspectiva dos camponeses).

Apesar de serem menos pesados na França do que em outros lugares do continente europeu, os direitos feudais tornaram-se odiosos ali porque o campesinato francês já era em grande medida um proprietário independente de seu senhor, com o qual já não mantinha nenhum laço de solidariedade ou obrigações recíprocas, a não ser as arbitrárias e anacrônicas sobrevivências dos direitos e foros senhoriais. Como o que restava desses direitos era justificadamente odioso (já que as ordens clerical ou nobre pouco ou nada devolviam em termos de serviços ou contrapartidas, seja ministrando a cura e instrução das almas, seja oferecendo proteção interna ou externa e outros tipos de ajuda[26]), a Revolução foi investida de uma grande carga psicológica, recebendo todos os méritos pela emancipação da classe camponesa.

Antes de Tocqueville, os historiadores liberais da Restauração, entre eles Madame de Stäel, Adolphe Thiers, Augustin Thierry e François Guizot, foram sensíveis à importância do absolutismo para a história da França e da Europa, visto que ele representou uma fase de transição entre o feudalismo e o sistema representativo, cuja dinâmica interna foi marcada por uma aliança entre a monarquia e o Terceiro Estado (sobretudo a burguesia) contra a nobreza.

Como destacou o historiador russo Boris Porchnev em seu importante estudo sobre o absolutismo francês, tanto em Thierry como em Guizot - historiadores liberais amplamente conhecidos por Tocqueville –, a história da França (e, por extensão, da Revolução Francesa) era abordada pelo prisma da "evolução", a ponto de a ideia tornar-se sinônimo de pesquisa científica. Assim, para esses autores tributários de uma visão histórica voltaireana, a Revolução de 1789 não podia subverter a marcha da história francesa, caracterizada pela ascensão contínua da burguesia sob o patrocínio da monarquia. Tal marcha levaria necessariamente ao regime representativo burguês e a uma mo-

26. O único setor da administração pública no qual a nobreza ainda tinha alguma participação era a Justiça, mas só o fazia pelas vantagens pecuniárias, e não pelo exercício do poder público. Após comparar a sociedade francesa do Antigo Regime com as sociedades inglesa e alemã, Tocqueville concluiu que só na França "o feudalismo permanecera como a maior de todas as nossas instituições civis, deixando de ser uma instituição política." (Ver p. 73 desta obra.).

narquia parlamentar, não fosse pela reação aristocrática (iniciada no final do século XVII, estendeu-se até 1788) que está na origem da Revolução: uma necessária correção de rota.[27] No entanto, essa historiografia liberal enfrentava grande dificuldade em responder ao retorno agravado do despotismo em 1793, 1799 e 1851, algo que não se enquadrava no seu modelo analítico-filosófico expresso no conceito de "luta de classes"[28] e vitória das "classes médias" (portadoras da igualdade e da liberdade).

Nesse sentido, a importância da obra histórica de Tocqueville adquire ainda mais relevo, pois além de problematizar algumas interpretações historiográficas que definiam a Revolução como uma abrupta e completa ruptura com o Antigo Regime, tratava o próprio Antigo Regime como um fator subversivo (das relações sociais e políticas) na história francesa, na medida em que corrompeu o princípio aristocrático sem extingui-lo.

Tocqueville não se preocupa com o relato ou a explicação das origens do Antigo Regime francês, limitando-se a dizer que as instituições políticas da Idade Média desaparecem entre os séculos XIV e XV, diante da ascensão da monarquia administrativa que usurpa o poder dos nobres. Privilegiando a reconstituição das práticas estatais e seus efeitos sobre a sociedade (Capítulos 2 a 7) à análise filosófica e jurídica das teorias sobre o Estado (de Bodin e Bossuet aos jusnaturalistas do século XVIII), Tocqueville destacará como o absolutismo resultou insensível e progressivamente de uma sedimentação de expedientes financeiros (sobretudo nos quadros das guerras), e não de "uma obra de força e de pleno poder" ou, ainda, de "um plano profundamente meditado de antemão": foi "uma obra de paciência, habilidade e longo tempo"[29]. Antecipando um tema que se tornaria célebre em Bertrand de Jouvenel[30], Tocqueville aponta para a crescente concentração do poder público e da centralização administrativa na modernidade, especialmente nas sociedades democráticas que logram eliminar a aristocracia de seu seio:

> Se me perguntarem como essa parte do Antigo Regime pôde ser assim inteiramente transplantada para a sociedade nova e incorporar-se a ela, responderei que, se a centralização não sucumbiu à Revolução, foi porque ela mesma era o começo e o signo daquela revolução; e acrescentarei que, quando um povo destrói em seu seio a aristocracia, corre para a centralização como

27. B. Porchnev, 1972, p. 34.

28. Sobre a origem do conceito histórico-filosófico de "luta de classes" pela historiografia liberal da Revolução Francesa, leia-se: HOBSBAWM, Eric. *Ecos da Marselhesa*: dois séculos reveem a Revolução Francesa (1990). Trad. Maria Celia Poli. São Paulo: Companhia das Letras, 1996.

29. Ver p. 92 desta obra.

30. B. de Jouvenel, 1945.

> corre de si mesmo. A partir de então, são necessários menos esforços para precipitá-lo nesta inclinação que para freá-lo. Em seu seio, todos os poderes tendem naturalmente para a unidade, e só com muita arte é possível mantê-los divididos.[31]

Aqui, impõe-se um aparte. Como bem observou Raymond Aron, Tocqueville não acredita que a liberdade dos modernos possa ter como fundamento e garantia a desigualdade de condições (especialmente em seus aspectos jurídicos), cujos fundamentos intelectuais e sociais desapareceram. A exemplo de Benjamin Constant,[32] o autor de *O Antigo Regime e a Revolução* estava plenamente convencido de que a liberdade dos modernos já não podia se amparar na distinção de estados e ordens, tampouco no tipo de virtude beligerante das pequenas repúblicas da Antiguidade, em que os homens tinham de ser o mais iguais possível (como propunham Rousseau, Mably e o citado na obra, Morelly). A igualdade das condições convertera-se no fator mais importante da sociedade moderna.[33]

Mas qual igualdade? Principalmente a inexistência de diferenças hereditárias de condições, a ausência de privilégios funcionais concedidos a certos cargos, além de irrestrito acesso a todas as ocupações, todas as profissões, dignidades e honrarias (públicas ou privadas) ao talento. As diferenças intelectuais e econômicas sempre haverão de existir, mas nada impede que uma boa ou má administração dos esforços altere por completo a sorte de um indivíduo, dado o caráter mobiliário e comercial/industrial da riqueza. Tocqueville acreditava que os *handicaps* ou as condições desiguais de partida poderiam ser abrandados sob uma democracia bem desenvolvida.

Por outro lado, e como resultado de sua inserção social na sociedade francesa, o aristocrata Tocqueville via com apreensão a paixão pelo bem-estar que caracterizava as sociedades democráticas, paixão que sempre poderia ser revertida em benefício do poder central: em troca da tranquilidade, da segurança, da prosperidade e do nivelamento social, os homens sacrificariam facilmente suas liberdades, degenerando a democracia no despotismo de um só.[34]

---

31. Ver p. 94 desta obra.
32. B. Constant *apud* Gauchet, 1997.
33. R. Aron, 2008, p. 343.
34. R. Aron, 2008, p. 341. Como o próprio Tocqueville adverte numa passagem do livro: "Tampouco creio que o verdadeiro amor à liberdade tenha algum dia nascido unicamente da visão dos bens materiais que ela oferece, pois essa visão chega frequentemente a turvar-se. É bem verdade que, com o tempo, a liberdade sempre traz, aos que sabem conservá-la, uma vida remediada, o bem-estar e, na maioria das vezes, a riqueza. Mas há períodos em que ela perturba momentaneamente o uso de semelhantes bens e outros em que somente o despotismo pode proporcionar seu gozo passageiro. Os homens que nela só apreciam esses bens nunca a conservaram por muito tempo." (Ver p. 174 desta obra.)

Fiel à tipologia de Montesquieu, Tocqueville vê o poder com desconfiança: como ninguém tem a virtude necessária para exercê-lo absolutamente sem se corromper, é preciso sempre desconfiar dos homens e não outorgá-lo em caráter definitivo a ninguém, por mais angelicais que sejam as intenções do portador. Mais ainda, é preciso que algum poder limite outro poder, que haja uma pluralidade de centros de decisão, de órgãos públicos e administrativos, equilibrando-se uns aos outros. Em outras palavras, é necessário que o povo, tanto quanto lhe seja materialmente possível, participe do governo, diretamente ou por meio de seus representantes (devidamente fiscalizados).[35]

Portanto, longe de advogar um retorno à política aristocrática, Tocqueville pretende que os leitores se conscientizem da necessidade de não se entregarem totalmente à paixão pelo bem-estar, de não se contentarem com os benefícios e as promessas da "liberdade negativa"[36], que degenera no individualismo, na indiferença pelo bem comum e, em última análise, pavimenta a via para o despotismo nas democracias modernas: somente a associação livre e espontânea entre os homens, que estabelece vínculos e relações recíprocas entre os membros de determinada comunidade, é capaz de prevenir a usurpação do poder pela centralização administrativa e garantir a liberdade que engendra o progresso material. Pois, como escreve nos fragmentos do que deveria ser o segundo volume de *O Antigo Regime e a Revolução*:

> Dirão que um país governado por um príncipe absoluto é uma democracia, pois ele governará pelas leis ou em meio a instituições que são favoráveis à condição do povo. Seu governo será um *governo democrático*. Ele formará uma *monarquia democrática* [...] / As palavras democracia, monarquia, governo democrático só podem significar uma coisa, segundo o sentido verdadeiro dos termos: um governo em que o povo toma uma parte mais ou menos grande no governo. Seu sentido está intimamente ligado à ideia da liberdade política. Dar o epíteto de governo democrático a um governo no qual a liberdade política inexiste é dizer um absurdo palpável, de acordo com o sentido natural das palavras.[37]

---

35. R. Aron, 2008, p. 323-4.

36. Aludimos aqui aos dois conceitos de liberdade (positiva e negativa) que se tornaram célebres na formulação do filósofo Isaiah Berlin, para quem Tocqueville (ao lado de Mill e Constant) seria um propositor da "liberdade negativa" (*grosso modo*, do direito de não interferência do poder sobre certas esferas da ação humana, da obrigatoriedade desse poder não ultrapassar certas fronteiras), ignorando que o conteúdo de seu pensamento pendesse tanto ou mais para a liberdade positiva (basicamente, direito ao autogoverno), sem a qual a primeira é passível de degeneração. Ver: BERLIN, I. "Dois conceitos de liberdade". *In*: HARDY, Henry; HAUSHERR, Roger (orgs.). *Estudos sobre a humanidade*. São Paulo: Companhia das Letras, 2002. p. 267.

37. No qual Tocqueville pretendia tratar do fenômeno revolucionário em si, mas cuja redação foi interrompida pela morte, fruto de complicações decorrentes de uma tuberculose.

Finda a caracterização do absolutismo (Capítulos 2 a 7), Tocqueville passa aos efeitos do absolutismo sobre a sociedade civil (Capítulos 8 a 11), em que não deixa dúvidas sobre a responsabilidade da aristocracia naquele processo. Por mais que o processo de concentração e fortalecimento do poder monárquico fosse um dado universal, o desfecho da história francesa poderia ter sido outro se a nobreza não tivesse abdicado ou prevaricado de seu poder.

A constante necessidade financeira da monarquia absoluta (sempre envolta em guerras contra os Habsburgos), aliada ao egoísmo cego da aristocracia, levou à supressão das liberdades municipais por Luís XI e à generalizada venda de cargos venais por Henrique III, "não por razões políticas, mas na esperança de angariar alguns recursos para o tesouro". Os efeitos sociais subversivos dessa dialética Estado-sociedade são descritos da seguinte forma por Tocqueville:

> Foi a essa mesma necessidade de dinheiro, aliada ao anseio de não solicitá-lo aos Estados-gerais, que a venalidade dos cargos deveu sua origem, tornando-se gradativamente algo tão estranho que nunca se vira no mundo nada parecido. Graças a essa instituição gerada pelo espírito fiscalista, durante três séculos a vaidade do Terceiro Estado foi mantida em alerta e voltada unicamente para a aquisição dos cargos públicos, impregnando o âmago da nação com esta paixão universal pelos postos que se tornou a fonte comum das revoluções e da servidão.
>
> À medida que as dificuldades financeiras cresciam, via-se o surgimento de novos empregos, todos retribuídos por isenções tributárias ou privilégios; e como eram as necessidades do tesouro e não as da administração que decidiam, chegou-se desse modo a instituir um número quase inacreditável de funções completamente inúteis ou nocivas.[38]

Inspirado em Montesquieu, mas também nos historiadores liberais (mormente Madame de Stäel e Guizot), Tocqueville lança o olhar para a Inglaterra, cuja aristocracia preservou o poder, mantendo-se independente do Estado. Ali, a aristocracia não abdicou de seu poder em troca de algumas vantagens monetárias e honoríficas apresentadas pela monarquia. Ao contrário, a nobreza inglesa não apenas assumia cada vez mais o ônus tributário, aliviando assim a vida dos mais pobres, como tornara-se permeável (política e socialmente, por meio dos matrimônios interclassistas) aos elementos mais talentosos e bem-sucedidos da burguesia.

Na França, o avanço do Estado administrativo despoja a nobreza de suas atribuições políticas, especialmente daquelas que a vinculavam estreitamente aos camponeses. Ora, no quadro um tanto idílico que Tocqueville traça do feudalismo, a sociedade aristocrática definia-se pelas relações desiguais

---

Cf. TOCQUEVILLE, Alexis de. *L'Ancien Régime et la Révolution*, v. II: *Fragments et Notes inédites sur la Révolution*. (Apud JARDIN, 1953, p. 199.)

38. Ver p. 126-7 desta obra.

e mútuas de dependência entre os senhores e os servos, com a ênfase recaindo sobre as obrigações recíprocas existentes entre as ordens: em troca da proteção, da administração da Justiça e do governo sobre os vassalos, o senhor recebia parte dos produtos da terra e outras prestações de serviços deles. Podia não ser o melhor dos mundos, mas esse sistema conservava algum tipo de liberdade (aristocrática) que, como mostrava o exemplo inglês, podia evoluir para um sistema representativo e liberal totalmente conciliável com o inexorável processo histórico que definia a modernidade: o avanço da democracia e/ou da igualdade.

Esgotada pelas sucessivas guerras dos séculos XIV e XV (Guerra dos Cem Anos), a aristocracia francesa cede à tentação de transferir parte de seu poder à Coroa, em troca de estabilidade, paz e privilégios fiscais, um fato que Tocqueville, em um estilo marcadamente rousseauniano,[39] descreve como o "pecado original" do Antigo Regime:

> Ouso afirmar que, desde o dia em que a nação, cansada pelas longas desordens que acompanharam o cativeiro do rei João e a demência de Carlos VI, permitiu aos reis estabelecer um imposto geral sem seu concurso, e em que a nobreza teve a covardia de permitir que taxassem o Terceiro Estado, contanto que ela mesma fosse isentada, desde esse dia foi semeado o germe de quase todos os vícios e de quase todos os abusos que afligiram o Antigo Regime durante o resto de sua vida e acabaram causando violentamente sua morte.[40]

Por sua vez, o Estado absolutista não só reduz a aristocracia à completa inutilidade social – inutilidade odiosa, pois preserva-lhe os privilégios e as imunidades que tinha quando oferecia as contrapartidas do exercício de seu poder –, como transforma essa própria inutilidade em regra política, pois esse Estado, sempre necessitado de recursos financeiros, vende os ofícios públicos que conferem *status* e privilégios. Assim procedendo, a monarquia francesa dividiu a sociedade francesa em castas, pois todos buscavam enriquecer para adquirir um *ofício* (vale dizer, honrarias e privilégios fiscais). Pior, a nobreza de velha cepa (a nobreza de espada), sentindo-se aviltada pelo constante ingresso de plebeus aos cargos honoríficos e públicos, recusa-se a admitir em seu seio os elementos recém-nobilitados da burguesia, transformando aquela sociedade, na feliz expressão de Mirabeau, numa "cascata de desprezos":[41]

> A divisão das classes foi o crime da antiga realeza, e tornou-se mais tarde sua desculpa, pois, quando todos os que compõem a parte rica e esclarecida da nação já não podem mais se entender e auxiliar-se mutuamente no gover-

39. Jean-Jacques Rousseau, 2015.

40. Ver p. 122 desta obra.

41. Ver p. 115 desta obra.

no, a administração do país por si mesmo é impossível, e faz-se necessária a intervenção de um senhor.[42]

A sociologia tocquevilleana do Antigo Regime revelou que, no próprio momento em que o absolutismo monárquico ocupou (com a precípua prevaricação da nobreza) todo o espaço da autoridade pública e se empenhou em nivelar a sociedade e uniformizar as leis, ele também reproduziu as diferenças por meio da venda de ofícios. Na feliz síntese de Furet: "O *Antigo Regime* de Tocqueville é construído por uma patologia da desigualdade e um aborto da igualdade. Desonrou a aristocracia, sem abrir o menor espaço à democracia."[43]

Essa preocupação com as classes desempenhava um papel epistemológico e retórico fundamental para Tocqueville, na medida em que permitia ordenar hierarquicamente as relações de causa-efeito (afastando tudo o que fosse acidental ou desnecessário) e conciliar a necessidade moral do historiador (a de atribuir responsabilidades sem incorrer na voluntarista "teoria da conspiração" ou na fatalista filosofia da história liberal-democrática). "É possível que me contraponham, sem dúvida, indivíduos; mas eu falo de classes, pois somente elas devem ocupar a história", advertia Tocqueville.[44]

É bem verdade que a sociologia tocquevilleana não é muito clara no tocante às classes, mas, como bem destacou Françoise Mélonio em seu *Prefácio* à obra, o que ela "perde em pertinência descritiva" ganha em "força conceitual e poder explicativo".[45] Para Tocqueville, sempre de acordo com o primado político de sua exposição, a classe não é um grupo econômico (estava ciente do abismo existente entre o "esmerilhão", o pequeno fidalgo de província e o nobre da Corte), nem uma ordem (visto que integra a burguesia urbana entre os notáveis), mas uma "função" (que pode ser de serviço ao rei ou de notável num dos parlamentos ou numa municipalidade), cuja tipologia exata ele não se preocupou em fazer. Importava-lhe pouco que os intendentes fossem ou não de origem burguesa (na acepção marxista do termo); o fato decisivo era a ação ou o efeito que induziam na sociedade francesa, uma abordagem epistemológica que permite inúmeras adaptações para outros contextos e épocas.

Finda a descrição do processo de desintegração da sociedade francesa operado pelo poder absoluto, Tocqueville passa às causas próximas e conjunturais do fenômeno, naquilo que designamos como fatores *precipitantes* de 1789. Como o próprio autor anuncia na abertura do terceiro livro:

---

42. Ver p. 128 desta obra.
43. F. Furet e M. Ozouf (orgs.), 1989b, p. 1.070.
44. Ver p. 139 desta obra.
45. F. Mélonio, 1988, p. 23-30.

"Abandono agora os fatos antigos e gerais que prepararam a grande Revolução que desejo retratar. Chego aos fatos particulares e mais recentes que acabaram determinando-lhe o lugar, o nascimento e o caráter"[46].

Dividido em oito capítulos, poderíamos dizer que os três primeiros tratam das consequências daquela "revolução" política e social promovida pelo absolutismo, e as quais resultaram numa espécie de "revolução cultural"[47], uma rápida transformação dos valores e dos hábitos mentais das elites francesas (mas espalhando-se em seguida por toda a sociedade), a partir de meados do século XVIII.

No primeiro capítulo (o mais importante deste terceiro livro, como a ordem expositiva o atesta), Tocqueville reelabora um tema clássico da historiografia conservadora, a qual, de Edmund Burke a Mallet du Pan, Mounier, Rivarol, Louis de Bonald, Joseph de Maistre e Chateaubriand, vinculava a Revolução aos homens de letras. Mas como bem logrou demonstrar o historiador Modesto Florenzano, as críticas tocquevilleanas aos homens de letras (mas não só) deveram-se especialmente à leitura das *Reflexões sobre a Revolução na França** (1790), de Burke, por mais que o autor do *L'Ancien Régime* se esforçasse em despistar o leitor por meio de várias (nem todas injustificadas, diga-se) refutações ao contrarrevolucionário irlandês.[48]

Amparado em grande medida na sociologia burkeana da Revolução – e lembremos que também Burke fora tributário de Montesquieu –, Tocqueville sublinhou a importância desse fator cultural decisivo, destacando a responsabilidade do Antigo Regime (isto é, do Estado monárquico) no seu surgimento, na medida em que a centralização administrativa despojou os franceses, sobretudo os das classes superiores, de toda experiência prática, predispondo os cidadãos às teorias abstratas em matéria de governo. No vazio político instituído pela ação centralizadora da monarquia, os literatos pouco a pouco instalaram a realeza das ideias puras:

> A própria condição desses escritores preparava-os a apreciar as teorias gerais e abstratas em matéria de governo e nelas confiar cegamente. No afastamento quase infinito da prática em que viviam, nenhuma experiência vinha moderar os ardores de sua natureza. Nada lhes advertia sobre os obstáculos que os fatos concretos podiam opor mesmo às reformas mais desejáveis [...]. Nem sequer os pressentiam, pois a total ausência de qualquer liberdade políti-

---

46. Ver p. 151 desta obra.
47. F. Furet, 1989a, p. 169.
*. Obra publicada pela Edipro. (N.E.)
48. Modesto Florenzano, 1999, p. 45-7.

ca tornava-lhes o mundo dos assuntos públicos não apenas pouco conhecido, mas invisível.[49]

Se a Revolução foi conduzida "precisamente com o mesmo espírito que inspirou tantos livros abstratos sobre o governo", com o "mesmo desprezo pelos fatos existentes", o "mesmo anseio de refazer de uma só vez toda a Constituição, seguindo as regras da lógica e conforme um plano único, em vez de procurar melhorá-la nas suas partes", isso se deveu ao açambarcamento do espaço público pela monarquia absolutista.[50]

Os Capítulos 2 e 3 abordarão duas das principais características assumidas por esse fator precipitante fundamental expresso no primeiro capítulo, a saber, a irreligiosidade do discurso revolucionário e a vontade de tudo reformar no Estado e na sociedade, manifesta principalmente nas obras dos fisiocratas.

Sem perder de vista o que fora dito no capítulo anterior, a saber, "que todo o espírito de oposição política que os vícios do governo engendravam, não podendo produzir-se nos assuntos públicos, refugiara-se na literatura", e que os literatos "converteram-se nos verdadeiros líderes do grande partido que tendia a derrubar todas as instituições sociais e políticas do país",[51] Tocqueville observa que no século XVIII o cristianismo perdera força em todo o continente europeu (sobretudo entre as pessoas cultas), mas só na França a religião foi atacada com um furor inaudito e que logrou descer à multidão.[52]

O que possibilitou esse triunfo do "espírito de Voltaire" na França do século XVIII, se o mesmo "pairava há muito tempo sobre o mundo"? Por que uma "multidão de homens inflamou-se neste ingrato empreendimento", que contraria "os instintos naturais do homem e coloca sua alma em uma situação tão dolorosa",[53] iniciativa que marcou o caráter de "toda nossa Revolução"?[54]

Tocqueville aponta duas razões para isso, uma estrutural e outra conjuntural. Em primeiro lugar, alude ao processo histórico de afirmação do absolutismo, responsável por enfraquecer a Igreja em proveito do Estado. "Após ter sido a superiora e em seguida uma igual daquele poder", a Igreja "viu-se reduzida a tornar-se sua cliente", pois:

49. Ver p. 153 desta obra.

50. Ver p. 158 desta obra.

51. Ver p. 160 desta obra.

52. Ver p. 159-60 desta obra.

53. Ver p. 160 desta obra.

54. Ver p. 164 desta obra.

> Entre eles estabelecera-se uma espécie de intercâmbio: os príncipes emprestavam-lhe sua força material, ela emprestava-lhes sua autoridade moral; eles faziam cumprir os preceitos da Igreja e esta fazia a vontade dos príncipes ser respeitada. Comércio perigoso quando tempos revolucionários se aproximam, e sempre desvantajoso para um poder que não se apoia na coerção, e sim na fé.[55]

Uma vez exposta essa causa geral, o autor de *O Antigo Regime e a Revolução* passa para as causas precipitantes (ele chega a utilizar o termo) daquele fenômeno, respectivamente a omissão ou a negligência da monarquia "no cumprimento de suas obrigações para com" a Igreja (sobre as quais ele nada diz), a desastrosa "opressão" aos "escritores" (outra responsabilidade da monarquia)[56] e, como não poderia deixar de ser, a "cegueira" dos nobres, ao mesmo tempo vítimas e culpados por tal estado de coisas. Vítimas, porque a inexperiência política levara-os a ignorar "a parte representada pela religião no governo dos impérios"; culpados, porque essa inexperiência resultara do já referido "pecado original", além de nada obrigá-los a fazer "da impiedade uma espécie de passatempo de sua vida ociosa".[57]

Para demarcar a especificidade da Revolução Francesa em relação à Reforma Protestante e às Revoluções inglesas do século XVII (e norte-americana do século XVIII), Tocqueville observa que, "na maioria das grandes revoluções políticas que até ali surgiram no mundo", "sempre permanecera um ponto sólido", fosse ele legal/político ou religioso, de modo que:

> os que atacavam as leis estabelecidas tinham respeitado as crenças, e, na maioria das revoluções religiosas, os que atacavam a religião não haviam intentado alterar simultaneamente a natureza e a ordem de todos os poderes e abolir de cima a baixo a antiga constituição do governo.[58]

O que dotou a Revolução Francesa de um caráter tão radical foi justamente essa abolição simultânea "das leis religiosas" e das "leis civis" que, deixando o "espírito humano [...] completamente" à deriva, deu origem a uma nova "raça" de "revolucionários", responsáveis por levar a "audácia até a loucura". Uma raça que desde então "se perpetuou e se difundiu em todas as partes civilizadas da Terra, que em toda parte conservou a mesma fisionomia, as mesmas paixões, o mesmo caráter. Encontramo-la no mundo ao nascermos, e ainda está sob nossos olhos".[59]

---

55. Ver p. 161 desta obra. Uma boa amostra desse comércio perigoso encontra-se na obra de VAN KLEY, Dale K. *The Religious Origins of the French Revolution*: from Calvin to the Civil Constitution, 1560-1791. New Haven: Yale University Press, 1996.
56. Ver p. 161-2 desta obra.
57. Ver p. 164 desta obra.
58. Ver p. 165 desta obra.
59. Ver p. 165-6 desta obra.

Vista por Michelet como uma positiva e necessária superação do passado absolutista, Tocqueville encarava essa irreligiosidade como um grande risco para o presente/futuro, já que a experiência norte-americana mostrara-lhe a importância da união do espírito religioso com o espírito de liberdade. Na esteira da sociologia de Montesquieu, a hierarquia dos fatores causais da análise sociológica tocquevilleana atribui maior peso aos costumes (nos quais a religião desempenha um papel fundamental) do que a leis, instituições ou fatores naturais (clima, topografia, fronteiras).[60] Para Tocqueville, o êxito da democracia norte-americana estava na conciliação entre ambos os espíritos, justamente o que faltava à sociedade francesa – "dilacerada pela oposição entre a Igreja e a democracia, entre a religião e a liberdade"[61] –, onde a "parte do país que se tornara ideologicamente democrática não só tinha perdido a fé como também havia passado a ser anticlerical e antirreligiosa"[62].

Não que Tocqueville negasse todo e qualquer mérito à Filosofia das Luzes. Pelo contrário, admirava o civismo libertário que preencheu momentaneamente as almas,[63] infundindo nos franceses uma confiança e uma fé em si mesmos, sentimentos que, arrancando os homens "do egoísmo individual", impelindo-os "ao heroísmo e à abnegação e, no mais das vezes", tornando-os "como que insensíveis a todos esses pequenos bens que nos possuem", estavam ausentes nos franceses de seu tempo.[64] Se o estudo da história não apresentava nada de semelhante em matéria de grandeza humana, de "patriotismo mais sincero", de "mais desprendimento e mais grandeza verdadeira" do que a explosão libertária de 1789, isso também se deve àquela filosofia, por meio da qual a Revolução exibiu "o principal defeito mas também a principal qualidade da juventude: a inexperiência e a generosidade".[65]

Diante desse entusiasta e sincero elogio aos princípios cívicos e liberais que permearam a fase inicial da Revolução – a revolução da "liberdade"[66] –, resta a pergunta, sugerida já na abertura do terceiro capítulo: por que, "entre

---

60. P. Gilbert, 1985, p. 81.
61. Aron, 2008, p. 333.
62. Aron, 2008, p. 353.
63. Ver p. 164-5 desta obra.
64. Ver p. 165 desta obra.
65. Ver p. 165 desta obra.
66. Outro ponto de afastamento epistemológico em relação aos historiadores liberais da Restauração (como Mignet, Thiers e Guizot), para os quais a "revolução da liberdade" (para eles, o que ela continha de verdadeiro) estendia-se de maio de 1789 a agosto de 1792. Para Tocqueville, aproximando-se nesse particular de Necker e de Mounier, a revolução liberal estendia-se da convocação dos Estados-gerais ao início de outubro, quando a Revolução testemunha sua primeira jornada (após outubro) e, por extensão, sua "derrapagem".

todas as ideias e todos os sentimentos que prepararam a Revolução, a ideia e o gosto da liberdade pública propriamente dita foram os últimos a se apresentar" e "os primeiros a desaparecer"?[67]

A seu ver, isso se deveu à influência dos economistas (ou melhor, dos *fisiocratas*) no interior da Filosofia das Luzes, em cujos livros já era possível divisar "esse temperamento revolucionário e democrático que nos é tão familiar", visto que não "se limitam a detestar certos privilégios", mas "odeiam a própria diversidade e adorariam a igualdade até na servidão".[68] De acordo com Tocqueville, seus escritos anunciaram todas as instituições "que podem passar por autêntica obra da Revolução", de modo que "mal se poderia citar uma só cujo germe não tenha sido depositado em alguns deles: neles encontra-se tudo o que há de mais substancial nela".[69]

Apesar de "muito favoráveis à livre-troca de mercadorias, ao *laissez-faire* ou ao *laissez-passer* no comércio e na indústria", esses fisiocratas desprezavam as "liberdades políticas propriamente ditas" ("nem sequer pensam nelas"), opunham-se "às assembleias deliberativas, aos poderes locais e secundários, e, de um modo geral, a todos esses contrapesos que, em diferentes épocas, foram estabelecidos por todos os povos livres, a fim de equilibrar o poder central", destaca Tocqueville, apoiado na leitura de Quesnay.[70]

A despeito de defenderem o "despotismo esclarecido" dos reis, já pertencem a outra época e anunciam outra ideologia, que se manifestaria com toda força em fevereiro de 1848: o socialismo.

> É um erro acreditar que as teorias destrutivas que em nossos dias são designadas pelo nome de *socialismo* são de origem recente: tais teorias são contemporâneas dos primeiros economistas. Enquanto estes empregavam o governo todo-poderoso com que sonhavam para alterar as formas da sociedade, os outros apoderavam-se em imaginação do mesmo poder para solapar suas bases.[71]

Os fisiocratas estão para os socialistas como o "arbusto silvestre" está para o "fruto cultivado".[72]

Naquilo que, reforçando o caráter "clássico" da obra, proderia ser lido hoje como a uma crítica *avant la lettre* ao totalitarismo, Tocqueville repudia o *ethos* "despótico" (e, poderíamos dizer, escatológico) dos fisiocratas, para

---

67. Ver p. 166 desta obra.

68. Ver p. 167 desta obra.

69. Ver p. 167 desta obra.

70. Ver p. 167 desta obra.

71. Ver p. 171 desta obra.

72. Ver p. 171 desta obra.

os quais o Estado onipotente "não deve apenas dirigir a nação, mas também moldá-la de uma certa maneira" e, se for preciso, não apenas reformar os homens, mas transformá-los ou criá-los novamente.[73] Assim, embora a análise tocquevilleana não dispusesse nem da "coisa" (a experiência histórica vivida ou relatada por outros) nem do "nome" no tocante ao totalitarismo, sua crítica ao "despotismo democrático", conforme expresso pelos fisiocratas, enseja múltiplas possibilidades epistêmicas (científicas ou políticas)[74] aos leitores.

A herança desse *ethos* fisiocrático, insiste Tocqueville, está na raiz de todas as tentativas frustradas de conciliar a liberdade com a igualdade na França (isto é, de 1789 a 1851). Pois o despertar do "amor dos franceses pela liberdade política" já veio acompanhado de noções absolutamente contrárias a ela. Ao admitirem como ideal de sociedade "um povo cuja única aristocracia seria a dos funcionários públicos e uma administração única e todo-poderosa, reitora do Estado e tutora dos particulares", os franceses, sem perceberem, nada mais fizeram do que "introduzir a liberdade política no meio de instituições e de ideias que lhe eram estranhas ou contrárias"; naquela época e depois, "não foram os princípios de 1789 que triunfaram", muito pelo contrário: "os do Antigo Regime é que foram colocados novamente em prática e ali permaneceram", já advertira no livro II (Capítulo 5).

E uma vez que essa quadratura de círculo engendrou "revoluções tão funestas" que os fatigaram e os desencorajaram, os franceses acabaram "abandonando seu desígnio secundário" (a fundação da liberdade) para "retomar o primordial" (a igualdade), na crença de que "viver iguais sob um senhor ainda tinha uma certa doçura".[75]

Após demonstrar o principal elo que ligava a filosofia das Luzes (e, por extensão, o Antigo Regime) à Revolução, Tocqueville aborda os demais fatores precipitantes do fenômeno revolucionário francês (Capítulos 4 a 6), destacando a crescente responsabilidade dos agentes políticos (sobretudo nas figuras de Luís XV, Luís XVI e da nobreza) para que as coisas se passassem daquela forma.

Naquilo que constitui o principal fator estrutural da trama desenrolada no terceiro livro, Tocqueville observa que, a partir de meados do século XVIII, a sociedade francesa vivenciou uma rápida expansão econômica ou "prosperidade", caracterizada por crescimento demográfico e econômico, além de inúmeras reformas ou melhorias sociais, especialmente para as classes menos favorecidas: "as violências do fisco para com os miseráveis tornam-se raras,

---

73. Ver p. 170 desta obra.

74. Ver, respectivamente: EDELSTEIN, Dan. *The Terror of Natural Right*: Republicanism, the Cult of Nature, and the French Revolution. Chicago: University of Chicago Press, 2009; JAUME, Lucien. *Le Religieux et le Politique dans la Révolution Française*. Paris: PUF, 2015.

75. Ver p. 174 desta obra.

os adiamentos e as reduções de impostos são mais frequentes, os auxílios mais numerosos", o "rei aumenta todos os fundos destinados a criar oficinas de caridade nos campos ou a socorrer os indigentes, e muitas vezes cria novos fomentos". Essa prosperidade inédita na história do Antigo Regime - que o levou a declarar que "quem retratasse o Antigo Regime tal como era nos últimos anos de sua existência, faria um retrato muito lisonjeiro e pouco fiel do objeto" -, da qual ele não nos oferece maiores detalhes, não foi interrompida sequer pela guerra de independência dos Estados Unidos, que, no entanto, acrescentou um grave problema conjuntural à anacrônica e problemática estrutura da sociedade absolutista.[76]

Isso porque a visão dessa prosperidade e as expectativas que ela engendrava (numa sociedade cada vez mais penetrada pelo espírito filosófico) tornavam as sobrevivências da feudalidade (os direitos senhoriais, os foros privilegiados, as isenções fiscais, as jurandas etc.) cada vez mais escandalosas, situação esta que deixava a monarquia e a nobreza (incluindo a burguesia recém-nobilitada e detentora de ofícios) instaladas sobre um verdadeiro barril de pólvora, mas que ambas igualmente ignoravam.

Não bastasse o endividamento resultante da guerra (poderíamos dizer das guerras, se lembrarmos que pouco antes a França saíra derrotada da Guerra dos Sete Anos), o governo de Luís XVI, em seu ímpeto reformista (e, por assim dizer, fisiocrático), foi levado a contrair cada vez mais dívidas (entre auxílios, isenções fiscais aos pobres, obras públicas), sem que houvesse um incremento proporcional nas receitas. Obrigado a fazer sucessivos empréstimos que não conseguia quitar ou só quitava parcialmente e com muito atraso, isso gerou uma grande insegurança nos credores, elevando, assim, os juros dos novos empréstimos. Como o "número dos que mantinham relações financeiras com o governo", dos que "estavam interessados em seus empréstimos, viviam de seus salários e especulavam em seus mercados crescera prodigiosamente", "nunca o tesouro público e a fortuna privada estiveram tão entrelaçados".[77]

Às vésperas da Revolução, o Estado "devia cerca de 600 milhões a seus credores", que, pelos atrasos governamentais, também se tornaram devedores, associando às suas queixas financeiras todos os que tinham razões para se queixar do regime monárquico. E como a "vontade de especular, a ânsia de enriquecer, o gosto pelo bem-estar" expandiam-se e cresciam incessantemente "com os negócios", o governo conseguiu a proeza de radicalizar politicamente a classe "mais submissa às mesmas leis que desdenha ou detesta", a burgue-

76. Ver p. 178 desta obra.

77. Ver p. 182 desta obra.

sia. Por conseguinte, os naturalmente conservadores "rentistas", "comerciantes", "industriais" e "outros homens de negócios e de finanças" passaram a reivindicar "uma revolução completa em todo o sistema financeiro, sem imaginar que revolver profundamente esta parte do governo levaria à queda de todo o resto".[78]

Sensível à dinâmica psicológica/ideológica engendrada pela dialética Estado-sociedade, e atento aos movimentos de determinações/interações recíprocas entre os fatores estruturais e conjunturais (nos quais o componente mental adquire cada vez mais importância à medida que a Revolução se aproxima), Tocqueville observa que tais abusos "da administração francesa" estavam longe de ser novos. Pelo contrário, os "vícios do sistema financeiro foram até muito mais gritantes nos períodos anteriores", mas as mudanças ocorridas "no governo e na sociedade" tornavam-nos "infinitamente" sentidos. Numa célebre passagem da obra, Tocqueville avança uma espécie de lei psicológica das revoluções:

> Não é sempre indo de mal a pior que se cai em revolução. Acontece, na maioria das vezes, que um povo que suportara sem se queixar, e como se não as sentisse, as leis mais opressivas, rejeite-as violentamente assim que seu peso diminui. O regime que uma revolução destrói é quase sempre melhor do que aquele que o antecedera imediatamente, e a experiência ensina que o momento mais perigoso para um mau governo é geralmente aquele em que começa a se reformar. Só um grande gênio poderia salvar um príncipe decidido a aliviar seus súditos após um longo período de opressão.[79]

A imperícia de Luís XVI (um rei já totalmente subordinado ao império da opinião pública, cujos senhores eram os filósofos[80]) e a irresponsabilidade das classes privilegiadas (contumazes na defesa de seus privilégios e paralisando um governo endividado) tornaram a "catástrofe" inevitável.[81]

Como se não bastasse, o governo e os Parlamentos (recalcitrantes em matéria fiscal) passaram a acusar-se "voluntária e mutuamente pelas misérias do povo", sobretudo a partir da década de 1770, que se inaugura com a grave crise política entre o chanceler Maupeou e a nobreza de toga. Assim, o Capítulo 5 demonstrará como as duas principais vítimas da Revolução foram corresponsáveis por suas misérias e tragédias, sobretudo quando começaram a se atacar mutuamente pelas misérias do povo, na crença de que o conteú-

78. Ver p. 182-3 desta obra.

79. Ver p. 181 desta obra.

80. Ver p. 179 desta obra.

81. Ver p. 182-3 desta obra.

do inflamável da contenda jamais chegaria aos ouvidos daqueles cujos males pretendiam extinguir ou aliviar – atitude esta que só evidenciava o fundo de desprezo que nutriam pelas classes desfavorecidas, que julgavam demasiadamente rudes para se interessar em suas contendas libertárias. "Os dois lados trabalham assim para introduzir no espírito do povo a ideia de que ele sempre deve culpar os superiores por seus males", sentencia Tocqueville.[82]

Isso ficou claro durante os dez anos que antecedem 1789: então, os intendentes e os controladores gerais tomam as dores dos camponeses, buscam medidas que poderiam aliviá-los, "destacam os principais abusos de que padecem e censuram" os privilégios fiscais da nobreza, incorrendo numa imprevidência tão grave "na expressão dessa nova simpatia quanto o foram em sua longa insensibilidade".[83]

No final do capítulo, Tocqueville coteja as respectivas atitudes das elites e do povo nos contextos da Reforma Protestante e da Revolução de 1789, comparação que se encerra com uma constatação surpreendente:

> no século XVI, a maioria dos grandes lançou-se na mudança de religião por cálculo de ambição ou por cupidez; o povo, ao contrário, abraçou-a por convicção e sem esperar nenhuma vantagem. No século XVIII, o quadro muda de aspecto: foram crenças desinteressadas e simpatias generosas que então comoveram e revoltaram as classes esclarecidas, ao passo que o sentimento amargo de suas queixas e a ânsia de mudar sua posição agitavam o povo. O entusiasmo das primeiras acabou por acender e armar a ira e a avidez do segundo.[84]

Canalizado, pois, sobretudo no conflito monarquia-Parlamentos, esse fator precipitante transforma-se em fator *detonador* revolucionário no início de 1788, como bem o reconheceu Tocqueville nos esboços daquele que deveria ser o segundo volume de *O Antigo Regime e a Revolução* (interrompido pela morte do autor). Uma vez que nesse primeiro volume o autor não adentra a Revolução propriamente dita, tomamos a liberdade de reproduzir um trecho do inacabado segundo volume, em que ele destaca a responsabilidade das elites francesas pela "detonação" revolucionária:

> O que me impressiona mais não é o gênio dos que serviram a Revolução conscientemente, mas a singular imbecilidade dos que a fizeram chegar, sem o querer. Quando considero a Revolução Francesa, espanta-me sua grandeza

82. Ver p. 185 desta obra.

83. Ver p. 186 desta obra.

84. Ver p. 189 desta obra.

> prodigiosa, seu brilho, que atingiu até as extremidades da Terra, seu vigor que influenciou mais ou menos todos os povos.
>
> Considero em seguida essa corte, que dela tanto participou, vendo aí os quadros mais vulgares que podemos encontrar na história: ministros levianos ou incapazes, padres libertinos, mulheres fúteis, cortesãos temerários ou cúpidos, um monarca que só tem virtudes inúteis ou perigosas. Vejo contudo que esses personagens pouco importantes facilitam, provocam, precipitam esses acontecimentos da maior importância.[85]

Não por acaso, o sexto capítulo abre justamente nesse conflito, para ilustrar o papel determinante do governo absolutista na conclusão da educação revolucionária do povo: do desrespeito para com instituições tão antigas e tradicionais quanto a realeza (o golpe de Maupeou contra os Parlamentos, ainda sob Luís XV) às expropriações pretensamente legais (isto é, mediante indenizações irrisórias pagas com muito atraso) de propriedades privadas (a pretexto do bem público, principalmente na construção de estradas) e abusos da justiça prebostal dispensada aos pobres (em especial aos camponeses), Tocqueville demonstra o quanto a violência revolucionária não se originou apenas no radicalismo filosófico, mas também e sobretudo na arbitrária e autoritária "pedagogia" governamental ministrada às classes desfavorecidas, uma conclusão que denota a lucidez e a sensibilidade do conservadorismo tocquevilleano, ao mesmo tempo que avança outra lição histórica e moral passível de generalização para outros contextos.[86]

A desastrosa reforma administrativa de 1787 (Capítulo 7), responsável por transferir a administração dos intendentes para as assembleias provinciais eleitas, rematou o quadro. Subverteu por completo o andamento cotidiano dos assuntos públicos e dos negócios, de modo que ninguém sabia mais "a quem obedecer, nem a quem se dirigir, nem como se conduzir nas questões menores e particulares que constituem o andamento diário da vida social".[87] O Estado pareceu ter ficado inabalado, mas não fez mais que preparar o terreno para o ódio de classes que caracterizaria a Revolução.

---

85. Alexis de Tocqueville, 1953, p. 199.
86. "As requisições, a venda obrigatória dos víveres e a promulgação do máximo são medidas governamentais que tiveram precedentes sob o Antigo Regime. Nos tempos de escassez, vi administradores fixarem de antemão o preço dos gêneros trazidos pelos camponeses ao mercado, mas como estes, temendo ser pressionados, não se apresentavam, emitiram ordens para obrigá-los sob pena de multa.
    Mas não houve um ensinamento mais pernicioso do que certas formas adotadas pela justiça criminal quando se tratava do povo." (Ver p. 191 desta obra.)
87. Ver p. 200 desta obra.

No oitavo e último capítulo do livro III (e, por assim dizer, do livro, se excluirmos o *Apêndice*), Tocqueville sintetiza o que sustentara ao longo dos vinte capítulos que compõem os livros II e III, com uma sutil alteração lógica: se na ordem expositiva do livro II o trabalho da centralização administrativa monárquica antecede estruturalmente "o pecado original" da nobreza, na conclusão, os papéis são invertidos. Com isso, nosso autor pretendia destacar, na contramão das historiografias contrarrevolucionárias e liberal-democrática da Revolução, que ela não era inevitável, e que a passagem da sociedade feudal para a sociedade democrática poderia ter ocorrido sob outra modalidade de ação que não a revolucionária, se a aristocracia francesa tivesse cumprido o seu dever-ser, isto é, à guisa do modelo inglês, conservado o poder com todo o ônus que isso representa. No final de contas, a abertura ou o "comércio" da aristocracia inglesa com as demais classes resultou dessa virtude original, de sua resistência perante o poder central. No caso francês, de acordo com Tocqueville, deu-se o extremo oposto: para manter seus privilégios e sua posição de destaque, a nobreza cedeu o poder à monarquia, um ato de suicídio político que a reduziu à condição de casta.

A partir dessa prevaricação, a centralização monárquica nada mais fez do que seguir o instinto de todo poder na era moderna ou democrática, qual seja, o de se expandir o máximo possível. No caso francês, essa expansão produziu dois fatores determinantes para o caráter da Revolução: transformou Paris no centro do reino ("o próprio reino") - isso explica por que uma insurreição na capital pôde derrotar uma monarquia de mil anos que atravessara perigos e guerras muito maiores - e, ao abolir toda vida política na sociedade, preparou o reinado dos literatos no âmbito da opinião pública.

Quando a Revolução sobreveio, o Antigo Regime (com a precípua participação da nobreza) já havia tirado "de antemão aos franceses a possibilidade e o desejo de se ajudarem reciprocamente". Inspirada nos ideais humanitários e benevolentes dos filósofos (isto é, da elite de notáveis da nobreza e da burguesia), a Revolução foi levada a cabo pelas classes mais desfavorecidas, visto que a elite francesa estava profundamente dividida e já não possuía ascendência sobre o povo.[88] Derrubado pela iniciativa da elite de notáveis, o poder central logo passou às mãos do povo (ou de representantes com seu espírito), que conferiu à Revolução seu caráter violento e escatológico, "capaz ao mesmo tempo de tudo suportar e tudo infligir" (também e fundamentalmente devido à pedagogia do arbítrio a que fora submetido pelo próprio Antigo Regime).[89]

---

88. Esta será a tese principal de Furet e Richet em *La Révolution* (Paris: Fayard, 1965).

89. Ver p. 203 desta obra.

No final do Antigo Regime, a paixão pela liberdade era tão sincera quanto a paixão pela igualdade, e, de fato, encontraram-se em 1789, tempo de "generosidade, entusiasmo, virilidade e grandeza, tempo de imortal memória, para o qual se voltarão com admiração e respeito os olhares dos homens, quando os que o presenciaram e nós mesmos tivermos desaparecido há muito". Por um breve momento, os franceses extinguiram não somente os resquícios das instituições feudais como aboliram o "amo", o poder tutelar do governo absoluto.

Mas à medida que o ódio de classes se apropriava da cena, os franceses retomaram o caminho da servidão política, recompondo novamente o poder absoluto (já nominalmente democrático, embora continuasse a dividir para governar). Por fim, quando a nação se cansou da "anarquia" e da "ditadura popular", entregou todo o poder a Napoleão, "que ia ser, ao mesmo tempo, o continuador e o destruidor da Revolução".[90]

Tanto no fracasso de 1789 como nas abortadas tentativas de se consolidar a liberdade política na França do século XIX, a incompetência das elites e sua incapacidade para governar deixavam a nação sempre exposta às recorrências revolucionárias de caráter popular e demagógico.

E apesar da medicina prescrita por Tocqueville a seus leitores ser efetivamente forte – o que levou um crítico a associar o conceito "continuísta" de *O Antigo Regime e a Revolução* a um "ópio" (devido à ênfase no atavismo despótico)[91] –, ele (totalmente ciente daquele risco) estava convencido de que as nações, a exemplo dos indivíduos, só logram se curar quando diagnosticam corretamente a natureza de sua doença. Pois, conforme confessou a seu amigo Corcelle, é muito difícil que os homens persistam no erro quando passam a conhecê-lo, descobrem sua fonte e mensuram seus resultados.[92]

Em vez de avançar um programa "reacionário" visando à restauração aristocrática na política de seu tempo (é a tese de S. Wolin), Tocqueville pretendia salvar a democracia de seus próprios impulsos e instintos (o individualismo, o gosto excessivo pelo bem-estar, a inveja disfarçada de paixão igualitária), incutindo-lhe um senso de "paixão" ou "orgulho" (neste sentido, aristocrático) que motivasse seus contemporâneos a se interessarem pelos assuntos coletivos e a se engajarem conjuntamente na administração de seus próprios assuntos (direta ou indiretamente, mas sempre fiscalizando seus representantes).

Acima de tudo, Tocqueville exorta seu leitor a encontrar na liberdade "seus próprios atrativos, seu próprio encanto, independentemente de seus benefí-

---

90. Ver p. 204 desta obra.
91. Richard Herr, 1962, p. 92.
92. P. Gilbert, 1985, p. 185-6.

cios"; a considerar "o prazer de poder falar, agir, respirar sem constrangimento, sob o único governo de Deus e das leis", como o maior bem de que dispõe a humanidade. Pois "quem procura na liberdade outra coisa além dela foi feito para servir".[93]

Se Tocqueville não oferecia respostas fáceis para todos esses dilemas políticos, era porque seu objeto (a liberdade) parecia-lhe demasiado sublime para ser convertido (poderíamos dizer, reduzido) numa ciência fechada e definida (como lograram fazer no mesmo período Auguste Comte e K. Marx, respectivamente), razão pela qual encontrou na história em sua acepção clássica - a história vista como "mestra da vida" - um meio privilegiado para chamar a atenção de seus contemporâneos para as "enfermidades" políticas que os acometiam, com todo o rigor que um diagnóstico científico exigia para que fosse efetivo...

José Miguel Nanni Soares

Graduado em História pela Universidade de São Paulo
e em Jornalismo pelas Faculdades Integradas Alcântara Machado.
Mestre e Doutor em História Social pela Universidade de São Paulo.
Atua nas áreas de História Moderna e Contemporânea,
Ética e Filosofia Política.

93. Ver p. 174-5 desta obra.

# REFERÊNCIAS

ARON, Raymond. *As etapas do pensamento sociológico* (1967). Trad. Sérgio Bath. São Paulo: Martins Fontes, 2008.

BEAUMONT, Gustave de (org.). *Oeuvres Complètes d'Alexis de Tocqueville.* v. VII. Paris: Michel Lèvy Frères, 1864-1866.

BOESCHE, Roger. Why did Tocqueville think a succesfull Revolution was impossible? *In*: NOLLA, Eduardo (org.). *Liberty, Equality, Democracy.* New York: New York University Press, 1992.

BOESCHE, Roger. *Theories of Tyranny*: from Plato to Arendt. Pennsylvania: Pennsylvania Theories University Press, 1996.

BOESCHE, Roger. *Tocqueville's Road Map. Methodology, Liberalism, Revolution and Despotism.* New York: Rowman & Littlefield, 2006.

BROGAN, Hugh. *Alexis de Tocqueville. O profeta da democracia.* Trad. Mauro Pinheiro. São Paulo: Record, 2012.

CALVINO, Italo. *Por que ler os clássicos* (1991). Trad. Nilson Moulin. São Paulo: Companhia das Letras, 1993.

CONSTANT, Benjamin. *De la liberté des Anciens comparée à celle des Modernes (1819). In*: GAUCHET, Marcel. *Benjamin Constant*: Écrits politiques. Paris: Gallimard, 1997.

EDELSTEIN, Dan. *The Terror of Natural Right*: Republicanism, the Cult of Nature, and the French Revolution. Chicago: University of Chicago Press, 2009.

ELSTER, Jon. Introduction. *In*: ELSTER, Jon. *Tocqueville*: the Ancien Régime and the French Revolution. New York: Cambridge University Press, 2011.

FLORENZANO, Modesto. Tocqueville diante da democracia e da Revolução. *Revista do Instituto Histórico e Geográfico de São Paulo*, v. XCV, p. 25-55, 1999.

FURET, François. *Pensando a Revolução Francesa* (1978). Trad. Martha Gambini e Luiz Marques. 2. ed. São Paulo: Paz e Terra, 1989a.

FURET, François. Préface. *In*: TOCQUEVILLE, Alexis de. *De la Démocratie en Amérique.* v. I. Paris: Flammarion, 1981.

FURET, François. Tocqueville. *In*: FURET, François; OZOUF, Mona (orgs.). *Dicionário crítico da Revolução Francesa.* Trad. Henrique de Araújo Mesquita. Rio de Janeiro: Nova Fronteira, 1989b.

FURET, François. *A Revolução em debate* (1999). Trad. Regina Célia Bicalho Prates e Silva. Bauru: EDUSC, 2001.

GANNET JR., Robert T. *Tocqueville Unveiled*: The Historian and his Sources for "The Old Regime and the Revolution". Chicago: University of Chicago Press, 2003.

GAUCHET, Marcel. *Benjamin Constant*: Écrits Politiques. Paris: Gallimard, 1997.

GENGEMBRE, Gerard. *La Contre-Révolution ou l'histoire désespérante.* Paris: Imago, 2001.

GÉRARD, Alice. *A Revolução Francesa. Mitos e interpretações.* Trad. Sérgio Joaquim de Almeida. São Paulo: Perspectiva, 1999.

GILBERT, Pierre (org.). Carta de Tocqueville a Corcelle, 17 de setembro de 1853. *In*: GILBERT, Pierre. *Correspondance d'Alexis de Tocqueville et de Francisque de Corcelle. Correspondance d'Alexis de Tocqueville et de Madame Swetchine.* Paris: Gallimard, 1985.

GODECHOT, Jacques. As grandes correntes da historiografia da Revolução Francesa, de 1789 aos nossos dias. *Revista de História-USP*, n. 80, 1969, v. XXXIX.

GOOCH, G. P. *History and Historians in the Nineteenth Century.* London: Longmans, 1952.

HERR, Richard. *Tocqueville and the Old Regime.* Princeton: Princeton University Press, 1962.

JARDIN, André. *Alexis de Tocqueville 1805-1859.* Paris: Hachette, 1984.

JASMIN, Marcelo. Historiografia e liberdade em "*L'Ancien Régime et la Révolution*", *Revista Estudos Históricos*, v. 9, n. 17, 1996.

JAUME, Lucien. *Le discours jacobin et la démocratie.* Paris: Fayard, 1989.

JAUME, Lucien (org.). *Tocqueville and the aristocratic sources of Liberty.* Princeton: Princeton Univerity Press, 2008.

JAUME, Lucien. *Le Religieux et le Politique dans la Révolution Française.* Paris: PUF, 2015.

JOUVENEL, Bertrand de. *Du Pouvoir. Histoire naturelle de sa croissance*, 1945.

LAMBERTI, Jean-Claude. *La notion d'individualisme chez Tocqueville.* Paris: PUF, 1970.

LEFEBVRE, G. À propos de Tocqueville. *In*: *Annales Historiques de la Révolution Française*, 27, n. 4, out./dez. 1955.

LEFEBVRE, G. *Réflexions sur l'histoire.* Paris: François Maspero, 1978.

MELLON, Stanley. *The Political uses of History.* Stanford: Stanford University Press, 1958.

MÉLONIO, Françoise. Préface. *In*: TOCQUEVILLE, Alexis de. *L'Ancien Régime et la Révolution.* Paris: Flammarion, 1988.

MÉLONIO, Françoise. Tocqueville aux origines de la démocratie française. *In*: FURET, François; OZOUF, Mona (orgs.). *The French Revolution and the Creation of Modern Political Culture.* v. 3: *The Transformation of Political Culture, 1789-1848.* New York: Pergamon Press, 1989.

MÉLONIO, Françoise; DIAZ, José-Luis. *Tocqueville et la Littérature.* Paris: Presses Universitaires Paris-Sorbonne, 2005.

NOLLA, Eduardo (org.). *Liberty, Equality, Democracy.* New York: New York University Press, 1992.

PALMER, Robert Roswell. *The Two Tocquevilles. Father and Son*: Hervé and Alexis de Tocqueville on the Coming of the French Revolution. Princeton: Princeton University Press, 1987.

PORCHNEV, Boris. *Les soulévements populaires en France au XVII^e^ siècle* (1948). Paris: Flammarion, 1972.

QUIRINO, C. N. G. *Dos infortúnios da igualdade ao gozo da liberdade.* São Paulo: Discurso Editorial, 2001.

RIVIALE, Philippe. *Tocqueville ou l'Intranquilité.* Paris: L'Harmattan, 1997.

ROUSSEAU, Jean-Jacques. *Discurso sobre a origem e os fundamentos da desigualdade entre os homens* (1755). Trad. Laurent de Saes. São Paulo: Edipro, 2015.

SAINTE-BEUVE, Charles Augustin. *Causeries du Lundi.* Paris: Garnier, 1862.

STONE, Lawrence. *As causas da Revolução Inglesa 1529-1642 (1972).* Trad. Modesto Florenzano. Bauru: Edusc, 2000.

TOCQUEVILLE, Alexis de. *L'Ancien Régime et la Révolution.* v. II: *Fragments et Notes inédites sur la Révolution. In*: JARDIN, André. *Oeuvres Complètes de Alexis de Tocqueville.* 4. ed. Paris: Gallimard, 1953.

WELCH, Cheryl B. (org.). *The Cambridge Companion to Tocqueville.* New York: Cambridge University Press, 2006.

WHITE, Hayden. *Metahistory*: the Historical Imagination in Nineteenth-Century Europe. Baltimore: John Hopkins University Press, 1973.

WOLIN, Sheldon. *Tocqueville Between Two Words*: the Making of a Political and a Theoretical Life. Princeton: Princeton University Press, 2003.

# PREFÁCIO

O livro que agora publico não é uma história da Revolução, história feita com demasiado brilho para que eu intente refazê-la: trata-se de um estudo sobre esta Revolução.

Em 1789, os franceses fizeram o maior esforço jamais despendido por qualquer povo para, por assim dizer, cortar o seu destino em dois e separar por um abismo aquilo que haviam sido até então daquilo que pretendiam ser no futuro. Com esse propósito, assumiram toda sorte de precauções para não levarem à sua nova condição coisa alguma do passado e impuseram-se todo gênero de coerções para se moldarem diferentemente de seus pais. Enfim, de nada esqueceram para se tornarem irreconhecíveis.

Sempre pensei que o êxito dessa singular iniciativa havia sido muito menor do que se acreditara no exterior e do que eles mesmos acreditaram inicialmente. Estava convencido de que retiveram involuntariamente do Antigo Regime a maior parte dos sentimentos, dos hábitos e das próprias ideias com o auxílio das quais haviam conduzido a Revolução que o destruiu e que, sem sabê-lo, usaram seus escombros para construírem o edifício da nova sociedade; de tal forma que, para bem compreender tanto a Revolução como sua obra, era preciso esquecer por um momento a França que vemos hoje e ir interrogar no seu túmulo a França que não existe mais. Foi o que tratei de fazer aqui, embora tivesse mais dificuldade em consegui-lo do que poderia acreditar.

Os primeiros séculos da monarquia, a Idade Média, o Renascimento originaram trabalhos imensos e foram o objeto de investigações muito profundas que nos deram a conhecer não somente os fatos que então ocorreram, mas também as leis, os costumes, o espírito do governo e da nação nestas diferentes épocas. Ninguém até hoje se deu ainda ao trabalho de considerar o século XVIII desse modo e de tão perto. Julgamos conhecer muito bem a sociedade francesa daquele tempo, pois vemos claramente o que brilhava em sua superfície, porque possuímos até nos detalhes a história dos personagens mais célebres que nela viveram e porque críticas engenhosas ou eloquentes lograram familiarizar-nos com as obras dos grandes escritores que a ilustraram. Mas, quanto à maneira como se conduziam os assuntos, à prática efetiva das instituições, à posição exata das classes umas em face das outras, à condição e aos sentimentos daqueles que ainda não se faziam ouvir nem ver, e ao verdadeiro fundamento das opiniões e dos costumes, não temos senão ideias confusas e frequentemente errôneas.

Propus-me a penetrar no âmago desse Antigo Regime que, malgrado sua proximidade no tempo, foi-nos ocultado pela Revolução.

Para consegui-lo, não me limitei a reler os livros célebres que o século XVIII produziu e quis estudar também muitas obras menos conhecidas e menos dignas de sê-lo, mas que por serem compostas com pouca arte, talvez revelem ainda melhor os verdadeiros instintos da época. Dediquei-me a conhecer bem todos os atos públicos em que os franceses, às vésperas da Revolução, puderam mostrar suas opiniões e seus gostos. As atas das assembleias dos Estados-gerais e, posteriormente, as das assembleias provinciais, forneceram-me muitos esclarecimentos nesta matéria. Lancei mão principalmente dos cadernos redigidos pelas três ordens em 1789.[1] Esses cadernos, cujos originais formam uma longa série de volumes manuscritos, permanecerão como o testamento da antiga sociedade francesa, a expressão máxima de seus desejos, a manifestação autêntica de suas últimas vontades. É um documento único na história, embora nem isso me tenha sido suficiente.

Nos países em que a administração pública já é poderosa, nascem poucas ideias, desejos, dores e encontram-se poucos interesses e paixões que, cedo ou tarde, não venham se desnudar perante ela. Visitando seus arquivos, não se obtém tão somente uma noção muito exata de seus métodos: o país inteiro revela-se. Um estrangeiro a quem fossem entregues hoje todas as correspondências confidenciais que lotam as pastas do Ministério do Interior e das prefeituras logo saberia mais sobre nós do que nós mesmos. Como se verá pela leitura deste livro, no século XVIII a administração pública já era muito centralizada, muito poderosa e prodigiosamente ativa. Viam-na incessantemente auxiliar, impedir e permitir. Tinha muito a prometer e a dar. Influía já de mil maneiras,

1. Referência aos *cahiers de doléances* ou *cadernos de queixas*, a saber, compilação de críticas e petições dirigidas ao rei que as assembleias de cada uma das três ordens do reino, em seus diferentes níveis eleitorais, entregaram separadamente a seus representantes no processo de eleição dos deputados para os Estados-gerais. Elaborados entre março e abril de 1789, constituem importantes fontes primárias para os historiadores da Revolução (como constatamos por meio do próprio Tocqueville, que fez largo uso dessa documentação). Ver nota 38 de Tocqueville na página 248, relativa aos cadernos da nobreza.

não apenas na condução geral dos assuntos públicos, mas também no destino das famílias e na vida privada de cada homem. Ademais, não havia publicidade em torno dela, o que levava alguns a não temerem expor aos seus olhos até mesmo as fraquezas mais secretas. Passei muito tempo estudando o que nos resta dela, quer em Paris, quer em várias províncias.[2]

Como já esperava, encontrei naqueles arquivos o Antigo Regime plenamente vivo, com suas ideias, paixões, preconceitos e práticas. Ali cada homem falava livremente a própria língua e deixava entrever seus mais íntimos pensamentos, o que me levou a adquirir sobre a sociedade antiga muitas noções que os contemporâneos não possuíam, pois tinha sob os meus olhos o que jamais lhes fora dado ver.

À medida que avançava neste estudo, surpreendia-me por rever em todos os momentos da França dessa época muitas características que impressionam na França de nossos dias. Reencontrava uma infinidade de sentimentos que acreditava nascidos com a Revolução, um sem-número de ideias que até então julgava provenientes apenas dela, mil hábitos que supostamente ela foi a única a nos dar; reencontrava em toda parte as raízes da atual sociedade profundamente implantadas naquele velho solo. Quanto mais me aproximava de 1789, mais distintamente percebia o espírito que fez a Revolução se formar, nascer e crescer. Via desvelar-se paulatinamente diante dos meus olhos toda a fisionomia dessa Revolução. Já então ela anunciava o seu temperamento, o seu gênio: já era ela própria. Ali encontrava não só a razão do que ela ia fazer no seu primeiro esforço mas talvez ainda mais, o anúncio do que devia fundar ao longo do tempo, pois a Revolução teve duas fases bem distintas: a primeira, durante a qual os franceses parecem querer abolir tudo do seu passado; a segunda, em que vão retomar nele uma parte do que haviam deixado. Há um grande número de leis e de hábitos políticos do Antigo Regime que assim desaparecem subitamente em 1789 e que ressurgem alguns anos depois, como certos rios penetram na terra para reaparecerem um pouco adiante, expondo as mesmas águas a novas margens.

A finalidade específica da obra que entrego ao público é dar a compreender por que essa grande Revolução, que se preparava simultaneamente em quase todo o continente europeu, eclodiu aqui e não em outro lugar, por que ela saiu

---

2. Vali-me particularmente dos arquivos de algumas grandes intendências, sobretudo os de Tours, que são muito completos e se referem a uma generalidade muito vasta, já que a cidade, povoada por um milhão de habitantes, está situada no centro da França. Devo agradecer aqui ao jovem e competente arquivista a quem eles estão confiados, o sr. Grandmaison. Outras generalidades, entre as quais a de Île-de-France, mostraram-me que as coisas se passavam do mesmo modo na maior parte do reino. (N.A.)

como que espontaneamente da sociedade que iria destruir, e, finalmente, como a antiga monarquia pôde ruir de uma forma tão completa e tão repentina.

A meu ver, a obra que empreendi não deve se restringir a isso. Se o tempo e as forças não me faltarem, tenciono seguir pelas vicissitudes desta longa Revolução os mesmos franceses com quem acabo de viver tão intimamente sob o Antigo Regime e que esse Antigo Regime formara, vê-los modificando-se e transformando-se segundo os acontecimentos, sem entretanto mudarem de natureza, e ressurgindo incessantemente diante de nós com uma fisionomia um pouco distinta, mas sempre reconhecível.

Percorri inicialmente com eles essa primeira época de 1789, em que o amor à igualdade e à liberdade divide seus corações; em que não querem apenas fundar instituições democráticas, mas também instituições livres; não apenas destruir privilégios, mas igualmente reconhecer e consagrar direitos: tempos de juventude, de entusiasmo, de orgulho, de paixões generosas e sinceras dos quais, apesar de seus erros, os homens conservarão eternamente a memória e que por muito tempo ainda perturbarão o sono de todos os que pretenderem corrompê-los ou subjugá-los.

Enquanto acompanho rapidamente o curso dessa mesma Revolução, procurarei mostrar quais os acontecimentos, os erros e as decepções que levaram esses mesmos franceses a abandonar sua primeira visão e, esquecendo a liberdade, a só pensar em transformar-se nos servidores iguais do dono do mundo; como um governo mais forte e muito mais absoluto que aquele que a Revolução depusera retoma e concentra então todos os poderes, suprime todas as liberdades que tanto custaram e coloca no lugar delas suas vãs imagens: chamando de soberania do povo os sufrágios de eleitores que não podem esclarecer-se, discutir ou escolher; voto livre de imposição a concordância de assembleias mudas ou subjugadas; e, ao mesmo tempo que arranca da nação a faculdade de governar-se, as principais garantias do direito, as liberdades de pensar, falar e escrever – isto é, o que houvera de mais precioso e de mais nobre nas conquistas de 1789 –, ainda se pavoneia com esse grande nome.

Encerrarei no momento em que a Revolução me der a impressão de ter praticamente concluído sua obra e trazido à luz a sociedade nova. Considerarei então essa mesma sociedade, tentarei discernir em que ela se assemelha com a que a precedeu, em que difere, o que perdemos naquela imensa agitação de todas as coisas e o que ganhamos, procurando, enfim, entrever nosso futuro.

Uma parte desta segunda obra está esboçada, mas ainda não é digna de ser oferecida ao público. Poderei concluí-la? Quem pode dizê-lo? O destino dos indivíduos é ainda muito mais obscuro que o dos povos.

Espero ter escrito o presente livro sem preconceito, mas não pretendo tê-lo escrito sem paixão. Seria inadmissível que um francês não a sentisse quando fala do seu país e reflete sobre sua época. Confesso, portanto, que ao estudar a nossa antiga sociedade em cada uma das suas partes, nunca perdi completamente de vista a nova. Quis ver não apenas de que mal o doente sucumbira, mas também de que modo poderia não ter morrido. Comportei-me como esses médicos que tentam descobrir em cada órgão morto as leis da vida. Meu objetivo era o de traçar um quadro que fosse estritamente exato e que, ao mesmo tempo, pudesse ser instrutivo. Assim, todas as vezes que encontrei em nossos pais algumas dessas virtudes másculas que nos seriam indispensáveis e que quase já não temos – um verdadeiro espírito de independência, o gosto pelas coisas grandiosas, a fé em nós mesmos e em uma causa –, coloquei-as em destaque e, da mesma maneira, quando encontrei nas leis, nas ideias, nos costumes daquela época o traço de alguns dos vícios que, após terem devorado a antiga sociedade, ainda nos atormentam, tive o cuidado de iluminá-los, a fim de que, vendo claramente o mal que nos fizeram, possamos compreender melhor o mal que ainda podem nos causar.

Confesso que para atingir esse objetivo não hesitei em ferir ninguém, nem indivíduos, nem classes, nem opiniões, nem lembranças, por mais respeitáveis que pudessem ser. Muitas vezes o fiz com pesar, mas sempre sem remorso. Aqueles a quem eu possa ter assim desagradado queiram perdoar-me, em consideração ao objetivo desinteressado e honesto que persigo.

É possível que muitos me acusem de mostrar neste livro um gosto bem intempestivo pela liberdade, com a qual me garantem que quase ninguém mais se preocupa na França.

Aos que me dirigem esta censura, pedirei somente que tenham a bondade de considerar que essa inclinação é muito antiga em mim. Há mais de vinte anos que, falando de outra sociedade, escrevia quase textualmente o que aqui se lerá.[3]

Em meio às trevas do futuro, já é possível discernir três verdades muito claras. A primeira é que em nossos dias todos os homens são arrastados por uma força estranha que se pode ter a esperança de regular e retardar, mas não de vencer, e que os impele ora suavemente, ora abruptamente, para a destruição da aristocracia. A segunda é que, entre todas as sociedades do mundo, as que sempre encontrarão maiores dificuldades em escapar por muito tempo do governo absoluto serão precisamente aquelas em que não mais existe nem pode mais existir a aristocracia. A terceira, por fim, é que em parte alguma o

3. Alusão ao primeiro volume publicado de *A democracia na América* (1835).

despotismo produzirá efeitos mais perniciosos do que nessas sociedades; pois, mais do que nenhuma outra espécie de governo, ele favorece o desenvolvimento de todos os vícios aos quais essas sociedades estão especialmente sujeitas e, assim, as impele justamente para o lado ao qual já pendiam por uma inclinação natural.

Não havendo mais nenhum laço de castas, classes, corporações e famílias entre os homens, estes se encontram fortemente inclinados a só se ocupar de seus interesses particulares e sempre demasiadamente levados a só pensar em si mesmos, refugiando-se num individualismo estreito em que toda virtude pública é sufocada. Longe de combater esta tendência, o despotismo torna-a irresistível, pois retira dos cidadãos qualquer paixão comum, qualquer necessidade mútua, qualquer obrigação de se entenderem, qualquer ocasião de agirem em conjunto, enclausurando-os, por assim dizer, na vida privada. Os homens já tendiam a apartar-se: ele os isola. Se já eram frios uns para com os outros, ele os congela.

Nesses tipos de sociedades em que nada é fixo, todos se sentem constantemente pressionados pelo medo de descer e pelo ardor de subir, e como nelas o dinheiro, ao mesmo tempo que se tornou a principal marca que classifica e distingue os homens entre si, adquiriu uma singular mobilidade – passando incessantemente de mãos em mãos, transformando a condição dos indivíduos, elevando ou rebaixando as famílias –, não há praticamente ninguém que não seja obrigado a fazer um esforço desesperado e contínuo para conservá-lo ou adquiri-lo. Assim, a ânsia de enriquecer a todo custo, o gosto pelos negócios, o amor pelo lucro, a busca do bem-estar e dos prazeres materiais são ali as paixões mais comuns. Paixões estas que se espalham facilmente por todas as classes e penetram até mesmo naquelas que até então lhes foram mais alheias, de modo que lograriam rapidamente enfraquecer e degradar a nação inteira caso nada viesse detê-las. Ora, é da própria essência do despotismo favorecê-las e difundi-las. Essas paixões debilitantes vêm em seu auxílio, pois desviam e ocupam para longe das questões públicas a imaginação dos homens, fazendo-os estremecer à simples ideia das revoluções. Só o despotismo pode fornecer-lhes o segredo e a sombra que deixam a cupidez à vontade e permitem realizar lucros desonestos desafiando a infâmia. Sem ele, teriam sido fortes; com ele, reinam.

Apenas a liberdade, pelo contrário, pode combater eficazmente nesses tipos de sociedades os vícios que lhes são naturais e detê-las no declive em que deslizam. Com efeito, só a liberdade pode retirar os cidadãos do isolamento no qual a própria independência de sua condição os faz viver, para obrigá-los a se aproximarem uns dos outros, animando-os e reunindo-os diariamente na necessidade de se entenderem, de se persuadirem e de se comprazerem mutuamente na prática de tarefas comuns. Somente ela é capaz de arrancá-los do culto ao dinheiro e das pequenas atribulações cotidianas dos seus assuntos privados, para que percebam e sintam a todo o momento a pátria acima e ao lado deles; só ela substitui de tempos em tempos o amor pelo bem-estar por paixões mais enérgicas e mais elevadas, propondo à ambição objetivos maiores que a aquisição de riquezas e criando a luz que permite ver e julgar os vícios e as virtudes humanas.

As sociedades democráticas que não são livres podem ser ricas, refinadas, brilhantes e até magníficas e poderosas pelo peso de sua massa homogênea. Nelas podemos encontrar qualidades privadas, bons pais de família, comerciantes honestos e proprietários dignos de estima, sem falar dos bons cristãos, pois sua pátria não é deste mundo e a glória de sua religião é produzi-los em meio à maior corrupção dos costumes e sob os piores governos: o Império Romano estava repleto deles em sua extrema decadência. Mas o que nunca se verá em tais sociedades, ouso dizê-lo, são grandes cidadãos e principalmente um grande povo, e não tenho receio de afirmar que o nível geral dos corações e dos espíritos não cessará nunca de se aviltar enquanto a igualdade e o despotismo estiverem unidos.

Eis o que eu pensava e dizia há vinte anos. Confesso que, desde então, nada aconteceu no mundo que me levasse a pensar e a falar diferentemente. Tendo demonstrado a opinião favorável em que tinha a liberdade num tempo no qual era prestigiada, não se reprovará que a mantenha quando é abandonada.

Ademais, queiram considerar que precisamente nisso sou menos diferente da maioria dos meus críticos do que talvez eles mesmos o suponham. Que homem teria uma alma naturalmente tão mesquinha a ponto de preferir depender dos caprichos de um de seus semelhantes a seguir as leis que ele próprio contribuiu para estabelecer, se lhe parecesse que sua nação tinha as virtudes necessárias para fazer um bom uso da liberdade? Penso que não existe nenhum. Os próprios déspotas não negam que a liberdade seja excelente, muito embora não a queiram a não ser para si mesmos, sustentando que todos os outros são completamente indignos dela. Assim, não é sobre a opinião que se deve ter a respeito da liberdade que se difere, mas sobre a estima maior ou menor que se tem pelos homens, razão pela qual podemos afirmar, com o devido rigor, que o gosto que se mostra pelo governo absoluto é diretamente proporcional ao desprezo que se professa por seu país. Peço que me seja permitido esperar mais um pouco antes que me converta a esse sentimento.

Creio poder dizer sem me lisonjear em excesso que o livro que agora publico é o produto de um trabalho muito extenso. Há um capítulo bastante curto que me custou mais de um ano de pesquisas. Poderia ter sobrecarregado o texto com notas de rodapé, mas preferi inserir só um pequeno número delas e colocá-las no final do volume, com uma remissão às páginas do texto a que se referem. Ali se encontrarão exemplos e provas. Poderia fornecer outros tantos, se alguém achasse que este livro vale o empenho de solicitá-los.

# LIVRO I

## CAPÍTULO I
## JUÍZOS CONTRADITÓRIOS EMITIDOS SOBRE A REVOLUÇÃO EM SEU NASCIMENTO

Nada mais indicado para reconduzir os filósofos e os estadistas à modéstia do que a história de nossa Revolução, pois nunca houve acontecimentos maiores, conduzidos de mais longe, mais bem preparados e menos previstos.

Apesar de sua genialidade, o próprio Frederico, o Grande[4], não a pressente: toca-a sem vê-la. Mais ainda, age antecipadamente segundo o seu espírito, é seu precursor e já, por assim dizer, seu agente, mas não a reconhece quando se aproxima. E quando ela finalmente se mostra, os traços novos e extraordinários que vão caracterizar sua fisionomia entre a multidão inumerável de revoluções escapam desde o princípio aos olhares.

É objeto da curiosidade universal no exterior, engendrando por toda parte no espírito dos povos uma espécie de noção indeterminada de que tempos novos se preparam, e vagas esperanças de mudanças e reformas; embora ninguém ainda suspeite do que deva ser. Os príncipes e seus ministros nem sequer têm aquele pressentimento confuso que excita o povo à sua vista. A princípio, consideram-na tão somente uma dessas doenças periódicas a que a constituição de todos os povos está sujeita e cujo único efeito é o de abrir novos campos à política de seus vizinhos. Se porventura dizem a verdade a seu respeito, fazem-no sem sabê-lo. É bem verdade que os principais soberanos da

4. Célebre pelas conquistas territoriais que permitiriam ao reino da Prússia liderar o processo de unificação da Alemanha, Frederico II de Hohenzollern (1712-1786) foi um dos principais representantes do "despotismo esclarecido" europeu da "Era das Luzes". Escreveu *O anti-Maquiavel* (1740), tratado que recebeu inúmeros elogios de seu amigo Voltaire.

Alemanha, reunidos em Pillnitz no ano de 1791[5], proclamam que o perigo que ameaça a realeza na França é comum a todos os antigos poderes da Europa e que todos estão ameaçados por ela, mas no fundo não creem em nada disso. Os documentos secretos da época revelam que, para eles, tudo isso não passava de hábeis pretextos com os quais mascaravam ou coloriam seus desígnios aos olhos da multidão.

Estão pessoalmente convencidos de que a Revolução Francesa é um acidente local e passageiro do qual se trata apenas de tirar proveito. Nessa perspectiva concebem planos, fazem preparativos, celebram alianças secretas; disputam entre si à vista desta presa próxima, separam-se, reaproximam-se; preparam-se para quase tudo, salvo para o que vai ocorrer.

Os ingleses, dotados de mais clarividência e experiência pela lembrança de sua própria história e pela longa prática da liberdade política, bem percebem, como através de um véu espesso, a imagem de uma grande Revolução que se aproxima, mas não conseguem distinguir-lhe a forma, de modo que lhes escapa a ação que em breve ela vai exercer sobre os destinos do mundo e o seu próprio. Arthur Young[6], que percorre a França no momento em que a Revolução vai eclodir e que a considera iminente, ignora tão completamente seu alcance que se questiona se o resultado não será um recrudescimento dos privilégios. "Quanto aos nobres", diz ele, "se essa revolução lhes der ainda mais preponderância, penso que faria mais mal do que bem".

Burke, cujo espírito foi inflamado pelo ódio que a Revolução lhe inspirou desde seu advento,[7] o próprio Burke ficou momentaneamente indeciso

---

5. Alusão à Declaração de Pillnitz (de 27 de agosto de 1791), na qual os soberanos do Sacro Império (o arquiduque austríaco Leopoldo II) e da Prússia (Frederico-Guilherme II) manifestaram apoio a Luís XVI e ameaçaram a Assembleia Nacional francesa com severas sanções, caso a família real sofresse qualquer tipo de atentado ou o rei fosse deposto de seu trono. Importante lembrar que essa declaração ocorreu logo em seguida à malograda tentativa de fuga da família real (20-21 de junho daquele ano), de sérias consequências para a monarquia. Além de receber destaque dos historiadores da Revolução, esse episódio foi retratado no filme *La Nuit de Varennes* (1982), do cineasta italiano Ettore Scola (no Brasil, intitulado *Casanova e a Revolução*).

6. Arthur Young (1741-1820), agricultor, agrônomo e jornalista – era o editor da revista *Annals of Agriculture* e escrevia para o *Morning Post* – britânico, célebre pelos relatos de sua viagem (ocorrida entre 1787-1789) à França, publicados em 1792 sob o título *Travels in France* (em dois volumes).

7. Edmund Burke (1730-1797), estadista, político e filósofo liberal anglo-irlandês que se notabilizou por suas originais e veementes críticas à Revolução Francesa, como as presentes no panfleto *Reflexões sobre a Revolução na França* (1790). Obra fundadora do moderno conservadorismo político, as *Reflections* exerceram grande influência sobre Tocqueville, em que pesem as críticas dele a Burke (as quais, como bem destacou o historiador Modesto Florenzano, encobriam vários conceitos e pontos de vista comuns entre ambos). Cf. FLORENZANO, Modesto. "Tocqueville diante da democracia e da Revolução", *Revista do Instituto Histórico e Geográfico de São Paulo*, v. XCV, p. 45-7, 1999.

em face dela. O que inicialmente pressagia a seu respeito é que a França ficará enfraquecida e como que aniquilada por ela. "Pode-se acreditar", afirma,

> que as faculdades guerreiras da França ficarão apagadas por muito tempo e, quem sabe, até para sempre, de modo que os homens da geração que vem a seguir poderão dizer como aquele antigo: *Gallos quoque in bellis floruisse audivimus* (ouvimos dizer que os próprios gauleses outrora brilharam pelas armas).

O acontecimento não foi mais bem avaliado de perto do que a distância. Na França, na véspera do dia em que a Revolução vai eclodir, ainda não se tem nenhuma ideia precisa sobre o que ela fará. Em meio à infinidade de cadernos de queixas, encontro apenas dois que mostram alguma apreensão do povo. O que se teme é a preponderância que o poder régio - a corte, como ainda o designam - deve conservar. A fraqueza e a curta duração dos Estados-gerais inquietam. Teme-se que sofram violência. A nobreza é particularmente perturbada por esse temor. "As tropas suíças", dizem vários desses cadernos, "prestarão o juramento de nunca usar armas contra os cidadãos, mesmo em caso de sedição ou de revolta". Que os Estados-gerais sejam livres e todos os abusos serão facilmente destruídos; a reforma a ser feita é imensa, porém fácil.

A Revolução, entretanto, segue seu curso: à medida que se mostra a cabeça do monstro, que sua fisionomia singular e terrível se revela; que, após destruir as instituições políticas, ela suprima as instituições civis e mude, em seguida, as leis, os costumes, os usos e até a língua; quando, após ter arruinado a estrutura do governo, abala os fundamentos da sociedade e, finalmente, parece querer atacar o próprio Deus; quando essa mesma Revolução transborda rapidamente para fora com procedimentos até então desconhecidos, uma tática nova, máximas mortíferas, opiniões *armadas* - como dizia Pitt[8] -, uma força inaudita que derruba as barreiras dos impérios, quebra as coroas, esmaga os povos e - coisa estranha! - conquista-os simultaneamente para a sua causa; à medida que tudo isso irrompe, o ponto de vista muda. O que aos príncipes da Europa e aos estadistas parecera inicialmente um vulgar acidente da vida dos povos, torna-se um fato tão novo e mesmo tão contrário a tudo o que anteriormente se passara no mundo, e, no entanto, tão generalizado, tão monstruoso, tão incompreensível que, ao percebê-lo, o espírito humano fica como que desnorteado. Uns pensam que essa força estranha, que nada parece alimentar nem abater, que não poderia ser detida e que não pode deter a si mesma, impelirá as sociedades humanas para a dissolução completa e final. Muitos a consideram

8. William Pitt (1759-1806), primeiro-ministro britânico entre 1783-1801 e 1804-1806.

como a ação visível do demônio na Terra. "A Revolução Francesa tem um caráter satânico", diz o senhor Maistre a partir de 1797.[9] Outros, ao contrário, descobrem nela um desígnio benevolente de Deus, que quer renovar não apenas a face da França mas também do mundo e que, de certa forma, vai criar uma humanidade nova. Em vários escritores dessa época, encontra-se algo daquele terror religioso que experimentava Salviano[10] à vista dos bárbaros. Retomando seu pensamento, Burke exclama:

> Privada de seu antigo governo, ou melhor, de qualquer governo, parecia que a França era mais um objeto de insulto e piedade que o flagelo e o terror do gênero humano. Mas do túmulo dessa monarquia assassinada saiu um ser informe, imenso, mais terrível que nenhum outro que já tenha oprimido e subjugado a imaginação dos homens. Este ser hediondo e estranho marcha diretamente para o seu objetivo sem se deixar atemorizar pelo perigo ou deter-se pelos remorsos; desdenhoso de todas as máximas recebidas e de todos os meios habituais, derruba aqueles que nem sequer podem compreender a sua existência.

O acontecimento foi realmente tão extraordinário como pareceu outrora aos contemporâneos? Tão inédito, tão profundamente perturbador e renovador quanto o supunham? Qual foi o verdadeiro sentido e o verdadeiro caráter, quais são os efeitos permanentes dessa terrível e estranha Revolução? Ela destruiu precisamente o quê? O que foi que ela criou?

Parece chegado o momento de investigar isso e de dizê-lo, uma vez que hoje estamos colocados nesse ponto exato de onde melhor se pode ver e julgar esse grande objeto. Suficientemente distantes da Revolução para sentir apenas tenuemente as paixões que turvavam a visão dos que a fizeram, estamos bastante próximos dela para podermos entrar no espírito que a guiou e para compreendê-la. Em breve será difícil fazê-lo, pois as grandes revoluções triunfantes, fazendo desaparecer as causas que as produziram, tornam-se assim incompreensíveis justamente em razão de seus êxitos.

---

9. Trata-se das *Considerações sobre a França* (1797), panfleto termidoriano do contrarrevolucionário saboiano Joseph de Maistre (1753-1821), no qual a Revolução Francesa era interpretada à luz de uma visão religiosa (providencialista). No momento em que Tocqueville redigia o *Antigo Regime*, as obras de Maistre estavam entre as mais vendidas do mercado editorial, especialmente as *Considerações* e *Du Pape* (*Do Papa*, 1819). A literatura da época, de Baudelaire a Stendhal e Balzac (para não dizer dos russos Tolstói e Dostoiévski), não deixa dúvidas quanto a isso (especialmente, mas não só, pelo estilo de sua escrita). Cf. COMPAGNON, Antoine. *Os antimodernos: de Joseph de Maistre a Roland Barthes*. Trad. Laura Taddei Brandini. Belo Horizonte: Ed. UFMG, 2011.

10. Salviano, escritor cristão do quinto século da era cristã e autor do *De gubernatione Dei* (*O Governo de Deus*, composto entre 439-451), no qual se encontra uma interpretação providencialista para a queda do Império Romano do Ocidente.

# CAPÍTULO II

## QUE O OBJETIVO FUNDAMENTAL E FINAL DA REVOLUÇÃO NÃO ERA, COMO SE PENSOU, ABOLIR O PODER RELIGIOSO E ENFRAQUECER O PODER POLÍTICO

Uma das primeiras iniciativas da Revolução Francesa foi atacar a Igreja e, entre as paixões que nasceram dessa revolução, a primeira que se acendeu e a última que se extinguiu foi a paixão irreligiosa. Mesmo quando o entusiasmo pela liberdade já tinha empalidecido, depois que as pessoas se limitaram a comprar a tranquilidade à custa da servidão, permaneciam revoltadas contra a autoridade religiosa. Napoleão, que lograra vencer o gênio liberal da Revolução Francesa, fez esforços inúteis para lhe domar o gênio anticristão. E, mesmo em nossos dias, vimos homens que acreditavam redimir seu servilismo para com os menores agentes do poder político por meio de sua insolência para com Deus, e que, enquanto abandonavam tudo o que havia de mais livre, de mais nobre e de mais altivo nas doutrinas da Revolução, vangloriavam-se ainda de continuar fiéis a seu espírito ao permanecerem ímpios.

E entretanto hoje é fácil compreender que a guerra às religiões era apenas um incidente dessa grande revolução, um traço marcante mas fugaz de sua fisionomia, um produto passageiro das ideias, das paixões, dos fatos particulares que a precederam e prepararam, e não seu próprio gênio.

Considera-se justamente a filosofia do século XVIII como uma das principais causas da Revolução, e é bem verdade que essa filosofia é profundamente irreligiosa. Mas é preciso distinguir cuidadosamente nela duas partes que, a um só tempo, são distintas e separáveis.

Numa encontram-se todas as opiniões novas ou renovadas que dizem respeito à condição das sociedades e aos princípios das leis civis e políticas, tais como, por exemplo, a igualdade natural dos homens, a abolição de todos os privilégios de castas, de classes e de profissões – que é uma de suas consequências –, a soberania do povo, a onipotência do poder social, a uniformidade das regras... Todas essas doutrinas não são apenas as causas da Revolução Francesa: constituem, por assim dizer, sua substância; são o que suas obras têm de mais fundamental, de mais duradouro e de mais verdadeiro com relação à época.

Em outra parte de suas doutrinas, os filósofos do século XVIII dirigiram-se com uma espécie de furor contra a Igreja: atacaram-lhe o clero, a hierarquia, as instituições, os dogmas e, para melhor derrubá-los, quiseram arrancar os próprios fundamentos do cristianismo. Mas como esta parte da filosofia do século XVIII nascera dos fatos que essa própria Revolução destruía, tinha de desaparecer pouco a pouco com eles e ver-se como que sepultada no seu triunfo. Só acrescentarei algumas palavras para me fazer compreender, pois pretendo retomar em outra parte este grande assunto: era bem menos como doutrina religiosa do que como instituição política que o cristianismo despertara esses ódios furiosos; não porque os sacerdotes quisessem dirigir as coisas do outro mundo, mas porque eram proprietários, senhores, dizimistas e administradores neste; não porque a Igreja não pudesse ocupar um lugar na sociedade nova que se ia fundar, mas porque ocupava então o lugar mais privilegiado e mais forte daquela velha sociedade que se tratava de reduzir às cinzas.

Vejam como a marcha do tempo pôs esta verdade em evidência e continua a ressaltá-la todos os dias: à medida que a obra política da Revolução consolidou-se, sua obra irreligiosa foi-se desmantelando; à medida que todas as antigas instituições políticas que ela atacou melhor foram destruídas, que os poderes, as influências, as classes que lhe eram particularmente odiosos foram irrevogavelmente vencidos e que, como último sinal de sua derrota, empalideceram os próprios ódios que inspirava; à medida que, enfim, o clero se apartou mais de tudo o que caíra consigo, assistiu-se ao gradual restabelecimento e consolidação do poder da Igreja nos espíritos.

E não pensem que esse cenário seja particular à França; não há praticamente nenhuma igreja cristã na Europa que não se tenha reanimado após a Revolução Francesa.

Acreditar que as sociedades democráticas sejam naturalmente hostis à religião é incorrer num grande erro: nada no cristianismo, nem mesmo no catolicismo, é absolutamente contrário ao espírito dessas sociedades, e várias coisas são-lhe muito favoráveis. Ademais, a experiência de todos os séculos demonstra que a raiz mais viva do instinto religioso sempre esteve plantada no coração do povo. Todas as religiões que pereceram tiveram ali o seu último asilo, e seria muito estranho que as instituições cuja tendência é fazer prevalecer as ideias e as paixões do povo tivessem como efeito necessário e permanente impelir o espírito humano à impiedade.

O que acabo de dizer sobre o poder religioso, digo-o com mais razão ainda sobre o poder social.

Quando se viu que a Revolução solapava simultaneamente todas as instituições e todos os costumes que até então haviam mantido uma hierarquia na sociedade e circunscrito os homens às normas, foi possível acreditar que seu resultado seria a destruição não só de uma ordem específica da sociedade mas também de toda ordem; não só de tal governo mas do próprio poder social; e teve-se de admitir que sua natureza era essencialmente anárquica. No entanto, atrevo-me a dizer que também isso não passava de mera aparência.

Menos de um ano após o advento da Revolução, Mirabeau[11] escrevia secretamente ao rei:

> Comparemos o novo estado das coisas com o Antigo Regime; é aí que nascem os consolos e as esperanças. Uma parte dos atos da Assembleia Nacional, e a de maior peso, é evidentemente favorável ao governo monárquico. Não significa nada, pois, estar sem Parlamento, sem *pays d'états*[12], sem corpo de clero, de privilegiados e de nobreza? A ideia de formar uma única classe de cidadãos teria agradado a Richelieu[13]: essa superfície igualitária facilita o exercício do poder. Vários reinados de um governo absoluto não teriam feito tanto em prol da autoridade régia quanto este único ano de Revolução.

Era compreender a Revolução como um homem capaz de dirigi-la.

Dado que a Revolução Francesa não teve como único objetivo a mudança de um governo antigo, mas abolir a forma antiga da sociedade, teve de atacar simultaneamente todos os poderes estabelecidos, arruinar todas as influências reconhecidas, apagar as tradições, renovar os costumes e os usos e, por assim dizer, esvaziar o espírito humano de todas as ideias nas quais se haviam baseado até então o respeito e a obediência. Daí seu caráter tão singularmente anárquico.

Afastaremos, porém, esses destroços e divisaremos um poder central imenso que atraiu e engoliu em sua unidade todas as parcelas de autoridade e influência que estavam anteriormente dispersas em uma infinidade de poderes secundários, de ordens, de classes, de profissões, de famílias e de indivíduos, e como que disseminadas por todo o corpo social. Não se vira no mundo um poder semelhante desde a queda do Império Romano. A Revolução criou

---

11. Honoré Gabriel Riqueti, conde de Mirabeau (1749-1791), jornalista, maçom e escritor político, um dos principais líderes parlamentares da Revolução Francesa em seus primórdios e um dos fundadores da *Sociedade dos Amigos da Constituição* (Clube dos Jacobinos). Apesar de ter sido um severo crítico do absolutismo nos anos que precederam a Revolução, sua morte repentina, em 2 abril de 1791, representou um sério revés para a monarquia, que contava com sua liderança e seu apoio (defensor da monarquia constitucional e conselheiro secreto de Luís XVI) na Assembleia Nacional.

12. Os *países de estados* eram províncias que mantinham até o final do Antigo Regime assembleias representativas dos estados provinciais, conservando a prerrogativa de intervir na administração e na cobrança de impostos.

13. Armand Jean du Plessis, cardeal de Richelieu (1585-1642), eclesiástico e estadista francês, principal ministro de Luís XIII – uma espécie de primeiro-ministro, apesar de não se aplicar ainda o termo – contribuiu decisivamente para o fortalecimento do poder absolutista da dinastia Bourbon, através de uma política orientada pelo conceito de "razão de Estado".

esse poder novo, ou melhor, este surgiu como por si mesmo das ruínas que a Revolução produziu. É certo que os governos que fundou são mais frágeis, embora sejam cem vezes mais poderosos que qualquer um dos que derrubou; são frágeis e poderosos pelas mesmas causas, como será dito adiante.

Foi essa forma simples, regular e grandiosa que Mirabeau já entrevia através da poeira das antigas instituições semidemolidas. Apesar de sua grandeza, o objeto então ainda era invisível aos olhos da multidão; mas o tempo foi, gradativamente, expondo-o à vista de todos. Hoje ele ocupa principalmente o olhar dos príncipes. Consideram com admiração e inveja não apenas os objetos que a Revolução engendrou, mas até mesmo aqueles que lhe são mais alheios e inimigos, de modo que todos se esforçam por destruir as imunidades e abolir os privilégios em seus domínios. Amalgamam as posições e igualam as condições sociais, substituem a aristocracia por funcionários, os privilégios locais pela uniformidade das regras, a diversidade dos poderes pela unidade do governo. Aplicam-se a este trabalho revolucionário com uma diligência incessante e, se encontram algum obstáculo, às vezes, ocorre-lhes tomar de empréstimo os métodos da Revolução e suas máximas. Vimos sublevarem, quando necessário, o pobre contra o rico, o plebeu contra o nobre, o camponês contra o seu senhor. A Revolução Francesa foi a um só tempo seu flagelo e seu mestre.

## CAPÍTULO III

## COMO A REVOLUÇÃO FRANCESA FOI UMA REVOLUÇÃO POLÍTICA QUE PROCEDEU À MANEIRA DAS REVOLUÇÕES RELIGIOSAS E POR QUÊ

Todas as revoluções civis e políticas tiveram uma pátria e nela se fecharam. A Revolução Francesa não teve um território próprio; mais ainda, seu efeito consistiu em apagar de alguma maneira do mapa todas as antigas fronteiras. Vimo-la aproximar ou dividir os homens a despeito das leis, das tradições, dos caracteres, da língua, às vezes transformando inimigos em compatriotas e irmãos em forasteiros; ou melhor, ela formou, acima de todas as nacionalidades particulares, uma pátria intelectual comum da qual os homens de todas as nações puderam tornar-se cidadãos.

Vasculhem todos os anais da história e não encontrarão uma única revolução política que tivesse essa mesma característica: só a encontrarão em certas revoluções religiosas. Por isso, devemos comparar a Revolução Francesa às revoluções religiosas se quisermos fazer-nos compreender com o auxílio da analogia.

Em sua história da Guerra dos Trinta Anos, Schiller[14] corretamente observa que a grande Reforma do século XVI teve o efeito de aproximar subitamente entre si povos que quase não se conheciam e uni-los estreitamente por simpatias novas. Com efeito, vimos então franceses combaterem franceses, ao passo que os ingleses vinham auxiliá-los; homens nascidos nos confins do Báltico penetraram até o coração da Alemanha para proteger alemães dos quais, até então, nunca tinham ouvido falar. Todas as guerras estrangeiras assumiram algum aspecto das guerras civis e em todas as guerras civis os estrangeiros despontaram. Os antigos interesses de cada nação foram esquecidos pelos novos interesses; às questões territoriais sucederam questões de princípios. Todas as regras da diplomacia viram-se misturadas e embaralhadas, para grande estupefação e grande tristeza dos políticos daquela época. Foi precisamente o que aconteceu na Europa depois de 1789.

A Revolução Francesa é, pois, uma revolução política que operou à maneira de uma revolução religiosa e assumiu alguns de seus aspectos. Observem quais traços particulares e característicos completam sua semelhança com esta última: a exemplo dela, não apenas se propaga a distância, como também penetra pela doutrinação e pela propaganda. Uma revolução política inspiradora do proselitismo e que se prega entre os estrangeiros com o mesmo ardor com que a realizaram apaixonadamente em casa; calculem a novidade do espetáculo! De todas as coisas desconhecidas que a Revolução Francesa mostrou ao mundo, esta é seguramente a mais inovadora. Mas não nos detenhamos aí; tratemos de penetrar um pouco mais fundo e descobrir se essa semelhança nos efeitos não teria relação com alguma semelhança oculta nas causas.

O caráter habitual das religiões é considerar o homem em si, sem se ater ao que as leis, os costumes e as tradições de um país possam ter acrescentado de específico a este fundo comum. O objetivo principal delas é o de regular as relações gerais do homem com Deus, bem como os direitos e deveres gerais dos homens entre si, independentemente da forma das sociedades. As regras de conduta que elas indicam reportam-se menos ao indivíduo de um país ou de um período que ao filho, ao pai, ao serviçal, ao amo e ao próximo. Alicerçando-se

14. Johann Christoph Friedrich von Schiller (1759-1805), médico, historiador, filósofo alemão e, ao lado de Goethe e Herder, um dos principais expoentes do movimento literário romântico (também conhecido como *Sturm und Drung*, isto é, *Tempestade e Ímpeto*) de cultura alemã. Entre suas obras, destacam-se a peça dramática *Mary Stuart* (1800), o ensaio estético *Cartas sobre a educação estética do homem* (1795) e o estudo histórico *História da Guerra dos Trinta Anos* (1791-1793).

dessa maneira na própria natureza humana, podem ser assimiladas igualmente por todos os homens e aplicadas em toda parte. Eis por que as revoluções religiosas frequentemente tiveram teatros tão vastos e raramente se fecharam, como as revoluções políticas, no território de um só povo, nem mesmo de uma só raça. E se quisermos encarar este assunto ainda mais de perto, veremos que, quanto mais as religiões tiveram esse caráter abstrato e geral que acabo de indicar, maior foi a expansão delas, não obstante as diferenças das leis, dos climas e dos homens.

As religiões pagãs da Antiguidade, todas vinculadas em maior ou menor grau à constituição política ou ao estado social de cada povo, e que até nos seus dogmas conservavam certa fisionomia nacional, e, muitas vezes, municipal, circunscreveram-se geralmente nos limites de um território, do qual praticamente não saíram. Engendraram às vezes a intolerância e a perseguição, mas o proselitismo era-lhes quase inteiramente desconhecido. Por isso não houve grandes revoluções religiosas em nosso Ocidente antes do advento do cristianismo, de modo que este, atravessando facilmente todas as barreiras que haviam sustado as religiões pagãs, em pouco tempo conquistou uma grande parcela do gênero humano. Creio não faltar com o respeito a essa santa religião ao dizer que seu triunfo se deveu, em parte, ao fato de ser, mais do que nenhuma outra, livre de tudo o que podia ser específico a um povo, a uma forma de governo, a um estado social, a uma época e a uma raça.

A Revolução Francesa operou, com relação a esse mundo, precisamente do mesmo modo como as revoluções religiosas agem com vista ao outro. Ela considerou o cidadão de forma abstrata, fora de todas as sociedades particulares, assim como as religiões consideram o homem em geral, independentemente do país e da época. Indagou não apenas qual era o direito particular de cada cidadão francês, mas quais eram os deveres e os direitos gerais dos homens em matéria política.

Foi assim, remontando sempre ao que havia de menos específico e, por assim dizer, mais *natural* em matéria de estado social e de governo, que pôde tornar-se compreensível a todos e imitável em cem lugares ao mesmo tempo.

Como parecia tender à regeneração do gênero humano ainda mais do que à reforma da França, ela acendeu uma paixão que, até então, as revoluções políticas mais violentas nunca lograram produzir. Inspirou o proselitismo e gerou a propaganda, pela qual ela finalmente pôde assumir este aspecto de revolução religiosa que tanto espantou os contemporâneos; ou melhor, ela mesma tornou-se uma espécie de religião nova, religião imperfeita é verdade – sem Deus, sem culto nem vida eterna –, mas que, ainda assim, a exemplo do islamismo, inundou toda a Terra com seus soldados, apóstolos e mártires.

Ademais, não se deve pensar que os métodos que empregou fossem absolutamente sem precedentes ou que todas as ideias que introduziu fossem inteiramente novas. Houve em todos os séculos e até em plena Idade Média agitadores que, para mudar hábitos específicos, invocaram as leis gerais das sociedades humanas e procuraram opor os direitos naturais da humanidade à constituição de seu país. Mas todas essas tentativas malograram: a mesma tocha que inflamou a Europa no século XVIII foi facilmente extinta no século XV. Com efeito, para que argumentos dessa espécie produzam revoluções é preciso que algumas mudanças já ocorridas nas condições, nos costumes e nos hábitos tenham preparado o espírito humano a aceitá-los.

Há períodos em que os homens diferem tanto entre si que a ideia de uma mesma lei aplicável a todos lhes é quase incompreensível. Há outros em que lhes basta mostrar de longe e confusamente a imagem de uma tal lei para que a reconheçam de imediato e corram para ela.

O mais extraordinário não é que a Revolução Francesa tenha recorrido aos processos que a vimos empregar e concebido as ideias que produziu: a grande novidade é que tantos povos tivessem chegado ao ponto em que tais processos puderam ser eficazmente empregados e tais máximas facilmente admitidas.

## CAPÍTULO IV

### COMO QUASE TODA A EUROPA TIVERA PRECISAMENTE AS MESMAS INSTITUIÇÕES E COMO ESTAS CAÍAM EM RUÍNAS POR TODA PARTE

Os povos que derrubaram o Império Romano e que acabaram formando as nações modernas diferiam pelas raças, pelo país e pela linguagem, sendo a barbárie a única semelhança entre eles. Estabelecidos no solo do império, entrechocaram-se por muito tempo em meio a uma confusão imensa e, quando finalmente se tornaram estáveis, viram-se separados uns dos outros pelas próprias ruínas que provocaram. Com a civilização quase extinta e a ordem pública destruída, as relações entre os homens tornaram-se difíceis e perigosas, e a grande sociedade europeia fracionou-se em mil sociedades distintas e inimigas que viveram separadas umas das outras. Entretanto, do meio dessa massa incoerente saíram subitamente leis uniformes.

Essas instituições não são copiadas da legislação romana, [1] à qual são tão contrárias, pois foi do direito romano que se serviram para transformá-las e aboli-las. Sua fisionomia é original, distinguindo-as de todas as leis elaboradas pelos homens. Correspondem simetricamente entre si, e, juntas, formam um corpo composto de partes tão estreitamente ligadas quanto os artigos de nossos códigos modernos e leis sábias destinadas a uma sociedade semibárbara.

Como pôde formar-se, difundir-se e, por fim, generalizar-se uma legislação como essa na Europa? Não é meu objetivo investigá-la, mas é certo que na Idade Média ela se encontra mais ou menos em toda parte na Europa e que em muitos países reina com exclusividade sobre todas as outras.

Tive a oportunidade de estudar as instituições políticas medievais da França, da Inglaterra e da Alemanha e, conforme avançava neste trabalho, ficava abismado ao observar a prodigiosa semelhança de todas essas leis, tentando entender como povos tão diferentes, e que se misturaram tão pouco, puderam fazer leis tão semelhantes. Não é que de um lugar para outro elas não difiram incessantemente e quase infinitamente nos pormenores; mas seu fundo é o mesmo em toda parte. Quando descobria na velha legislação germânica uma instituição política, uma regra, um poder, sabia de antemão que, procurando bem, encontraria algo absolutamente semelhante em substância na França e na Inglaterra, e isso efetivamente acontecia. Cada um destes três povos ajudava-me a compreender melhor os outros dois.

Nos três países, o governo é conduzido a partir das mesmas máximas, as assembleias políticas são formadas pelos mesmos elementos e munidas dos mesmos poderes. A sociedade está dividida da mesma forma e a mesma hierarquia se manifesta entre as diferentes classes, com os nobres ocupando uma posição idêntica: têm os mesmos privilégios, a mesma fisionomia, a mesma índole. Não são homens diferentes, mas exatamente os mesmos homens em toda parte.

As constituições municipais assemelham-se, os campos são governados da mesma maneira e a condição dos camponeses pouco difere: tomam posse, ocupam e cultivam a terra do mesmo modo, estando sujeitos aos mesmos encargos. Dos confins da Polônia ao mar da Irlanda, a senhoria, a corte senhorial, o feudo, o censo, os serviços a prestar, os direitos feudais, as corporações, tudo se assemelha. Algumas vezes os nomes são os mesmos, e, o que é ainda mais digno de nota, um só espírito anima todas essas instituições análogas. Creio que se possa dizer que, no século XIV, as instituições sociais, políticas, administrativas, judiciárias, econômicas e literárias da Europa tinham mais semelhanças entre si do que talvez até mesmo em nossos dias, em que a civilização parece ter-se empenhado em aplainar todos os caminhos e baixar todas as barreiras.

Não está no plano deste livro contar como essa antiga constituição da Europa [2] enfraqueceu-se e deteriorou-se aos poucos; limito-me a constatar que, no século XVIII, estava parcialmente arruinada por toda a parte. O definhamento era geralmente menos acentuado na parte oriental do continente e mais na ocidental; mas a velhice e, frequentemente, a decrepitude eram visíveis em todos os lugares.

Esta gradual decadência das instituições próprias da Idade Média pode ser acompanhada nos seus arquivos. Sabemos que cada senhoria possuía cadastros denominados *terriers,* nos quais indicavam, século após século, os limites dos feudos e das extensões censitárias, os encargos, os serviços a prestar, os usos locais. Vi cadastros patrimoniais do século XIV que são obras-primas de método, clareza, nitidez e inteligência. Tornam-se obscuros, indigestos, incompletos e confusos à medida que ficam mais recentes, malgrado o progresso geral das luzes. Parece que a sociedade política cai na barbárie ao mesmo tempo que a sociedade civil logra ilustrar-se.

Mesmo na Alemanha, onde a antiga constituição da Europa conservara melhor que na França seus traços primitivos, uma parcela das instituições que ela criara já estava destruída por toda parte. Mas é menos vendo o que lhe falta do que considerando o estado do que sobrou que avaliamos os estragos do tempo.

As instituições municipais, que nos séculos XIII e XIV fizeram das principais cidades alemãs pequenas repúblicas ricas e esclarecidas, [3] ainda existem no século XVIII, embora não ofereçam mais que vãs aparências. Suas prescrições parecem ainda vigorar; os magistrados que estabeleceram levam os mesmos nomes e parecem fazer as mesmas coisas; mas a atividade, a energia, o patriotismo comunal, as virtudes viris e fecundas que haviam inspirado desapareceram. Essas antigas instituições como que desabaram sobre si mesmas sem se deformarem.

Todos os poderes da Idade Média que ainda subsistem padecem da mesma enfermidade; todos exibem o mesmo definhamento e o mesmo langor e, o que é pior, tudo que, sem pertencer especificamente à constituição dessa época, a ela ficou ligado e dela conservou o cunho um pouco vivo, perde prontamente sua vitalidade. Neste contato a aristocracia contrai uma debilidade senil e a própria liberdade política, que preencheu toda a Idade Média com a suas obras, parece sofrer de esterilidade em todos os lugares nos quais conserva os caracteres particulares que os tempos medievais lhe deram. Onde as assembleias provinciais mantiveram totalmente inalteradas sua antiga constituição, elas travam o progresso civilizatório em vez de auxiliá-lo, como se fossem alheias e impenetráveis ao espírito dos novos tempos. Por isso o coração do povo lhes escapa e tende para os príncipes. A antiguidade dessas instituições não as tornou veneráveis, ao contrário, caem diariamente em descrédito enquanto envelhecem e, coisa estranha, inspiram tanto mais ódio à medida que se tornam mais decadentes e parecem menos capazes de prejudicar. "O estado presente das coisas", diz um escritor alemão contemporâneo e amigo desse Antigo Regime,

> parece que se tornou geralmente ofensivo para todos, quando não desprezível. É curioso ver como agora se avalia desfavoravelmente tudo o que é velho. As novas impressões nascem até no seio de nossas famílias, causando-lhes desordem. Nem sequer nossas donas de casa aguentam mais seus móveis antigos.

Todavia, na mesma época a sociedade estava em grande atividade e cada vez mais próspera, tanto na Alemanha como na França. Mas reparem bem nisso, pois esse traço completa o quadro: tudo o que vive, age e produz é de origem não apenas nova, mas também contrária.

É a realeza que nada mais tem em comum com a realeza da Idade Média, possui outras prerrogativas, ocupa outro lugar, tem outro espírito, inspira outros sentimentos; é a administração do Estado que se estende por toda parte sobre os escombros dos poderes locais; é a hierarquia dos funcionários que substitui progressivamente o governo dos nobres. Todos esses novos poderes obedecem a procedimentos, seguem preceitos que os homens da Idade Média ignoravam ou reprovavam e que se relacionam com um estado social do qual eles nem sequer tinham ideia.

Na Inglaterra, onde à primeira vista se diria que a antiga constituição da Europa ainda vigora, também ocorre o mesmo. Se esquecermos os velhos nomes e afastarmos as velhas formas, veremos ali o sistema feudal abolido em sua substância desde o século XVII, classes que se interpenetram, uma nobreza inexpressiva, uma aristocracia aberta, a riqueza convertida em poder, a igualdade perante a lei, a igualdade de encargos, a liberdade de imprensa, a publicidade dos debates – todos princípios novos que a sociedade medieval ignorava. Ora, foram precisamente essas coisas novas que, introduzidas gradativamente e com arte naquele velho corpo, reanimaram-no sem risco de dissolvê-lo, infundindo-lhe um vigor fresco sem lhe tirar as formas antigas. A Inglaterra do século XVII já é uma nação completamente moderna que apenas preservou em seu seio, como que embalsamados, alguns resquícios da Idade Média.

Era preciso lançar um rápido olhar para fora da França para facilitar a compreensão do que virá em seguida, pois quem tiver estudado e visto somente a França, ouso dizer que jamais compreenderá seja o que for da Revolução Francesa.

## CAPÍTULO V
## QUAL FOI A AUTÊNTICA OBRA DA REVOLUÇÃO FRANCESA

Tudo que antecede não teve outro objetivo senão o de esclarecer o assunto e facilitar a solução desta questão que lancei de início: qual foi o verdadeiro objetivo da Revolução? Qual é, afinal de contas, seu caráter distintivo? Fizeram-na precisamente por quê? O que ela fez?

A Revolução não foi de modo algum feita, como se acreditou, para destruir o império das crenças religiosas. Apesar das aparências, foi essencialmente uma revolução social e política, e, no círculo das instituições desse tipo, em nada tendeu a perpetuar a desordem, a torná-la de certo modo estável, a *metodizar* a anarquia (como dizia um de seus principais adversários), mas antes a aumentar o poder e os direitos da autoridade pública. Ela não devia mudar o caráter que nossa civilização tivera até então, como outros pensaram, nem lhe deter o progresso, nem mesmo alterar em sua essência nenhuma das leis fundamentais sobre as quais repousam as sociedades humanas em nosso Ocidente. Quando separamos esta sociedade de todos os acidentes que momentaneamente lhe modificaram a fisionomia em diferentes épocas e em diversos países para só considerá-la em si mesma, vemos claramente que o efeito dessa revolução não foi outro senão o de abolir aquelas instituições políticas que, durante vários séculos, haviam reinado soberanas sobre a maioria dos povos europeus e que recebem geralmente o rótulo de instituições feudais, para substituí-las por uma ordem social e política mais uniforme e mais simples fundamentada na igualdade de condições.

Isso bastava para fazer uma revolução imensa, pois, independentemente do fato de ainda estarem misturadas e como que entrelaçadas com quase todas as leis religiosas e políticas da Europa, essas instituições antigas também tinham sugerido uma infinidade de ideias, de sentimentos, de hábitos e de costumes que lhes eram como que aderentes. Foi necessária uma terrível convulsão para destruir e extrair, de um só golpe, uma parte do corpo social que estava assim ligada a todos os seus órgãos. Isso fez a Revolução parecer ainda maior do que era; parecia destruir tudo, pois o que destruía ligava-se a tudo e de certo modo incorporava-se a tudo.

No entanto, por mais radical que tenha sido, a Revolução inovou muito menos do que geralmente se supõe, como o mostrarei mais adiante. O que realmente pode ser dito a seu respeito é que destruiu inteiramente ou está destruindo (pois ainda perdura) tudo o que na antiga sociedade decorria das instituições aristocráticas e feudais, tudo o que a elas se ligava de algum modo, tudo o que delas trazia uma marca, por menor que fosse. Do antigo mundo conservou apenas o que sempre fora alheio a essas instituições ou podia existir sem elas. A Revolução não foi de modo algum um acontecimento fortuito. É verdade que assaltou o mundo de surpresa, e, contudo, não era senão o complemento do trabalho mais longo, a conclusão brusca e violenta de uma obra para a qual dez gerações tinham trabalhado. Se não tivesse acontecido, o velho edifício social não teria deixado de cair por toda parte, aqui mais cedo, ali mais tarde; apenas teria continuado a cair peça por peça, em vez de desabar de uma só vez. A Revolução concluiu abruptamente, por um esforço convulsivo e doloroso, sem transição, sem precaução, sem deferências, o que seria realizado por si mesmo ao longo do tempo. Essa foi sua obra.

É surpreendente que isso, que hoje parece tão fácil de discernir, permanecesse tão confuso e embaralhado aos olhos mais clarividentes.

"Vocês queriam corrigir os abusos de seu governo", diz o mesmo Burke aos franceses,

> mas por que fazer tudo novamente? Por que não se atam às suas antigas tradições? Por que não se limitam a retomar suas antigas franquias? Ou, se lhes era impossível recuperar a fisionomia apagada da constituição de seus pais, por que não lançaram seus olhares para nosso lado? Aqui teriam encontrado a antiga lei comum da Europa.

Burke não percebe o que está bem diante de seus olhos: é a revolução que deve precisamente abolir essa antiga lei comum da Europa; não percebe que é exatamente disso que se trata, não de outra coisa.

Mas por que essa revolução, preparada em toda parte, ameaçadora em todos os lugares, eclodiu na França e não alhures? Por que entre nós teve certas características que não se repetiram em nenhum outro lugar ou que só reapareceram pela metade? Essa segunda questão merece certamente ser colocada e seu exame será o objeto dos livros que seguem.

# LIVRO II

## CAPÍTULO I

## POR QUE NA FRANÇA OS DIREITOS FEUDAIS TORNARAM-SE MAIS ODIOSOS AO POVO DO QUE EM TODOS OS OUTROS LUGARES

Uma coisa surpreende de imediato: a Revolução, cujo objetivo específico era abolir em toda parte o restante das instituições medievais, não eclodiu nos países em que essas instituições, mais bem conservadas, mais impunham ao povo sua opressão e seu rigor, mas, ao contrário, naqueles em que elas eram menos sentidas, de tal forma que seu jugo pareceu mais insuportável lá onde realmente era menos pesado.

No final do século XVIII, a servidão ainda não tinha sido completamente abolida em quase nenhuma parte da Alemanha [4] e, na maior parte dela, o povo permanecia efetivamente preso à gleba, como na Idade Média. Quase todos os soldados que compunham os exércitos de Frederico II e de Maria Teresa eram autênticos servos.

Em 1788, na maioria dos estados da Alemanha o camponês não pode deixar a senhoria e, se a deixa, podem persegui-lo onde quer que se encontre e reconduzi-lo à força. Está subordinado à justiça dominial, que fiscaliza sua vida privada e pune sua intemperança e sua preguiça. Não pode melhorar sua condição, tampouco mudar de profissão ou casar-se sem a anuência do senhor. Uma grande parte de seu tempo deve ser consagrada ao serviço deste último e passa vários anos de sua juventude na domesticidade da casa senhorial. A corveia[15] senhorial está em seu auge, podendo chegar a três dias por semana

15. Do latim *corrogare* ("exigir"), era um trabalho gratuito imposto ao camponês pelos senhores (da nobreza ou do clero) ou pelo Estado (através dos intendentes) e o qual, podendo variar quanto à duração (entre três ou quatro dias da semana) e à forma (reparos de construções senhoriais, conservação e construção de estradas, transporte de madeira ou material para

em algumas regiões. É o camponês que reedifica e mantém os edifícios do senhor, conduz seus gêneros alimentícios ao mercado, transporta sua pessoa e é encarregado de levar suas mensagens. Ainda que o servo possa se tornar proprietário de terras, tal propriedade permanece sempre imperfeita. É obrigado a cultivar seu campo de certo modo, sob o olhar do senhor, e não pode aliená-lo nem hipotecá-lo ao seu talante. Em certos casos, obrigam-no a vender seus produtos, em outros impedem-no de vendê-los, mas o cultivo é-lhe sempre obrigatório. Nem sequer sua herança passa inteiramente para os filhos: a senhoria costuma reter uma parte.

Não pesquiso essas disposições em leis antiquadas, mas encontro-as até no código elaborado por Frederico, o Grande, [5] e promulgado por seu sucessor, no exato momento em que a Revolução Francesa tinha apenas começado.

Há muito que já não existia nada semelhante na França: o camponês ia, vinha, comprava, vendia, criava e trabalhava à vontade. Os últimos vestígios de servidão não eram notados senão em uma ou duas províncias do leste – províncias conquistadas –, mas em todos os outros lugares desaparecera por completo e mesmo sua abolição remontava a uma época tão distante que a data estava esquecida. Pesquisas eruditas, levadas a cabo em nossos dias, provaram que desde o século XIII não mais se encontra servidão na Normandia.

No entanto, na condição do povo francês operou-se ainda outra revolução muito diversa: o camponês não só deixara de ser servo, mas tornara-se também *proprietário fundiário*. Esse fato é ainda hoje tão mal explicado e teve, como veremos, tantas consequências que peço licença para deter-me um instante aqui para considerá-lo.

Durante muito tempo, acreditou-se que a divisão da propriedade fundiária datava da Revolução e fora produzida somente por ela: testemunhos de toda espécie atestam o contrário.

Pelo menos vinte anos antes dessa Revolução, encontramos sociedades agrícolas que já lastimam o desmesurado parcelamento do solo. "A divisão das heranças", diz Turgot[16] pela mesma época, "é tamanha que a terra suficiente

---

as milícias ou para o exército etc.), assumia um caráter bastante opressivo e prejudicial aos cultivadores, que se viam obrigados a abandonar seus afazeres do campo para cumprir tarefas não remuneradas para terceiros (em determinados períodos do ano, como na colheita, isso representava grandes perdas) e, não raro, tinham de sacrificar seus animais (como bois e cavalos) seriamente lesados durante a prestação do serviço.

16. Anne-Robert-Jacques Turgot (1727-1781), associado aos filósofos da *Encyclopédie*, para a qual contribuiu, amigo de Condorcet e bastante estimado por Voltaire, escreveu *Lettres sur la Tolérance Civile* (*Cartas sobre a tolerância civil*, 1754), *Réflexions sur la Formation et la Distribution des Richesses* (*Reflexões sobre a formação e a distribuição das riquezas*, 1766) e, a mais importante, *Lettres sur la Liberté de Commerce des Grains* (*Cartas sobre a liberdade do*

para uma única família é partilhada entre cinco ou seis filhos, de modo que esses filhos e suas famílias já não podem viver unicamente da terra". Alguns anos mais tarde, Necker[17] dissera que havia na França uma *vastidão* de pequenas propriedades rurais.

Leio em um relatório confidencial feito a um intendente poucos anos antes da Revolução: "As heranças subdividem-se de modo uniforme e inquietante, e, como todos querem ter de tudo e em toda a parte, as parcelas de terra encontram-se divididas ao infinito e subdividem-se sem cessar". Isso não parece ter sido escrito em nossos dias?

Eu mesmo tive dificuldades infinitas para reconstruir de algum modo o cadastro do Antigo Regime, e por vezes obtive sucesso. De acordo com a lei de 1790 que estabeleceu o imposto territorial, cada paróquia teve de fazer um inventário das propriedades então existentes no seu território. Apesar de terem desaparecido em sua maior parte, encontrei tais inventários em um certo número de aldeias e, ao compará-los com as listas de hoje, vi que o número de proprietários de terras naquelas aldeias alcançava a metade e, frequentemente, os dois terços do número atual; o que parecerá notável se lembramos que a população total da França aumentou em mais de um quarto desde aquela época.

Já então, como em nossos dias, o amor do camponês pela propriedade fundiária é extremo e todas as paixões que lhe nascem da posse do solo estão acesas. "As terras são vendidas sempre acima de seu valor", diz um excelente observador contemporâneo,

---

*comércio dos grãos*, 1770). Controlador-geral das Finanças entre 1774-1776, viu suas propostas de reforma fiscal – sobretudo a cobrança de um imposto territorial *per capita* sobre todos os proprietários indistintamente – esbarrarem na oposição do clero e da nobreza, a qual marcaria a política francesa nos últimos decênios do Antigo Regime. Também se opôs ao envolvimento da França na Guerra de Independência das Treze Colônias norte-americanas, ciente das consequências econômicas e sociais daquela mobilização.

17. Jacques Necker (1732-1804), banqueiro genebrino e pai da Mme. de Stäel, exerceu dois mandatos como controlador-geral das Finanças da França (entre 1777 e 1781; e de 1788 a 1790). Diante das crescentes despesas decorrentes do envolvimento da França na Guerra de Independência norte-americana (a partir de 1778), Necker optou pela tomada de empréstimos pelo Estado ao invés do lançamento ou aumento dos impostos, medidas que o tornaram extremamente popular junto à opinião pública. Popularidade que veio a crescer com a publicação de sua inédita prestação de contas ao rei (na verdade, uma prestação pública à nação), o *Compte Rendu au Roi*, de 5 de maio de 1781, cujos números o ministro Calonne posteriormente demonstrou serem falsos (Necker teria superestimado as receitas em relação às despesas em mais de dez milhões de libras). Forçado a se demitir em maio de 1781, em virtude da oposição do Parlamento de Paris – o mais importante dos 13 Parlamentos franceses do Antigo Regime –, Necker foi novamente investido no cargo de controlador-geral das finanças do reino por Luís XVI (em 1788, após intensa campanha pública e *lobby* por seu nome), exigindo deste último a convocação dos Estados-gerais a fim de aprovar novas receitas fiscais em face da urgência do Tesouro régio.

> o que se deve ao anseio de todos os habitantes por se tornarem proprietários. Todas as poupanças das classes baixas, que em outros lugares são aplicadas em empréstimos particulares e em fundos públicos, na França destinam-se à compra de terras.

Entre todas as coisas novas que Arthur Young percebe entre nós quando nos visita pela primeira vez, nenhuma o impressiona mais do que a grande divisão do solo entre os camponeses; afirma que metade do solo francês lhes pertence plenamente: "Não fazia a menor ideia de um tal estado de coisas", repete inúmeras vezes, e, realmente, um tal estado de coisas não se achava então em parte alguma, a não ser na França ou em sua vizinhança mais próxima.

Houve camponeses proprietários na Inglaterra, mas eles já se encontravam em número bem inferior. Na Alemanha, observou-se sempre e por toda parte certo número de camponeses livres e detentores legítimos de parcelas do solo. [6] As leis específicas e frequentemente inusitadas que regiam a propriedade do camponês encontram-se entre os mais antigos costumes germânicos, embora esse tipo de propriedade ocorresse esporadicamente e o número desses pequenos proprietários de terra fosse bastante reduzido.

As regiões da Alemanha onde, no fim do século XVIII, o camponês era proprietário e praticamente tão livre quanto na França situam-se, em sua maior parte, ao longo do Reno, [7] e foi também ali que as paixões revolucionárias francesas se difundiram mais cedo e se mostraram sempre mais vivas. As partes da Alemanha que, ao contrário, durante mais tempo permaneceram impenetráveis a essas paixões são aquelas em que ainda não se via nada semelhante. Reparo digno de ser feito.

Portanto, acreditar que na França a divisão da propriedade rural data da Revolução é incorrer em um erro comum: o fato é muito mais antigo que ela. Apesar de a Revolução ter realmente vendido todas as terras do clero e uma grande parte das terras dos nobres, se quiserem consultar diretamente as atas dessas vendas, como por vezes tive a paciência de fazê-lo, verão que a maioria dessas terras foi comprada por pessoas que já possuíam outras; de modo que, se a propriedade mudou de mãos, o número de proprietários aumentou bem menos do que se imagina. Havia já na França uma *vastidão* deles, de acordo com a expressão ambiciosa, porém justa nesse caso, de Necker. [8]

O efeito da Revolução não foi o de dividir o solo, mas liberá-lo por um momento. Com efeito, todos aqueles pequenos proprietários eram muito estorvados na exploração de suas terras e suportaram muitas sujeições das quais não lhes era permitido se libertar.

Aqueles encargos eram indubitavelmente pesados, mas o que os fazia parecer insuportáveis era precisamente a circunstância que, à primeira vista, deveria ter-lhes aliviado o peso: mais do que em qualquer outra parte da Europa, esses mesmos camponeses haviam se livrado do governo de seus senhores – outra revolução não menor do que aquela que os transformara em proprietários.

Em que pese o Antigo Regime ainda estar muito próximo de nós – pois encontramos diariamente homens nascidos sob suas leis –, ele já parece perder-se na bruma dos tempos. A revolução radical que dele nos separa produziu o efeito de séculos, obscurecendo tudo o que não destruía, razão pela qual são poucas as pessoas que hoje podem responder com exatidão a esta simples pergunta: como eram administrados os campos antes de 1789? E, de fato, não seria possível dizê-lo com precisão e detalhes sem ter estudado não os livros, mas os arquivos administrativos daquela época.

Ouvi dizer com frequência: a nobreza, que há muito tempo deixara de participar do governo do Estado, conservara até o fim a administração dos campos, onde o senhor governava os camponeses. Isso parece um equívoco.

No século XVIII, todos os assuntos da paróquia eram conduzidos por determinado número de funcionários que já não eram os agentes da senhoria e que o senhor não mais escolhia: uns eram nomeados pelo intendente da província, outros eleitos pelos próprios camponeses. Cabia a essas autoridades a repartição do imposto, a reforma das igrejas, a construção das escolas, a reunião e a direção da assembleia paroquial. Zelavam pelo bem comunal e regulamentavam seu uso, além de instaurar e defender processos em nome da comunidade. O senhor não apenas já não dirigia a administração de todos esses pequenos assuntos locais, como também não a fiscalizava. Todos os funcionários paroquiais estavam sob o governo ou sob a tutela do poder central, como mostraremos no capítulo seguinte. Tem mais. Quase já não se vê o senhor agir como o representante do rei na paróquia, como o intermediário entre este e os habitantes. Já não está mais encarregado de aplicar ali as leis gerais do Estado, reunir as milícias, cobrar as taxas, publicar as ordens do príncipe, distribuir os auxílios. Todos esses deveres e todos esses direitos pertencem a outros. Na verdade, o senhor não é mais que um habitante cujas imunidades e privilégios o separam e o isolam de todos os outros: sua condição é diferente, não seu poder. *O senhor é apenas um primeiro habitante*, insistem em dizer os intendentes nas cartas a seus subdelegados.

Quando se deixa a paróquia e considera-se o cantão, observa-se o mesmo cenário. Em nenhuma parte os nobres administram, seja em conjunto ou individualmente, e isso era específico da França. Em todos os outros lugares o traço característico da velha sociedade feudal conservara-se parcialmente: a posse da terra e o governo dos habitantes ainda se confundiam.

A Inglaterra era não só administrada como também governada pelos principais proprietários do solo. Mesmo as regiões da Alemanha – como a

Prússia e a Áustria – onde melhor conseguiram subtrair-se à tutela dos nobres nos assuntos gerais do Estado, os príncipes deixaram-lhes uma grande parte da administração dos campos, e, se em certos lugares chegaram ao ponto de controlar o senhor, em parte alguma já haviam tomado seu lugar.

Na verdade, há muito que os nobres franceses perderam o contato com a administração pública, a não ser em um único ponto: a justiça. Os principais entre eles conservaram o direito de ter juízes que decidiam certos processos em seu nome, e ainda faziam ocasionalmente regulamentos de polícia nos limites da senhoria. No entanto, o poder régio havia gradualmente encolhido, limitado e subordinado a justiça senhorial, a ponto de os senhores que ainda a exerciam consideravam-na menos um poder do que um rendimento.

O mesmo ocorria com todos os direitos específicos da nobreza. A parte política desaparecera, restando apenas a parte pecuniária que, em certos casos, fora notavelmente acrescida. Nesse momento, só quero falar daquela parcela de privilégios úteis que se distinguiam pelo nome de direitos feudais, porque são eles particularmente que afetam o povo.

É difícil dizer hoje em que ainda consistiam esses direitos em 1789, pois seu número fora imenso, sua diversidade prodigiosa, e vários entre eles já haviam desaparecido ou tinham se transformado, de modo que o sentido das palavras que os designavam, algo já confuso para os contemporâneos, tornou-se muito obscuro para nós. Todavia, ao consultar os livros dos feudalistas do século XVIII e pesquisar atentamente os usos locais, percebemos que todos os direitos ainda existentes podem ser reduzidos a um pequeno número de espécies principais: todos os outros subsistem, é verdade, mas não passam de casos isolados.

Os vestígios da corveia senhorial estão meio apagados quase por toda parte, os direitos de pedágio sobre as estradas moderaram-se ou foram eliminados em sua maioria, e, no entanto, são poucas as províncias em que não se encontram ainda vários deles. Em todas, os senhores recolhem direitos sobre as feiras e os mercados, e, como se sabe, gozavam do direito exclusivo de caça por toda a França. Geralmente são os únicos a possuir pombais e pombos, e quase por toda parte obrigam o camponês a moer os cereais no seu moinho e a vindimar no seu lagar. Um direito universal e muito oneroso é o dos *laudêmios*, um imposto que se paga ao senhor todas as vezes que se vendem ou se compram terras nos limites da senhoria. Enfim, em toda a extensão do território a terra está sobrecarregada de censos, de rendas fundiárias e de prestações em dinheiro ou em produtos que são devidas ao senhor pelo proprietário, e das quais este não pode se remir. Por meio de todas essas diversidades, um traço comum se apresenta: todos esses direitos relacionam-se mais ou menos com o solo ou com seus produtos e atingem aquele que o cultiva.

Sabe-se que os senhores eclesiásticos desfrutavam das mesmas vantagens: pois a Igreja, que diferia do feudalismo no tocante à origem, destinação e natureza, acabara todavia intimamente ligada a ele, e, embora nunca tivesse se incorporado totalmente a esta substância estranha, penetrara tão profundamente nela que ali permanecia como que incrustada. [9]

Portanto, em virtude de suas funções eclesiásticas, [10] os bispos, os cônegos e os abades possuíam feudos ou propriedades censitárias, e o convento detinha geralmente a senhoria da aldeia em cujo território se situava. Tinha servos na única parte da França onde eles ainda existiam; aplicava a corveia, cobrava direitos sobre as feiras e os mercados, tinha seu forno, seu moinho, seu lagar, seu touro banal. Além do mais, na França como em todo o mundo cristão, o clero gozava do direito ao dízimo.

No entanto, o que me importa destacar aqui é que os mesmos direitos feudais, *precisamente os mesmos*, encontravam-se em toda a Europa de então, sendo muito mais pesados na maior parte dos países do continente. Citarei apenas a corveia senhorial. Na França, ela era rara e branda; na Alemanha, ainda era universal e severa.

Ademais, inúmeros direitos de origem feudal que mais revoltaram nossos pais, e que por eles foram vistos como contrários não apenas à justiça, mas também à civilização – o dízimo, as rendas fundiárias inalienáveis, as prestações perpétuas, os laudêmios, aquilo que na linguagem um tanto enfática do século XVIII designavam como *a servidão da terra* –, encontravam-se então parcialmente entre os ingleses, e muitos são vistos ali ainda hoje. Eles não impedem que a agricultura inglesa seja a mais avançada e a mais rica do mundo, e o povo inglês mal nota sua existência.

Por que será, então, que na França os mesmos direitos feudais excitaram no coração do povo um ódio tão forte que sobreviveu a seu próprio objeto e por isso parece inextinguível? A causa desse fenômeno é, por um lado, que o camponês francês tornara-se proprietário de terras e, por outro, que escapara completamente ao governo de seu senhor. Existem ainda muitas outras causas, sem dúvida, mas penso que essas são as principais.

Se não tivesse possuído o solo, o camponês teria ficado como que insensível a uma variedade de encargos que o sistema feudal impunha sobre a propriedade fundiária. Que importa o dízimo a quem é apenas arrendatário? Ele o recolhe do produto do arrendamento. Que importa a renda fundiária a quem não é o proprietário do solo? Que importam até mesmo os problemas da exploração a quem cultiva para outrem?

Por outro lado, se o camponês francês ainda fosse administrado por seu senhor, os direitos feudais lhe teriam parecido bem menos insuportáveis, pois neles só teria visto uma consequência natural da constituição do país.

Quando a nobreza possui não apenas privilégios, como também poderes, quando ela governa e administra, seus direitos particulares podem ser simultaneamente maiores e menos sentidos. Nos tempos feudais, encarava-se a nobreza mais ou menos com o mesmo olhar com que hoje se encara o governo: toleravam-se os encargos que ela impunha em vista das garantias que proporcionava. Os nobres tinham privilégios incômodos e possuíam direitos onerosos, mas garantiam a ordem pública, distribuíam a justiça, ordenavam a execução da lei, socorriam o fraco, dirigiam os negócios comuns. À medida que a nobreza deixa de fazer essas coisas, o peso de seus privilégios parece maior e sua própria existência acaba tornando-se incompreensível.

Peço-lhes que imaginem o camponês francês do século XVIII, ou melhor, esse que vocês conhecem, pois é sempre o mesmo: sua condição mudou, mas não o seu estado de espírito. Vejam-no tal como os documentos que citei o descreveram, tão apaixonadamente enamorado da terra que consagra à sua compra todas as suas poupanças e a compra a qualquer preço. Para adquiri-la, necessita primeiro pagar um direito, não ao governo mas a outros proprietários da vizinhança, tão alheios à administração dos assuntos públicos e quase tão impotentes quanto ele. Finalmente a possui, enterrando nela seu coração junto com as sementes. Esse pedacinho de terra que no vasto universo lhe pertence exclusivamente o enche de orgulho e de independência. Todavia, surgem os mesmos vizinhos, que o arrancam de seu campo e obrigam-no a ir trabalhar em outro lugar sem salário. Se quiser defender suas sementes contra a caça deles, impedem-no, esses mesmos que o aguardam na travessia do rio para cobrar-lhe um direito de pedágio. Encontra-os novamente no mercado, onde lhe vendem o direito de comercializar seus próprios produtos, e quando, de retorno ao lar, quer alimentar-se com a sobra de seu trigo – daquele trigo que cresceu sob os seus olhos e por suas mãos –, só pode fazê-lo depois de ter mandado moê-lo no moinho e assá-lo no forno daqueles mesmos homens. É para dar-lhes rendas que uma parte da receita de seu pequeno domínio se esvai, rendas essas que são imprescritíveis e irresgatáveis.

Não importa o que faça, depara-se sempre com esses vizinhos incômodos que vêm perturbar seu prazer, estorvar seu trabalho, comer seus produtos; e quando se livra deles, outros, vestidos de preto, apresentam-se e apoderam-se do melhor de sua colheita. Imaginem a condição, as necessidades, o caráter, as paixões desse homem e calculem, se puderem, os tesouros de ódio e de inveja que se acumularam em seu coração.[18] [11]

18. Em sua *Histoire Socialiste de la Révolution Française* (1900-1903), tomo 1, *La Constituante*, o célebre político e historiador francês Jean Jaurès menciona esta passagem no capítulo consagrado às causas da Revolução.

O feudalismo permanecera como a maior de todas as nossas instituições civis, deixando de ser uma instituição política. Assim reduzido, excitava ainda mais ódios, sendo lícito dizer que a destruição de uma parte das instituições medievais tornou cem vezes mais odioso o que delas restava.

## CAPÍTULO II
## QUE A CENTRALIZAÇÃO ADMINISTRATIVA É UMA INSTITUIÇÃO DO ANTIGO REGIME E NÃO, COMO SE AFIRMA, OBRA DA REVOLUÇÃO OU DO IMPÉRIO

Ouvi certa vez, no tempo em que tínhamos assembleias políticas na França, um orador dizer a respeito da centralização administrativa: "Essa bela conquista da Revolução, que a Europa nos inveja". Quero crer que a centralização seja uma bela vitória, concedo que a Europa no-la inveje, mas afirmo que não é nenhuma conquista da Revolução. Ao contrário, é um produto do Antigo Regime e, acrescentarei, a única parte da constituição política do Antigo Regime que sobreviveu à Revolução, pois era a única que podia adaptar-se ao novo estado social criado por essa Revolução. O leitor que tiver a paciência de ler atentamente o presente capítulo talvez venha a achar que provei fartamente minha tese.

Em primeiro lugar, rogo que me permitam deixar de lado os assim chamados *países de estados*, isto é, as províncias que se administram, ou melhor, que ainda pareciam, em parte, administrar a si mesmas.

Situados nas extremidades do reino, os *países de estados* não continham mais que um quarto da população total da França e, entre eles, só dois apresentavam uma liberdade provincial realmente viva. Voltarei posteriormente aos *países de estados* e mostrarei a que ponto o poder central havia sujeitado até mesmo eles às regras comuns.

Quero ocupar-me aqui principalmente dos que a linguagem administrativa da época denominava *países de eleição*[19], embora neles houvesse menos

19. Circunscrições financeiras submetidas à jurisdição dos eleitos, que tinham um duplo encargo: ratear e recolher a talha entre as paróquias de sua alçada, e julgar as questões relativas à talha, aos privilégios locais, às outorgas etc. A partir do século XVII, com a consolidação do absolutismo pela dinastia dos Bourbons, os intendentes assumem cada vez mais as atribuições dos "eleitos", que na maioria dos casos exercem uma função subordinada e auxiliar junto ao intendente mediante a compra de um cargo venal (*office*).

eleições do que em qualquer outro lugar. Estes cercavam Paris por todos os lados e mantinham-se totalmente interligados, formando o coração e a melhor parte do corpo da França.

Se lançarmos um primeiro olhar sobre a antiga administração do reino, teremos a impressão inicial de que tudo é diversidade de regras e de autoridade, um emaranhado de poderes. A França está coberta de corpos administrativos ou de funcionários isolados que não dependem uns dos outros e que participam do governo em virtude de um direito que compraram e que não lhes pode ser tomado. Suas atribuições são o mais das vezes tão entrelaçadas e tão próximas que eles se acotovelam e se entrechocam no círculo das mesmas questões.

Os tribunais de justiça participam indiretamente do poder legislativo e têm o direito de fazer regulamentos administrativos vigentes nos limites de sua alçada. De quando em quando resistem à administração propriamente dita, censurando ruidosamente suas medidas e ajuizando seus agentes. Simples juízes fazem ordenanças de polícia nas cidades e povoados onde residem.

As cidades têm constituições muito diversas. Seus magistrados ostentam nomes diferentes ou tiram seus poderes de fontes distintas: aqui um prefeito, ali cônsules, acolá síndicos. Alguns são escolhidos pelo rei, outros pelo antigo senhor ou pelo príncipe apanagista; há os que são eleitos por seus concidadãos para o prazo de um ano e outros que compraram o direito de governá-los perpetuamente.

Esses são os destroços dos antigos poderes; mas, pouco a pouco, estabeleceu-se entre eles algo relativamente novo ou transformado que ainda preciso descrever.

No centro do reino e próximo ao trono, formou-se um corpo administrativo singularmente poderoso e em cujo seio todos os poderes se reúnem de uma forma nova, o *conselho régio.*

Sua origem é antiga, mas a maioria de suas funções é de data recente. Esse corpo é simultaneamente suprema corte de justiça, porque tem o direito de revogar as sentenças de todos os tribunais comuns, e tribunal superior administrativo, pois é dele que dependem em última instância todas as jurisdições especiais. Como conselho do governo, também exerce, ao bel-prazer do rei, o poder legislativo, discute e propõe a maioria das leis, fixa e reparte os impostos. Como conselho superior de administração, compete-lhe estabelecer as regras gerais que devem reger os agentes governamentais. Ele mesmo decide todos os assuntos importantes e fiscaliza os poderes secundários. Tudo acaba confluindo nele e dele parte o movimento que se comunica com tudo. No entanto, não tem jurisdição própria. O rei é o único que decide, ainda que o conselho pareça decretar. Mesmo aparentando exercer a justiça, compõe-se apenas de simples *instrutores*, como expressa o parlamento em uma de suas advertências.

Esse conselho não é de modo algum composto de grandes senhores, mas de personagens de origem medíocre ou baixa, antigos intendentes e outras pessoas versadas na prática dos assuntos públicos, todos revogáveis.

Costuma agir discretamente e sem alarde, demonstrando sempre menos pretensões do que poder, razão pela qual não tem em si mesmo nenhum brilho, ou melhor, perde-se no esplendor do trono do qual está próximo: tão poderoso que intervém em tudo e ao mesmo tempo tão obscuro que a história mal o nota.

Assim como toda a administração do país é dirigida por um só corpo, o manejo de quase todos os assuntos internos é confiado aos cuidados de um único agente, o *controlador-geral*.

Se abrirem um almanaque do Antigo Regime, verão que cada província tinha seu próprio ministro; porém, quando se estuda a administração pelos dossiês, logo se percebe que o ministro da província dispõe apenas de algumas ocasiões pouco importantes para agir. O curso rotineiro dos assuntos é dirigido pelo controlador-geral, que atraiu gradativamente para si tudo o que se relaciona com questões de dinheiro, ou seja, quase toda a administração pública. Vemo-lo agir sucessivamente como ministro das finanças, ministro do interior, ministro das obras públicas e ministro do comércio.

Assim como a administração central tem, por assim dizer, um único agente em Paris, tem apenas um único agente em cada província. Em pleno século XVIII ainda encontramos grandes senhores que ostentam o título de *governadores de província*. São os antigos representantes, frequentemente hereditários, da realeza feudal. Ainda recebem honrarias, mas já não têm nenhum poder. O intendente domina toda a realidade governamental.

Este é um homem de origem humilde, sempre desconhecido da província, jovem e com um futuro a garantir. Não exerce seus poderes por direito de eleição, de nascimento ou de compra de cargo, mas é escolhido pelo governo entre os membros inferiores do Conselho de Estado, sendo sempre destituível. Separado desse corpo, representa-o, razão pela qual é designado na linguagem administrativa da época como *comissário delegado*. Em suas mãos concentram-se quase todos os poderes que o próprio conselho possui, exercendo-os todos em primeira instância. Como o conselho, é simultaneamente administrador e juiz. O intendente comunica-se com todos os ministros e, na província, é o agente único de todas as vontades governamentais.

Abaixo dele, e nomeado por ele, apresenta-se em cada cantão um funcionário destituível arbitrariamente, o *subdelegado*. No geral, o intendente é um nobre de fresca data, ao passo que o subdelegado é sempre um plebeu. Apesar disso, representa todo o governo na pequena circunscrição que lhe é designada, como o intendente em toda a *generalidade*.[20] Está subordinado ao intendente, como este ao ministro.

O marquês d'Argenson[21] relata em suas memórias que um dia Law[22] lhe disse:

> Nunca teria acreditado no que vi quando era controlador das finanças. Saiba que este reino de França é governado por trinta intendentes e não tem nem Parlamento, nem Estados-gerais, nem governadores: são trinta relatores designados para as províncias dos quais dependem o sucesso ou o fracasso, a abundância ou a esterilidade delas.

No entanto, como esses funcionários tão poderosos ficavam eclipsados pelos restos da antiga aristocracia feudal e um pouco perdidos em meio ao brilho que dela ainda emanava, passavam praticamente despercebidos no seu tempo, embora sua mão já estivesse por toda parte. Na sociedade, os nobres tinham sobre eles a vantagem da condição, da riqueza e da consideração que sempre se vota às coisas antigas. No governo, a nobreza rodeava o príncipe e formava sua corte, comandava as frotas, dirigia os exércitos; em suma, fazia o que mais sal-

---

20. Remontando ao século XIV e estabelecidas em meados do século XVI, as "généralités" consistiam em circunscrições administrativas responsáveis pela coleta dos impostos diretos e indiretos. À medida que o absolutismo francês consolidou sua centralização administrativa no final do século XVII, elas passaram a ser sinônimo de "intendência", uma vez que os cada vez mais numerosos "tesoureiros-gerais" (encarregados de administrar as finanças no plano local mediante a compra de um cargo que lhes conferia a nobreza) foram substituídos pelos intendentes – estes, nomeados pelo controlador-geral.

21. René Louis de Voyer de Paulmy (1694-1757), o segundo marquês d'Argenson, diplomata e homem de letras, tornou-se célebre por frequentar o círculo filosófico de Voltaire, de quem era amigo, e por esposar teses galicanas críticas à ordem jesuítica e às prerrogativas papais na administração eclesiástica. Entre suas obras de maior destaque, as *Considérations sur le Gouvernement de la France* (publicadas postumamente em 1764, mas redigidas em torno de 1734) receberam o elogio de ninguém menos que Rousseau.

22. John Law (1671-1729), banqueiro e economista escocês, a quem o então regente do trono francês, o duque d'Orléans, confiou uma série de medidas que visavam recuperar a economia do país, gravemente afetada pelos altos custos da Guerra de Sucessão Espanhola (1702-1714). Entre essas medidas, destacam-se a criação de um banco estatal (*Banque Royale*) e a integração de suas ações com as Companhias das Índias Ocidentais e Orientais, além de outras iniciativas que tendiam a favorecer a indústria e o comércio (forneceu empréstimos a juros baixos para comerciantes e industriais, promoveu a construção de estradas, aboliu pedágios e alfândegas internas etc.). Nomeado controlador-geral das finanças em 1720, viu seu sistema financeiro desmoronar subitamente após uma desastrosa ingerência do regente na política monetária, traduzida em uma irresponsável emissão de títulos bancários que provocou uma enorme inflação e a consequente corrida dos credores para obterem o resgate em moeda daqueles papéis. Essa alta demanda por moeda foi responsável pela bancarrota da Companhia do Mississipi e pela demissão de Law naquele mesmo ano, que teve de se exilar em Veneza.

ta à vista dos contemporâneos e com demasiada frequência prende a atenção da posteridade. Teriam insultado um grande senhor propondo-se nomeá-lo intendente; o mais pobre fidalgo de sangue teria, na maioria dos casos, desdenhado dessa função. Consideravam os intendentes como os representantes de um poder intruso, homens novos encarregados do governo dos burgueses e dos camponeses e, ademais, colegas muito insignificantes. Todavia, esses homens governavam a França, como dissera Law e como veremos em seguida.

Antes de mais nada, comecemos pelo direito fiscal, que de certo modo abrange todos os outros.

Sabe-se que uma parte dos impostos era arrendada: nesses casos, era o conselho régio que tratava com as companhias financeiras, fixava as condições contratuais e regulamentava os modos de cobrança. Todas as outras taxas, como a *talha*[23], a capitação[24] e os *vigésimos*[25], eram determinadas e cobradas diretamente pelos agentes da administração central ou sob sua onipotente fiscalização.

Era o conselho que fixava anualmente, por uma decisão secreta, o montante da *talha* e de seus múltiplos acessórios, como também sua repartição entre as províncias. Assim a talha ia aumentando ano após ano sem que ninguém fosse previamente alertado por qualquer rumor.

Como a talha era um imposto antigo, seu cálculo e sua cobrança dependeram outrora dos agentes locais, todos mais ou menos independentes do governo, uma vez que exerciam seus poderes por direito de nascimento ou de eleição,

---

23. Nos quadros de formação e consolidação do absolutismo monárquico durante os momentos decisivos da Guerra dos Cem Anos, a *taille* ou talha real foi um imposto estabelecido em 1439 pelos Estados-gerais para atender às necessidades de defesa (*grosso modo*, estabelecer e manter um exército permanente), e o qual incidia apenas sobre os plebeus, de modo que seu montante era fixado anualmente pelo rei diante do conselho régio, e posteriormente repartido pelas comarcas.

24. Taxa estabelecida em 1695 por Luís XIV (novamente por necessidades de guerra, mais precisamente a guerra da Liga de Augsburgo), incidia sobre toda a população francesa (exceto as ordens mendicantes e os pobres notificados pelos párocos) e tinha um valor variável, isto é, de acordo com a condição social do contribuinte (para efeito de cálculo, a população do reino fora dividida em 22 classes). Suprimida em 1698 (após a assinatura do tratado de Paz de Ryswick) e retomada em 1701 para o custeio dos gastos militares da Guerra de Sucessão Espanhola, foi mantida ao longo do século XVIII, tornando-se cada vez mais onerosa aos plebeus, principalmente aos camponeses já submetidos à talha. Enquanto o clero logrou eximir-se desse tributo (em troca do pagamento dos dons gratuitos), a nobreza obteve constantes e substantivas reduções.

25. Tributo estabelecido em 1749 pelo controlador-geral Jean-Baptiste de Machault d'Arnouville para sanear as contas públicas, e o qual consistia na cobrança anual sobre a vigésima parte (1/20 ou 5%) dos rendimentos de todos os franceses, fossem esses clérigos, nobres ou plebeus. Não por acaso, essa tributação de caráter moderno e permanente suscitou veemente oposição do clero (que em 1751 obteve a dispensa do pagamento) e da nobreza (que fez de tudo para reduzir seu valor junto aos arrematadores ou evadir o pagamento, preferindo, em alguns casos, remir-se definitivamente da cobrança mediante o pagamento em definitivo de uma quantia subvalorizada).

ou em virtude da compra de cargos. Eram *o senhor, o coletor paroquial, os tesoureiros da França, os eleitos*. Tais autoridades ainda existiam no século XVIII, mas umas haviam deixado de ocupar-se da talha por completo, ao passo que outras só o faziam de uma forma muito secundária e inteiramente subordinada. Mesmo nesses casos, o poder estava totalmente nas mãos do intendente e de seus agentes; na verdade, apenas ele repartia a talha entre as paróquias, orientava e fiscalizava os arrematadores, concedia moratórias ou isenções.

Quanto aos impostos de data recente, como a capitação, o governo já não se via mais obstruído pelos escombros dos velhos poderes: agia sozinho, sem qualquer intervenção dos governados. O controlador-geral, o intendente e o conselho fixavam o montante de cada cota.

Passemos do dinheiro aos homens.

Há quem se espante pelo fato de os franceses terem suportado tão pacientemente o jugo do alistamento militar na época da Revolução e depois, mas é preciso considerar que há muito tempo todos estavam submetidos a ele. O alistamento fora precedido pela milícia, encargo mais pesado, embora os contingentes requeridos fossem menores. Realizava-se de quando em quando um sorteio entre a juventude rural e tirava-se de seu seio determinado número de soldados que compunham os regimentos de milícia em que serviam por seis anos.

Como a milícia era uma instituição comparativamente moderna, nenhum dos antigos poderes feudais ocupava-se dela, ficando toda a operação exclusivamente a cargo dos agentes do governo central. O conselho determinava o contingente geral e a parte que cabia à província. O intendente estabelecia o número de homens a ser alistados em cada paróquia; seu subdelegado regia os sorteios, apreciava os casos de isenção, designava os milicianos que podiam residir em suas casas e os que deviam partir, e, por fim, entregava-os à autoridade militar. Só se podia recorrer ao intendente e ao conselho.

Pode-se dizer também que, salvo nos *países de estados*, todas as obras públicas, mesmo as que tinham o fim mais específico, eram determinadas e conduzidas somente pelos agentes do poder central.

Havia ainda outras autoridades locais e independentes que, como o *senhor*, *as repartições financeiras, os grandes inspetores de caminhos*, podiam intervir nesta parte da administração pública, apesar de esses velhos poderes atuarem pouco ou absolutamente nada em quase todos os lugares: o exame mais superficial das peças administrativas da época demonstra-o. Todas as estradas principais e mesmo os caminhos de uma para outra cidade eram abertos e conservados com o produto das contribuições gerais. Era o conselho que definia o projeto e determinava a adjudicação. O intendente dirigia os trabalhos dos engenheiros e o subdelegado reunia a corveia que devia executá-los. Aos antigos poderes locais restava apenas a manutenção dos caminhos vicinais, que assim ficavam impraticáveis.

O principal agente do governo central em matéria de obras públicas era o equivalente ao *corpo de viação e obras públicas* de nossos dias. Aqui tudo se assemelha de maneira singular, malgrado a diferença de épocas. A administração das obras públicas tem um conselho e uma escola: inspetores que percorrem anualmente toda a França; engenheiros que residem nos locais e são encarregados, sob as ordens do intendente, de dirigir todos os trabalhos. As instituições do Antigo Regime que, em um número muito maior do que se imagina, foram transportadas para a nova sociedade, perderam geralmente seus nomes na passagem, mesmo quando conservavam suas formas; mas esta manteve ambos, fato raro.

Com o auxílio de seus agentes, o governo central encarregava-se sozinho da manutenção da ordem pública nas províncias. A polícia montada distribuía-se em pequenas brigadas por toda a superfície do reino e colocava-se sempre sob os auspícios dos intendentes. Respaldado por esses soldados e, quando necessário, pelo exército, o intendente enfrentava todos os perigos imprevistos, prendia os vagabundos, reprimia a mendicância e sufocava as revoltas que o preço dos cereais constantemente gerava. Nunca acontecia, como outrora, que os governados fossem chamados a auxiliar o governo neste aspecto da sua tarefa, exceto nas cidades, onde geralmente existia uma guarda urbana cujos soldados e oficiais eram escolhidos e nomeados pelo intendente.

Os corpos de justiça haviam conservado o direito de elaborar os regulamentos de polícia e faziam uso frequente dele, muito embora tais regulamentos fossem aplicáveis apenas em uma parte do território e quase sempre em um só local. O conselho sempre podia revogá-los, o que fazia continuamente quando se tratava de jurisdições inferiores. Por sua vez, emitia diariamente regulamentos gerais, aplicáveis uniformemente em todo o reino, tanto sobre matérias distintas das que foram regulamentadas pelos tribunais como sobre as mesmas matérias que eles regulamentaram de outro modo. O número desses regulamentos, ou, como se dizia então, desses *decretos do conselho*, é imenso e aumenta incessantemente à medida que a Revolução se aproxima. Não existe praticamente nenhuma parte da economia social ou da organização política que não tenha sido remanejada por decretos do conselho durante os quarenta anos que a precedem.

Se na antiga sociedade feudal o senhor possuía grandes direitos, ele também tinha grandes encargos. A ele cabia socorrer os indigentes no interior de seus domínios. Encontramos um último vestígio desta antiga legislação da Europa no código prussiano de 1795, onde se lê:

> O senhor deve zelar para que os camponeses pobres recebam educação. Deve, na medida do possível, proporcionar meios de subsistência para seus vassalos que não tiverem terra e, se alguns deles caírem na indigência, é obrigado a socorrê-los.

Há muito tempo que já não existia nenhuma lei semelhante na França. Como tiraram do senhor seus antigos poderes, ele se eximira de suas antigas obrigações. Nenhuma autoridade local, nenhum conselho, nenhuma associação provincial ou paroquial assumira seu lugar. Ninguém mais era obrigado por lei a ocupar-se dos pobres dos campos e o governo central tivera a ousadia de prover sozinho suas necessidades.

O conselho destinava anualmente a cada província, do produto geral das taxas, certos fundos que o intendente distribuía como auxílios às paróquias. Os agricultores necessitados tinham de se dirigir a ele. Nos períodos de escassez, era o intendente que mandava distribuir trigo ou arroz ao povo. O conselho emitia anualmente decretos ordenando que fossem estabelecidas, em certos lugares indicados por ele mesmo, oficinas de caridade onde os camponeses mais pobres podiam trabalhar mediante um pequeno salário. [12] É fácil supor que uma caridade feita de tão longe era frequentemente cega ou caprichosa e sempre muito insuficiente. [13]

O governo central não se limitava a socorrer os camponeses em suas misérias; pretendia ensinar-lhes a arte de enriquecer, ajudá-los nisso, e, se necessário, obrigá-los. Com esse desígnio, de tempos em tempos ordenava que seus intendentes e subdelegados distribuíssem pequenos tratados sobre a arte agrícola, fundava sociedades de agricultura, prometia prêmios e mantinha com altos custos sementeiras cujos produtos distribuía. Parece que teria sido mais eficaz aliviar o peso e diminuir a desigualdade de encargos que oprimiam então a agricultura, mas isso é algo que jamais atraiu sua atenção.

Às vezes o conselho resolvia obrigar os particulares a prosperar, quisessem eles ou não. Os decretos que obrigam os artesãos a utilizar determinados métodos e a fabricar certos produtos são inumeráveis; [14] e, como os intendentes eram insuficientes para fiscalizar a aplicação de todas aquelas regras, havia inspetores-gerais da indústria que percorriam as províncias para supervisioná-las de perto.

Há decretos do conselho que proíbem determinados cultivos nas terras que ele mesmo declarara como impróprias. Em outros, ordena a extração dos vinhedos que, segundo ele, foram plantados em solo ruim, a tal ponto o governo já passara do papel de soberano para o de tutor.

# CAPÍTULO III
## COMO O QUE SE CHAMA HOJE DE A TUTELA ADMINISTRATIVA É UMA INSTITUIÇÃO DO ANTIGO REGIME

Na França, a liberdade municipal sobreviveu ao feudalismo. Quando os senhores já não administravam mais os campos, as cidades ainda conservavam o direito de governar-se. Encontram-se algumas, até por volta do final do século XVII, que continuam formando como que pequenas repúblicas democráticas, em que os magistrados são livremente eleitos por toda a população e responsáveis perante ela, em que a vida municipal é pública e ativa, em que a cidade ainda se mostra orgulhosa de seus direitos e muito ciosa de sua independência.

As eleições só vieram a ser indistintamente abolidas em 1692. Então, as funções municipais foram colocadas em *ofícios*, ou seja, em cada cidade o rei vendeu a alguns habitantes o direito de governarem perpetuamente todos os outros.

Isso equivalia a sacrificar, além da liberdade das cidades, seu bem-estar; pois se a disponibilização das funções públicas em ofícios teve muitas vezes efeitos úteis quando se tratou dos tribunais – já que a completa independência do juiz é condição primordial para uma boa justiça –, nunca deixou de ser muito funesta sempre que se tratou da administração propriamente dita, que requer responsabilidade, subordinação e zelo acima de tudo. O governo da antiga monarquia não se enganava a esse respeito: tomava grande cuidado em não usar para si mesmo o regime que impunha às cidades, evitando colocar em ofícios as funções de subdelegados e intendentes.

E o que é digno de todo o desprezo da história, essa revolução foi consumada sem nenhum objetivo político. Luís XI restringira as liberdades municipais porque seu cunho democrático o assustava; [15] Luís XIV destruiu-as sem temê-las. Prova disso é que as devolveu a todas as cidades que puderam comprá-las de volta. Com efeito, queria menos aboli-las do que comercializá-las e, se realmente as aboliu, foi, por assim dizer, sem intenção, por puro expediente fiscal; e, coisa estranha, o mesmo jogo prosseguiu durante oitenta anos. Nesse período, em sete ocasiões venderam às cidades o direito de elegerem seus magistrados e, quando elas saborearam novamente esse doce gosto, tomaram-lhes tal direito para ser-lhes revendido. O motivo da medida é sempre o mesmo, como se admite frequentemente. "As exigências de nossas finanças", diz o preâmbulo do édito de 1722, "obrigam-nos a buscar os meios mais seguros para aliviá-las". Apesar de seguro, o meio era ruinoso para aqueles que arcavam com esse estranho imposto. "Estou impressionado com as enormes somas despendidas durante tanto tempo para recomprar os ofícios municipais", escreve um intendente ao controlador-geral em 1764. "Empregado em obras úteis, o montante deste dinheiro teria revertido em proveito da cidade, que, ao contrário, sentiu apenas o peso da autoridade e dos privilégios destes cargos." Não vislumbro em toda a fisionomia do Antigo Regime um traço mais vergonhoso que esse.

Parece difícil afirmar hoje com precisão como se governavam as cidades no século XVIII; [16] pois, independentemente de que a origem dos poderes municipais mude a todo instante, como acabamos de assinalar, cada cidade conserva ainda alguns farrapos de sua antiga constituição e tem usos próprios. Talvez não haja na França duas cidades onde tudo pareça absolutamente igual, embora esta seja uma diversidade enganosa, que oculta a similitude.

Em 1764, o governo resolveu instituir uma lei geral sobre a administração das cidades e ordenou a seus intendentes que lhe enviassem relatórios sobre o que se passava em cada uma delas. Encontrei uma parte deste inquérito e, ao lê-lo, fiquei convencido de que os assuntos municipais eram conduzidos mais ou menos da mesma forma em toda parte. As diferenças são apenas superficiais e aparentes; o fundo é o mesmo em todo lugar.

Quase sempre, o governo das cidades é confiado a duas assembleias, como é o caso de todas as grandes cidades e da maior parte das pequenas.

A primeira assembleia é composta por oficiais municipais, mais ou menos numerosos conforme a localização. É o poder executivo da comuna, *o corpo da cidade*, como se dizia então. Seus membros exercem um poder temporário e são eleitos cada vez que o rei tenha decretado a eleição ou que a cidade tenha logrado recomprar os cargos. Ocupam seu cargo perpetuamente, mediante pagamento em dinheiro, assim que o rei restabeleceu os ofícios e conseguiu vendê-los, o que nem sempre acontece, pois esse gênero de mercadoria avilta-se gradativamente à medida que a autoridade municipal mais se subordina ao poder central. Esses funcionários municipais não recebem salários em nenhum dos casos, embora contem sempre com a isenção de impostos e os privilégios. Não existe qualquer ordem hierárquica entre eles: sua administração é coletiva. Não se vê magistrado que a dirija pessoalmente e responda por ela. O prefeito é o presidente da municipalidade, não o administrador da cidade.

A segunda assembleia, denominada *assembleia geral*, elege a municipalidade onde ainda há eleição e em todos os lugares segue participando dos principais assuntos.

No século XV, a assembleia geral compunha-se no mais das vezes de todo o povo, costume esse que, segundo informa um dos relatórios do inquérito, *estava de acordo com o espírito popular dos nossos antepassados.* Era o povo, em sua totalidade, quem então elegia seus oficiais municipais: ele é que às vezes era consultado; era a ele que se prestavam contas. Ao término do século XVII, isso ainda ocorre ocasionalmente.

No século XVIII, já não é o próprio povo agindo em corpo que forma a assembleia geral. Esta é quase sempre representativa. Mas o que deve ser levado em conta é que ela não é mais, em lugar nenhum, eleita pela massa do público nem representa seu espírito. Em toda parte é composta de *notáveis*, alguns dos quais figuram ali em virtude de um direito que lhes é próprio, enquanto outros são enviados por corporações ou companhias, e cada qual cumpre um mandato imperativo que lhe foi conferido por esta pequena sociedade particular.

À medida que se avança no século, o número de notáveis de direito multiplica-se no seio dessa assembleia; os deputados das corporações industriais tornam-se escassos ou desaparecem. Nela se encontram apenas os integrantes do *corpo da cidade*, ou seja, a assembleia compõe-se unicamente de burgueses e praticamente não recebe mais artesãos. O povo, que não se deixa ludibriar tão facilmente quanto se imagina pelas vãs aparências de liberdade, deixa então, por toda parte, de se interessar pelos assuntos da comuna e vive no interior de seus próprios muros como um forasteiro. De tempos em tempos seus magistrados tentam, em vão, despertar-lhe aquele patriotismo municipal que fez tantas maravilhas na Idade Média, mas ele permanece surdo. Parece que os maiores interesses da cidade já não o sensibilizam. Queriam que ele fosse votar, ali onde acharam por bem conservar a vã imagem de uma eleição livre: teima em abster-se. Nada é mais comum na História do que um espetáculo como esse. Quase todos os príncipes que destruíram a liberdade tentaram inicialmente manter as suas formas: viu-se isso desde Augusto até nossos dias. Vangloriavam-se de assim reunir à força moral que o assentimento público sempre confere as comodidades que só o poder absoluto pode oferecer. Quase todos fracassaram nessa empresa e logo descobriram que era impossível sustentar por muito tempo essas enganosas aparências em que a realidade não existia mais.

No século XVIII, portanto, o governo municipal das cidades tinha degenerado em uma pequena oligarquia por toda parte. Umas poucas famílias conduziam com fins particulares todos os assuntos, longe do olhar do público e sem serem responsáveis perante ele: é uma doença que acomete essa administração na França inteira. Todos os intendentes destacam-na, mas o único remédio que imaginam é subordinar cada vez mais os poderes locais ao governo central.

No entanto, era difícil fazê-lo melhor do que já se havia feito. Independentemente dos éditos que, de tempos em tempos, modificam a administração [17] de todas as cidades, as leis particulares de cada uma delas são constantemente subvertidas por regulamentos não registrados do conselho, feitos com base nas propostas dos intendentes, sem averiguação prévia e, às vezes, sem que os próprios habitantes das cidades o saibam.

"Essa medida", dizem os habitantes de uma cidade afetada por um desses decretos, "surpreendeu todas as ordens da cidade, que não esperavam nada parecido".

As cidades não podem estabelecer uma concessão, lançar uma contribuição, hipotecar, vender, pleitear judicialmente, arrendar seus bens, administrá-los ou empregar o excedente de suas receitas sem que intervenha um decreto do conselho com base no relatório do intendente. Todas suas obras são executadas segundo projetos e orçamentos que o conselho aprovou por decreto. Adjudicadas perante o intendente ou seus subdelegados, são geralmente dirigidas pelo engenheiro ou pelo arquiteto do Estado. Eis algo que causará grande surpresa aos que pensam que tudo o que se vê na França é novo.

Mas o governo central avança na administração das cidades muito mais do que esta mesma norma o indica; seu poder sobre elas estendia-se muito além de seu direito.

Encontro o seguinte em uma circular de meados do século enviada pelo controlador-geral a todos os intendentes:

> Dispensem uma atenção especial a tudo o que se passa nas assembleias municipais. Façam com que lhes prestem contas da maneira mais exata possível e que lhes relatem todas as deliberações que ali forem tomadas, para que me sejam enviadas com urgência com o parecer dos senhores.

Com efeito, a correspondência do intendente com seus subdelegados demonstra que o governo intervém em todos os assuntos das cidades, tanto nos menores como nos mais relevantes. Consultam-no sobre tudo e tem um parecer pronto a respeito de tudo, chegando a regulamentar até as festas. É ele que, em certos casos, comanda os festejos populares, que manda acender as fogueiras de júbilo e iluminar as casas. Encontro um intendente que aplicou uma multa de 20 libras aos membros da guarda civil que se ausentaram ao *Te Deum*.

Por isso os oficiais municipais têm um sentimento adequado de sua nulidade.

Alguns escrevem ao intendente: "Monsenhor, rogamos-lhe com toda humildade que nos conceda sua benevolência e sua proteção. Procuraremos merecê-las submetendo-nos a todas as ordens de Vossa Grandeza." "Nunca opusemos resistência às vossas vontades, Monsenhor", escrevem outros que ainda se intitulam pomposamente *Pares da cidade.*

É assim que a classe burguesa se prepara para o governo e o povo para a liberdade.

Se essa estrita dependência das cidades tivesse ao menos preservado suas finanças! Mas nada disso aconteceu. Afirma-se que as cidades prontamente se arruinariam sem a centralização. Ignoro se assim seria, mas é certo que, no século XVIII, a centralização não as impedia de se arruinarem. Toda a história administrativa daquela época está repleta de desordem de seus negócios.

E se passarmos das cidades para as aldeias, encontraremos outros poderes, outras formas e a mesma dependência. [18]

Vejo claramente os indícios que me informam que, na Idade Média, os habitantes de cada aldeia formaram uma comunidade distinta do senhor. Este se servia dela, vigiava-a e governava-a; mas ela possuía certos bens comuns dos quais tinha plena propriedade, elegia seus chefes e administrava-se democraticamente.

Essa velha constituição paroquial encontra-se em todas as nações que passaram pelo feudalismo e em todos os países nos quais essas nações deixaram vestígios de suas leis. Na Inglaterra, a seu rastro é visível em toda parte e, na Alemanha, ainda estava bem viva há sessenta anos, como se pode comprovar pela leitura do código de Frederico, o Grande. Mesmo na França, ainda existem alguns vestígios dela no século XVIII.

Recordo-me de que, quando pesquisava pela primeira vez o que era uma paróquia do Antigo Regime nos arquivos de uma intendência, fiquei surpreso ao encontrar, naquela comunidade tão pobre e tão subjugada, várias das características que outrora me haviam impressionado nas comunas rurais da América,[26] e que eu então erroneamente atribuíra a uma singularidade específica do Novo Mundo. Nem uma nem outra têm representação permanente, municipalidade propriamente dita, e ambas são administradas por funcionários que atuam separadamente, sob a direção de toda a comunidade. Tanto uma quanto a outra apresentam, de tempos em tempos, assembleias gerais em que todos os habitantes, reunidos em um só corpo, elegem seus magistrados e decidem os principais assuntos. Em resumo, parecem tanto entre si quanto um vivo pode se parecer com um morto.

E esses dois seres com destinos tão distintos tiveram de fato o mesmo nascimento.

---

26. Tocqueville refere-se aos Estados Unidos e a seus estudos sobre a sociedade e a política anglo-americanas, que deram origem aos dois consagrados volumes de *A democracia na América* (publicados em 1835 e 1840, respectivamente).

Transportada de um só golpe para longe do feudalismo e senhora absoluta de si mesma, a paróquia rural da Idade Média tornou-se o *township* da Nova Inglaterra. Separada do senhor mas encerrada na poderosa mão do Estado, tornou-se na França aquilo que vamos dizer.

No século XVIII, o número e a denominação dos funcionários da paróquia variam conforme as províncias. Os registros antigos mostram que esses funcionários foram mais numerosos quando a vida local era mais ativa e que seu número diminuiu à medida que esta foi se entorpecendo. Na maioria das paróquias do século XVIII, foram reduzidos a somente dois: um, que se denominava *coletor*, e outro, chamado quase sempre de *síndico*. De modo geral, esses funcionários municipais ainda são eleitos ou deveriam sê-lo, mas em toda parte tornaram-se instrumentos do Estado mais do que representantes da comunidade. O coletor cobra a talha sob as ordens diretas do intendente. O síndico, submetido ao controle diário do subdelegado do intendente, representa-o em todas as operações relativas à ordem pública ou ao governo. É seu principal agente quando se trata da milícia, das obras públicas do Estado e da execução de todas as leis gerais.

O senhor, como tivemos oportunidade de ver, permanece alheio a todos esses detalhes do governo: ele nem sequer os fiscaliza e tampouco os auxilia e, como se não bastasse, considera aqueles cuidados que outrora alimentavam seu poder como indignos de sua pessoa, à proporção que seu próprio poder vai sendo destruído. Quem hoje o convidasse a tomar parte desses detalhes feriria seu orgulho. Apesar de não governar mais, sua presença na paróquia e seus privilégios impedem que um bom governo possa estabelecer-se no lugar do seu. Um elemento tão favorecido, independente e diferente de todos os demais destrói ou enfraquece o império de todas as normas.

Como seu contato afugentou sucessivamente para a cidade quase todos os habitantes mais abastados e esclarecidos, conforme mostrarei mais adiante, além dele resta apenas um bando de camponeses ignorantes e grosseiros, incapazes de dirigir a administração dos assuntos coletivos. "Uma paróquia", disse corretamente Turgot, "é um amontoado de cabanas e de habitantes não menos passivos que elas".

Os documentos administrativos do século XVIII estão repletos de queixas suscitadas pela imperícia, pela inércia e pela ignorância dos coletores e dos síndicos das paróquias. Ministros, intendentes, subdelegados, até mesmo fidalgos, todos os deploram incessantemente, mas ninguém remonta às causas.

Até a Revolução, a paróquia rural francesa conserva em seu governo algo daquele aspecto democrático que apresentara durante a Idade Média. Quer se trate de eleger os oficiais municipais ou de discutir algum assunto coletivo, o sino da aldeia convoca os camponeses diante do pórtico da igreja, onde os pobres têm o mesmo direito que os ricos a apresentar-se. É certo que, reunida a assembleia, não há deliberação propriamente dita nem votação, mas cada qual pode expressar sua opinião, e um notário requisitado para este fim, e instrumentando ao ar livre, recolhe as diferentes declarações e registra-as em uma ata.

Quando comparamos estas vãs aparências de liberdade com a impotência real que traziam em seu bojo, já vemos em pequena escala como o governo mais absoluto pode combinar-se com algumas das formas da mais extrema democracia, de tal sorte que à opressão venha ainda se somar o ridículo de não parecer notá-la. Essa assembleia democrática da paróquia podia perfeitamente expressar opiniões, mas, tanto quanto o conselho municipal da cidade, não tinha mais direito de fazer sua vontade vingar. Não podia sequer falar, a não ser quando lhe abrissem a boca; pois nunca podiam reuni-la sem antes solicitar a permissão expressa do intendente e, como se dizia então, chamando as coisas pelo nome, *a seu bel-prazer*. Ainda que fosse unânime, não podia tributar-se, nem tampouco vender, comprar, alugar ou pleitear sem a permissão do conselho real. Era preciso obter um decreto deste conselho para reparar os danos que o vento acabara de infligir ao teto da igreja ou para refazer o muro do presbitério que estava prestes a desmoronar. A paróquia rural mais afastada de Paris estava tão submetida a esta norma quanto as mais próximas. Vi paróquias solicitarem ao conselho o direito de despender 25 libras.

É bem verdade que, de modo geral, os habitantes conservaram o direito de eleger seus magistrados por sufrágio universal, mas, na maioria das vezes, o intendente designava a esse pequeno corpo eleitoral um candidato que dificilmente deixava de ser nomeado por unanimidade de votos. Em outras ocasiões, ele anulava a eleição feita espontaneamente e nomeava pessoalmente o coletor e o síndico, suspendendo indefinidamente qualquer nova eleição. Vi mil exemplos disso.

Não se poderia imaginar destino mais cruel que o desses funcionários comunais. Tinham que obedecer aos menores caprichos do último agente do governo central, o subdelegado. Frequentemente, impunha-lhes multas e, em certas ocasiões, mandava prendê-los, pois as garantias que em outros lugares ainda defendiam os cidadãos contra o arbítrio não mais existiam aqui. "Mandei encarcerar", dizia um intendente em 1750, "alguns líderes das comunidades que andavam murmurando e obriguei essas mesmas comunidades a pagarem a corrida dos oficiais da polícia montada. Desse modo, foram facilmente dominados". Eis por que as funções paroquiais eram vistas menos como honrarias do que como encargos aos quais procuravam furtar-se apelando a toda espécie de subterfúgios.

Apesar de tudo, estes últimos destroços do antigo governo paroquial ainda eram caros aos camponeses, e mesmo hoje, de todas as liberdades públicas, a única que compreendem bem é a liberdade paroquial. O único assunto de natureza pública que realmente lhes interessa é este. Alguém que de bom grado abandona o governo de toda a nação na mão de um senhor resiste à ideia de não poder opinar acerca da administração de sua aldeia, tamanho é o peso que ainda existe nas formas mais ocas.

O que acabo de dizer das cidades e das paróquias é válido a quase todos os corpos que tinham uma existência à parte e uma propriedade coletiva.

Sob o Antigo Regime, como em nossos dias, não havia cidade, povoado, aldeia ou lugarejo, por menor que fosse, bem como hospital, fábrica, convento ou colégio que pudesse ter uma vontade independente em seus assuntos particulares ou administrar seus próprios bens como bem entendesse. [19] Como hoje, então, a administração mantinha todos os franceses sob tutela, e se a insolência da palavra ainda não se manifestara, pelo menos a coisa já existia.

# CAPÍTULO IV
## QUE A JUSTIÇA ADMINISTRATIVA E A GARANTIA DOS FUNCIONÁRIOS SÃO INSTITUIÇÕES DO ANTIGO REGIME

Não havia em toda a Europa nenhum país cujos tribunais comuns dependessem menos do governo do que a França, mas tampouco havia um só país em que os tribunais de exceção estivessem mais em voga. Esses dois fatos estavam mais estreitamente ligados do que se imagina. Como o rei quase nada podia fazer em relação aos juízes – como não podia destituí-los, transferi-los e, na maioria das vezes, nem mesmo promovê-los; como, em poucas palavras, não os dominava seja pela ambição, seja pelo medo –, sentira-se rapidamente incomodado com essa independência. Mais que em qualquer outro lugar, isso o levara a sonegar-lhes o conhecimento dos assuntos que interessavam diretamente seu poder e a criar, para seu uso particular e ao lado deles, uma espécie de tribunal mais independente, que apresentasse a seus súditos alguma aparência de justiça sem fazê-lo temer sua realidade.

Naqueles países, como em certas partes da Alemanha, onde os tribunais comuns nunca foram tão independentes do governo quanto os tribunais franceses de então, semelhante precaução não foi tomada e a justiça administrativa nunca existiu. O príncipe sentia-se suficientemente senhor dos juízes para não necessitar de comissários.

Quem ler atentamente os éditos e as declarações régias publicados no último século da monarquia, bem como os decretos do conselho promulgados durante o mesmo período, encontrará poucos em que o governo, após ter adotado uma medida, tenha deixado de dizer que as contestações que ela pode ensejar e os processos que pode originar serão da alçada exclusiva dos intendentes e do conselho.

> Ordena ainda Sua Majestade que todas as contestações que poderão surgir quanto à execução do presente decreto, circunstâncias e dependências sejam apresentadas ao intendente para serem julgadas por ele, exceto quando houver recurso ao conselho. Proibimos nossos tribunais e cortes de tomarem conhecimento delas.

É a fórmula usual.

Nas matérias regulamentadas por leis ou costumes antigos, em que esta precaução não foi adotada, o conselho intervém constantemente por via da *evocação*, retira das mãos dos juízes comuns o caso em que a administração está interessada e chama-o para si. Os registros do conselho estão repletos de decretos de evocação dessa espécie. Pouco a pouco, a exceção generaliza-se e o fato transforma-se em teoria. Estabelece-se assim, não nas leis e sim no espírito daqueles que as aplicam, como preceito de Estado, que todos os processos que contiverem um interesse público intercalado, ou que nascerem da interpretação de um ato administrativo, não são da alçada dos juízes comuns, cujo único papel é decidir sobre os interesses particulares. Nessa matéria logramos apenas encontrar a fórmula, pois a ideia pertence ao Antigo Regime.

Desde aquela época, a maioria das questões litigiosas suscitadas a propósito da cobrança do imposto é da competência exclusiva do intendente e do conselho. O mesmo vale para tudo o que diz respeito à política do transporte de mercadorias e das viaturas públicas, às principais estradas, à navegação fluvial etc. Em geral, são os tribunais administrativos que julgam todos os processos de interesse da autoridade pública.

Os intendentes zelam cuidadosamente para que essa jurisdição excepcional se estenda cada vez mais; advertem o controlador-geral e incitam o conselho. Vale a pena registrar o motivo alegado por um desses magistrados para obter uma evocação: "O juiz comum", diz ele, "está submetido a regras fixas, que o obrigam a reprimir um fato contrário à lei; mas o conselho pode sempre derrogar as regras com um objetivo útil".

De acordo com esse princípio, vê-se muitas vezes o intendente ou o conselho atrair para si processos cuja ligação com a administração pública é quase invisível ou até mesmo inexistente. Um fidalgo em conflito com seu vizinho e insatisfeito com as disposições de seus juízes pede ao conselho que evoque o caso, ao que o intendente consultado responde:

> Embora se trate aqui apenas de direitos privados cujo conhecimento é da alçada dos tribunais, Sua Majestade sempre pode, quando o desejar, reservar-se o conhecimento de toda espécie de casos, que tenha de prestar contas de seus motivos.

Na maioria dos casos, é perante o intendente ou o preboste da polícia que são enviadas, em decorrência da evocação, todas as pessoas do povo que vierem a perturbar a ordem por qualquer ato de violência. A maioria dos motins que o alto custo dos cereais tão frequentemente engendra dá margem a evocações dessa espécie. O intendente então designa como ajudantes um certo número de graduados, uma espécie de conselho de prefeitura improvisado que ele mesmo escolheu, e julga criminalmente. Encontrei sentenças promulgadas desse modo, condenando pessoas às galés e até à morte. Os processos criminais julgados pelo intendente ainda são frequentes no final do século XVII.

Os juristas modernos asseguram-nos de que o direito administrativo evoluiu muito desde a Revolução: "Anteriormente", dizem eles, "os poderes judiciários e administrativos estavam confundidos; depois dela foram separados uns dos outros e recolocados cada qual em seu lugar". Para melhor avaliar o avanço de que se trata aqui, nunca se deve esquecer que, se por um lado o poder judiciário no Antigo Regime se estendia indefinidamente para além da esfera natural de sua autoridade, por outro, nunca a exercia completamente. Quem observa uma dessas coisas isolada da outra tem apenas uma ideia incompleta e falseada da matéria. Ora se permitia que os tribunais regulamentassem a administração pública, o que estava manifestamente fora de sua alçada, ora se proibia que julgassem os verdadeiros processos, o que era excluí-los de sua própria competência. É bem verdade que expulsamos a justiça da esfera administrativa, onde o Antigo Regime a deixara introduzir-se muito indevidamente, mas ao mesmo tempo, como se vê, o governo intrometia-se de forma incessante na esfera natural da justiça, e ali o deixamos: como se a confusão de poderes não fosse tão perigosa desse lado quanto do outro e talvez até pior; pois a intervenção da justiça na administração prejudica apenas os negócios, ao passo que a interferência da administração na justiça corrompe os homens e tende a torná-los simultaneamente revolucionários e servis.

Entre as nove ou dez constituições estabelecidas *ad æternum* na França nos últimos sessenta anos, há uma que diz expressamente que nenhum agente da administração pode ser processado perante os tribunais comuns sem que a ação tenha sido previamente autorizada. O artigo pareceu tão bem pensado que, ao destruírem a constituição de que fazia parte, tiveram o cuidado de tirá-lo do meio dos escombros e desde então mantê-lo cuidadosamente a salvo das revoluções. Os administradores ainda têm o costume de classificar o privilégio que esse artigo lhes confere como uma das grandes conquistas de 1789, mas nisso se enganam novamente, pois o governo da antiga monarquia não tinha menos zelo que o de hoje em poupar os funcionários do dissabor de terem de comparecer à justiça como simples cidadãos. A única diferença fundamental entre as duas épocas é esta: antes da Revolução, o governo só podia acobertar seus agentes recorrendo a medidas ilegais e arbitrárias, ao passo que depois pôde deixá-los violar legalmente as leis.

Quando os tribunais do Antigo Regime queriam processar um representante qualquer do poder central, geralmente intervinha um decreto do conselho que retirava o acusado de seus juízes e o remetia perante comissários nomeados pelo conselho; pois, como escreve um conselheiro de Estado daquela época, um administrador atacado desse modo teria encontrado certa reserva no espírito dos juízes comuns e a autoridade régia ficaria comprometida. Estas espécies de evocações não aconteciam apenas de vez em quando e sim todos os dias, não apenas em relação aos principais agentes como também aos menos graduados. Bastava ligar-se à administração pelo menor fio para nada ter a recear a não ser ela. Um capataz de obras públicas encarregado de dirigir a corveia é processado por um camponês a quem maltratou. O conselho evoca o caso e o engenheiro-chefe, escrevendo confidencialmente ao intendente, afirma a esse respeito:

> De fato o capataz é totalmente repreensível, mas isso não é motivo para deixar que o processo siga o seu curso, pois é da maior importância para a administração das obras públicas que a justiça comum não ouça nem acolha queixas dos submetidos à corveia contra os capatazes das obras. Se este exemplo fosse seguido, tais trabalhos seriam perturbados por processos contínuos gerados pela animosidade pública que se aferra a esses funcionários.

Em outra circunstância, o próprio intendente comunica o seguinte ao controlador-geral, a propósito de um empreiteiro do Estado que havia tomado do campo do vizinho os materiais dos quais se servira:

> Não posso expressar de forma suficientemente clara o quão prejudicial seria aos interesses da administração entregar seus empreiteiros ao julgamento dos tribunais comuns, cujos princípios não podem jamais se conciliar com os dela.

Faz exatamente um século que estas linhas foram escritas, mas temos a impressão de que os administradores que as escreveram foram nossos contemporâneos.

# CAPÍTULO V

## COMO A CENTRALIZAÇÃO PUDERA INTRODUZIR-SE ASSIM ENTRE OS ANTIGOS PODERES E SUPLANTÁ-LOS SEM DESTRUÍ-LOS

Recordemos agora um pouco o que dissemos nos últimos três capítulos: um corpo único e instalado no centro do reino, que regulamenta a administração pública em todo o país; o mesmo ministro dirigindo quase todos os assuntos internos; em cada província, um único agente que a comanda em todos os detalhes; nenhum corpo administrativo secundário ou corpos podendo agir sem autorização prévia; tribunais de exceção que julgam os casos de interesse da administração e dão cobertura a todos os seus agentes. Que é isso, senão a centralização que conhecemos? Suas formas são menos nítidas que hoje, suas iniciativas são menos regulamentadas, sua existência é mais conturbada, e, entretanto, é o mesmo ser. Desde então não foi preciso acrescentar-lhe ou tirar-lhe nada substancial; bastou lançar por terra tudo o que se erguia à sua volta para que ela surgisse tal como a vemos. [20]

A maioria das instituições que acabo de descrever foi posteriormente copiada em cem lugares diversos; mas naquele momento eram especificamente francesas e veremos, em seguida, quão grande foi sua influência sobre a Revolução Francesa e suas consequências.

Mas como essas instituições tão novas puderam erguer-se na França em meio aos destroços da sociedade feudal?

Não foi tanto uma obra de força e de pleno poder quanto uma obra de paciência, habilidade e longo tempo. No momento em que a Revolução surgiu, ainda não se tinha destruído quase nada do velho edifício administrativo da França: tinha-se, por assim dizer, construído um outro sobre seus alicerces.

Nada indica que, para realizar esse difícil trabalho, o governo do Antigo Regime tenha seguido um plano profundamente meditado de antemão: limitou-se a seguir o instinto que leva todo governo a querer conduzir sozinho todos os assuntos, instinto que permanecia sempre o mesmo por toda diversidade de agentes. Deixara aos velhos poderes seus nomes antigos e suas honras, mas pouco a pouco lhes extraíra a autoridade. Não os expulsara, mas tirou-lhes lentamente suas prerrogativas. Tirando proveito da inércia de um, do egoísmo de outro, para tomar seu lugar, e valendo-se de todos seus vícios – que jamais tentou corrigir mas apenas suplantar –, acabara realmente substituindo quase todos por um agente único, o intendente, do qual não se conhecia nem mesmo o nome quando eles surgiram.

O poder judiciário foi o único a incomodá-lo nesta grande empresa, embora também ali tenha logrado apoderar-se da substância do poder, deixando aos adversários apenas sua sombra. Não excluíra os parlamentos[27] da esfera administrativa: [21] ele mesmo alastrou-se gradativamente de modo a abrangê-la quase que por completo. Em certos casos extraordinários e passageiros, como nos tempos de carestia, por exemplo, em que as paixões populares ofereciam um ponto de apoio à ambição dos magistrados, o governo central permitia por um instante que os parlamentos administrassem e fizessem um alarde que muitas vezes ecoou na história. Porém, retomava rápida e silenciosamente seu posto, repondo discretamente a mão sobre todos os homens e todos os assuntos.

Quem quiser prestar atenção à luta dos parlamentos contra o poder real verá que o embate quase sempre ocorre no terreno da política e não no âmbito administrativo. As disputas geralmente emergem a propósito de um novo imposto, ou seja, o que ambos adversários disputam não é o poder administrativo e sim o poder legislativo, do qual um tinha tão pouco direito de apoderar-se quanto o outro.

Isso ocorre cada vez mais com a proximidade da Revolução. À medida que as paixões populares começam a se inflamar, o parlamento imiscui-se cada vez mais na política, e como o poder central e seus agentes tornam-se simultaneamente mais experientes e mais hábeis, esse mesmo parlamento ocupa-se cada vez menos da administração propriamente dita: é menos administrador e mais tribuno a cada dia.

Ademais, o tempo abre continuamente ao governo central novos campos de ação em que os tribunais não têm agilidade para segui-lo, pois se trata de questões novas sem precedentes para eles e alheias à sua rotina. A sociedade, que está em franco progresso, faz nascer a todo momento necessidades novas, e cada uma delas é para ele uma nova fonte de poder; pois somente ele é

---

27. Ocupados majoritariamente pelos elementos mais bem-sucedidos da burguesia e cujos membros lograram adquirir o "ofício" (administrativo ou jurídico) que atribuía à nobreza (daí serem chamados de "nobreza de toga"), os Parlamentos eram as supremas cortes de justiça das províncias sob sua jurisdição, incumbidas de julgar todos os processos em última instância e de registrar os decretos e portarias régias. Portanto, a despeito do que a nomenclatura sugere, os Parlamentos não desempenhavam funções representativas, muito embora, na ausência dos Estados-gerais (convocados pela última vez em 1614), esses corpos judiciais aristocráticos representassem o principal óbice ao absolutismo monárquico. Tiveram um papel decisivo, especialmente a partir da década de 1750, no enfraquecimento do poder monárquico, a ponto de contribuir para a deflagração política do processo revolucionário. Os 13 Parlamentos remanescentes em 1789 (sendo o de Paris o principal) foram abolidos pela Assembleia Nacional em 7 de setembro de 1790. Sobre o caráter revolucionário dessa oposição aristocrático-parlamentar à monarquia – o qual mereceu especial atenção de Tocqueville –, leia-se: EGRET, Jean. *La Pré-Révolution Française, 1787-1788*. Paris: PUF, 1962.

capaz de atendê-las. Enquanto a esfera administrativa dos tribunais permanece fixa, a sua é móvel e estende-se incessantemente com a própria civilização.

A Revolução que se avizinha e começa a agitar o espírito de todos os franceses sugere-lhes mil ideias novas que só o governo central pode realizar: antes de solapá-lo, ela o desenvolve. Ele mesmo se aperfeiçoa como todo o restante. Isso impressiona singularmente quando se estudam seus arquivos. O controlador-geral e o intendente de 1770 não se parecem mais com o controlador-geral e o intendente de 1740: a administração foi transformada. Seus agentes são os mesmos, mas o espírito que os anima é outro. À medida que foi se tornando mais detalhada e mais extensa, tornou-se igualmente mais regular e mais sábia. Moderou-se quando logrou apoderar-se de tudo: oprime menos, conduz mais.

Os primeiros esforços da Revolução destruíram esta grande instituição da monarquia, que foi restaurada em 1800. Diferentemente do que se afirmou tantas vezes, não foram os princípios de 1789 que, em matéria de administração, triunfaram naquela época e depois: muito pelo contrário, os do Antigo Regime é que foram colocados novamente em prática e ali permaneceram.

Se me perguntarem como essa parte do Antigo Regime pôde ser assim inteiramente transplantada para a sociedade nova e incorporar-se a ela, responderei que, se a centralização não sucumbiu à Revolução, foi porque ela mesma era o começo e o signo daquela revolução; e acrescentarei que, quando um povo destrói em seu seio a aristocracia, corre para a centralização como corre de si mesmo. A partir de então, são necessários menos esforços para precipitá-lo nesta inclinação que para freá-lo. Em seu seio, todos os poderes tendem naturalmente para a unidade, e só com muita arte é possível mantê-los divididos.

Assim, a revolução democrática que destruiu tantas instituições do Antigo Regime tinha de consolidar esta, e a centralização encontrava tão naturalmente seu lugar na sociedade formada pela Revolução que facilmente se pôde tomá-la por uma de suas obras.

# CAPÍTULO VI

## DOS COSTUMES ADMINISTRATIVOS SOB O ANTIGO REGIME

Não se poderia ler a correspondência de um intendente do Antigo Regime com seus superiores e seus subordinados sem admirar como a similitude das instituições tornava os administradores daquela época iguais aos nossos. Parecem dar-se as mãos através do abismo da Revolução que os separa. Direi o mesmo dos administrados. Nunca o poder da legislação sobre o espírito dos homens se mostrou tão claramente.

O ministro já concebeu o desígnio de perscrutar com seus próprios olhos os pormenores de todos os assuntos e resolver tudo pessoalmente em Paris. À medida que o tempo avança e a administração se aperfeiçoa, essa paixão aumenta. Por volta do final do século XVIII, não se estabelece uma oficina de caridade nos confins de uma província afastada sem que o controlador-geral faça questão de fiscalizar pessoalmente os custos, redigir seu regulamento e fixar sua localização. Criam-se asilos para os mendigos? É preciso comunicar-lhe o nome dos mendigos que ali se apresentam, dizer-lhe precisamente quando saem e quando entram. O senhor d'Argenson já escrevia em meados do século (1733):

> Os detalhes confiados aos ministros são imensos. Nada se faz sem eles, nada que não seja por meio deles, e quando seus conhecimentos não são tão extensos quanto seus poderes, são obrigados a deixar tudo por conta dos funcionários que se tornam os verdadeiros senhores.

Um controlador-geral pede não só relatórios sobre os assuntos, como também breves referências sobre as pessoas. O intendente, por sua vez, dirige-se a seus subdelegados e raramente deixa de repetir palavra por palavra o que estes lhe disseram, como se o soubesse categoricamente por si mesmo.

Para conseguir dirigir tudo a partir de Paris e ali se inteirar de tudo, foi preciso inventar mil meios de controle. O volume da papelada já é enorme, e a lentidão do trâmite administrativo é tamanha, que nunca observei um prazo inferior a um ano para que alguma paróquia obtivesse autorização para reconstruir seu campanário ou reparar seu presbitério: na maioria das vezes, passam-se dois ou três anos antes que o pedido seja atendido.

O próprio conselho observa em um de seus decretos (19 de março de 1773) "que as formalidades administrativas acarretam atrasos infinitos nos assuntos e, com muita frequência, suscitam as mais justas queixas, embora tais formalidades sejam totalmente necessárias", acrescenta.

Pensava que o gosto pela estatística era típico dos administradores atuais, mas estava enganado. Por volta do final do Antigo Regime, é comum enviarem ao intendente pequenos formulários impressos que ele só tem de mandar seus subdelegados e seus síndicos das paróquias preencherem. O controlador-geral ordena que lhe enviem relatórios sobre a qualidade das terras, os tipos de cultivo, a espécie e a quantidade dos produtos, o número de animais, a atividade e os costumes dos habitantes. Os dados assim obtidos não são menos circunstanciados nem mais exatos que os fornecidos hoje em casos semelhantes por prefeitos e subprefeitos. Nessas ocasiões, o julgamento que os subdelegados emitem sobre o caráter de seus administrados é geralmente pouco favorável. Reproduzem com frequência a opinião de que "o camponês é naturalmente preguiçoso e não trabalharia se a tanto não fosse obrigado para viver". É uma doutrina econômica que parece muito difundida entre esses administradores.

A própria linguagem administrativa das duas épocas assemelha-se de modo impressionante. Ambas têm um estilo igualmente desbotado, prosaico, vago e frouxo: a fisionomia particular de cada redator apaga-se e vai-se perdendo em uma mediocridade comum. Quem lê um prefeito lê um intendente.

Foi tão somente por volta do final do século, quando a linguagem particular de Diderot e de Rousseau teve a ocasião de difundir-se e diluir-se na língua vulgar, que a falsa sensibilidade que abunda nos livros desses escritores conquista os administradores e alcança até mesmo os financistas. O estilo administrativo, cujo enredo costuma ser muito seco, torna-se então untuoso e quase terno em certas ocasiões. Um subdelegado queixa-se ao intendente de Paris de que "no exercício de suas funções, experimenta com frequência uma dor muito pungente para uma alma sensível".

Como em nossos dias, o governo distribuía certos subsídios de caridade às paróquias, sob a condição de que os habitantes, por sua vez, também oferecessem donativos. Quando a soma assim oferecida por eles é suficiente, o controlador-geral anota na margem da lista de repartição: "*Bom, demonstrar satisfação*"; mas quando a importância é considerável, escreve: "*Bom, demonstrar satisfação e sensibilidade*".

Os funcionários administrativos, quase todos burgueses, já formam uma classe que tem seu espírito particular, suas tradições, suas virtudes, sua honra, seu orgulho próprio. É a aristocracia da nova sociedade, que já está formada e viva: espera apenas que a Revolução libere seu lugar.

O que já caracteriza a administração na França é o ódio violento que lhe inspiram indistintamente todos aqueles, nobres ou burgueses, que almejem ocupar-se das questões públicas fora dela. O menor corpo independente que pareça querer constituir-se sem seu concurso inspira-lhe medo; a menor associação livre, seja qual for seu objetivo, importuna-a. Só permite a sobrevivência daquelas que preside e compôs arbitrariamente. Mesmo as grandes companhias industriais agradam-lhe pouco. Em suma, não aceita nenhuma interferência dos cidadãos no exame de seus próprios assuntos, preferindo a esterilidade à concorrência. Porém, como sempre é preciso deixar aos franceses a doçura de um pouco de licença, o governo tenta consolá-los de sua servidão permitindo-lhes discutir com plena liberdade toda espécie de teorias gerais e abstratas em matéria de religião, filosofia, moral e mesmo política. Admite de bom grado que ataquem os princípios fundamentais sobre os quais se assenta então a sociedade e que cheguem a discutir até sobre Deus, contanto que não critiquem seus agentes mais insignificantes. Imagina que isso não lhes diz respeito.

Embora os jornais do século XVIII ou, como diziam então, as gazetas, contivessem mais versos do que polêmicas, a administração já observa de forma bastante ciosa esse pequeno poder. Mostra-se indulgente em relação aos livros e muito severa contra os jornais; não podendo suprimi-los por completo, intenta usá-los em proveito próprio. Com data de 1761, encontro uma circular dirigida a todos os intendentes do reino, anunciando que o rei (era Luís XV) decidiu que doravante a *Gazette de France* seria composta sob a supervisão do próprio governo: "Sua Majestade", diz a circular, "deseja tornar esse jornal interessante e assegurar-lhe a superioridade sobre todos os demais". "Por conseguinte", acrescenta o ministro, "tenham a bondade de enviar-me um boletim sobre tudo o que acontece na sua intendência e que possa interessar à curiosidade pública, particularmente o que se refere à física, à história natural e a fatos singulares e interessantes". À circular anexou-se um prospecto anunciando que o novo periódico custará muito menos aos assinantes, apesar de ser publicado mais vezes e conter mais matérias que o jornal a que substitui.

Munido desses documentos, o intendente escreve a seus subdelegados e coloca-os em ação, mas estes já começam dizendo que não sabem de coisa alguma. Chega uma nova carta do ministro, lamentando amargamente a esterilidade provincial. "Sua Majestade manda-me dizer-lhes que se ocupem deste assunto com extrema seriedade e deem ordens muito precisas a seus agentes." Os subdelegados então tratam de cumprir as ordens: um deles informa que um contrabandista de sal demonstrou grande coragem ao ser enforcado; outro, que uma mulher de seu distrito deu à luz três meninas de uma vez; um terceiro, que irrompeu uma tempestade terrível, mas que na verdade não causou qualquer dano. Um deles declara que, malgrado todo seu empenho, nada encontrou que merecesse destaque, mas que ele mesmo assina uma gazeta tão útil e vai convidar todas as pessoas de bem a seguirem seu exemplo. Mas, ao que parece, todos esses esforços não foram lá muito eficazes, pois uma nova carta nos informa de que "o rei, que tem a bondade", diz o ministro,

> de ocupar-se pessoalmente de todos os detalhes das medidas relativas ao aperfeiçoamento da gazeta, e que pretende dar a este jornal a superioridade e a celebridade que ele merece, mostrou-se muito insatisfeito ao ver que seus planos eram tão mal cumpridos.

Vê-se que a história é uma galeria de quadros em que há poucos originais e muitas cópias.

Ademais, é preciso reconhecer que na França o governo central jamais imita aqueles governos meridionais da Europa, que parecem ter se apoderado de tudo só para deixar tudo estéril. O governo francês exibe com frequência um grande entendimento de sua tarefa e sempre uma prodigiosa atividade, muito embora tal atividade seja no mais das vezes improdutiva e mesmo nociva, visto que muitas vezes quer fazer o que está acima de suas forças ou faz o que ninguém controla.

Quase não empreende ou abandona depressa as reformas mais necessárias que, para vingarem, demandam uma energia perseverante; mas muda constantemente alguns regulamentos ou algumas leis. Nada permanece por um só instante em repouso na esfera que ele ocupa. As novas regras alternam-se com uma rapidez tão singular que os agentes obrigados a obedecer geralmente têm dificuldade para discernir como devem cumpri-las. Os funcionários municipais queixam-se da extrema mobilidade da legislação secundária diretamente ao controlador-geral. "Só a variação dos regulamentos financeiros é de tal ordem", dizem eles, "que não permite a um funcionário municipal, ainda que fosse inamovível, fazer outra coisa senão estudar os novos regulamentos à medida que aparecem, a ponto de ser obrigado a negligenciar seus próprios assuntos".

Mesmo quando a lei não sofria alteração, a maneira de aplicá-la variava diariamente. Quem não tiver visto a administração do Antigo Regime em ação, mediante a leitura dos documentos secretos que ela deixou, não poderia imaginar o desprezo em que a lei acabou caindo, até mesmo no espírito dos que a aplicam, quando já não há assembleia política nem jornais para refrear a atividade caprichosa e limitar o humor arbitrário e volúvel dos ministros e de seus gabinetes.

É raro encontrarmos decretos do conselho que não mencionem leis anteriores, frequentemente de data muito recente, que foram promulgadas mas não executadas. Com efeito, não há édito ou declaração régia nem cartas patentes solenemente registradas que na prática não experimentem mil atenuantes. Pela correspondência dos controladores-gerais e dos intendentes sabemos que o governo sempre permite que se façam exceções ao que ele ordena. Raramente infringe a lei, mas dobra-a diária e suavemente em todos os sentidos, de acordo com os casos particulares e para a maior facilidade dos negócios.

O intendente escreve ao ministro a propósito de uma taxa alfandegária da qual um adjudicatário das obras públicas pretendia esquivar-se:

> É evidente que, tomando-se ao pé da letra os éditos e decretos que acabo de citar, ninguém do reino está isento do pagamento destes direitos. Porém, os que são versados no conhecimento desses assuntos sabem que essas disposições imperiosas tinham o mesmo desfecho das penalidades que elas prescrevem, e que, apesar de encontrá-las em quase todos os éditos, declarações e decretos informando a criação de impostos, isso nunca impediu as exceções.

O Antigo Regime está inteiramente aí: uma regra rígida, uma execução frouxa; eis o seu caráter.

Quem quisesse julgar o governo daquela época pela compilação de suas leis incorreria nos mais ridículos erros. Encontro uma declaração régia, datada de 1757, que condena à morte todos os que compuserem ou imprimirem escritos contrários à religião ou à ordem estabelecida. A mesma penalidade deve ser aplicada ao livreiro que os vende e ao vendedor que os distribui. Teríamos regressado ao século de são Domingos? Absolutamente! É precisamente a época do reinado de Voltaire.

Queixam-se muitas vezes que os franceses menosprezam a lei. Ai de mim! Quando poderiam ter aprendido a respeitá-la? Pode-se dizer que entre os homens do Antigo Regime estava vago o lugar que a noção de lei deve ocupar no espírito humano. Cada solicitante pede que em seu favor se desvie da regra estabelecida, e o faz com tanta insistência e autoridade como se pedisse que a cumprissem. Realmente, sempre atendem ao seu pedido, exceto quando não têm vontade de atendê-lo. A submissão do povo à autoridade ainda é completa, mas sua obediência decorre mais do costume que da vontade; pois, se por acaso chega a comover-se, a menor emoção leva-o de imediato à violência, e quase sempre é também a violência e a arbitrariedade, e não a lei, que o reprimem.

O poder central da França ainda não adquiriu no século XVIII esta constituição sã e vigorosa que lhe identificamos depois. No entanto, como já logrou destruir todos os poderes intermediários e como entre ele e os particulares não há mais nada senão um imenso e vazio deserto, já aparece de longe a cada um deles como a única força ativa da máquina social, o agente único e necessário da vida pública.

Nada o demonstra melhor que os escritos de seus próprios detratores. Quando o longo mal-estar que precede a Revolução começa a se manifestar, vê-se eclodir toda espécie de sistemas novos em matéria de sociedade e de governo. As finalidades propostas por esses reformadores são diversas, mas o meio que empregam é sempre o mesmo. Pretendem tomar de empréstimo a mão do poder central e empregá-la para tudo destruir e tudo refazer segundo um novo plano concebido por eles mesmos, pois apenas ele lhes parece capaz de cumprir semelhante tarefa. Afirmam que o poder do Estado deve ser ilimitado como seu direito; trata-se apenas de persuadi-lo a empregá-lo de um modo conveniente. Mirabeau pai[28] – esse fidalgo tão aferrado aos direitos da nobreza

28. Victor Riquetti de Mirabeau (1715-1789), marquês de Mirabeau e pai do igualmente célebre orador revolucionário de mesmo sobrenome – Mirabeau –, destacou-se por seus escritos filosóficos de conteúdo filantrópico-liberal e pela defesa dos princípios fisiocráticos, cuja escola ajudou a fundar. Entre suas principais obras podemos elencar: *L'Ami des Hommes ou Traité de la Popu-*

que chama cruamente os intendentes de *intrusos* e declara que, se a escolha dos magistrados ficasse exclusivamente a cargo do governo, as cortes de justiça em breve se tornariam meros *bandos de comissários* –, o próprio Mirabeau só confia na ação do poder central para realizar suas quimeras.

Essas ideias não se limitam aos livros: invadem todos os espíritos, misturam-se aos costumes, entram nos hábitos e infiltram-se por todos os lados, inclusive nas práticas da vida cotidiana.

Ninguém imagina que se possa levar a bom termo um assunto importante sem a intervenção do Estado nele. Os próprios agricultores, normalmente bastante avessos aos preceitos, são levados a crer que, se a agricultura não se aperfeiçoa, a culpa é principalmente do governo, que não a orienta ou a apoia como deveria. Um deles escreve a um intendente, em um tom irritado que já deixa entrever a Revolução:

> Por que o governo não nomeia inspetores que uma vez por ano viajariam às províncias para ver o estado das culturas, para ensinar aos agricultores a melhorá-las o máximo possível, para explicar-lhes como devem cuidar dos animais, o modo de criá-los, de engordá-los, de vendê-los e onde conduzi-los ao mercado? Esses inspetores deveriam ser bem remunerados e o agricultor que desse provas da melhor cultura receberia insígnias honoríficas.

Inspetores e insígnias, eis um método que jamais passaria pela mente de um fazendeiro do condado de Suffolk!

Aos olhos da maioria, o governo é o único capaz de assegurar a ordem pública: o povo só tem medo da polícia montada e os proprietários só encontram alguma confiança nela. Para uns como para os outros, o cavaleiro daquele corpo não é apenas o principal defensor da ordem, como também é a própria ordem: "Não há", diz a assembleia provincial de Guyenne [22], "quem não tenha reparado o quanto a visão de um cavaleiro da polícia montada serve para controlar os homens mais avessos a qualquer subordinação". Por isso cada um quer ter um pelotão à sua porta. Os arquivos de uma intendência estão repletos de pedidos dessa natureza e ninguém parece suspeitar de que sob o protetor possa ocultar-se o amo.

O que mais impressiona os emigrados franceses que chegam à Inglaterra é a ausência dessa milícia. Isso os enche de surpresa e, ocasionalmente, de desdém pelos ingleses. Um deles, homem de mérito, mas cuja educação não o preparara para o que ia ver, escreveu: "É absolutamente verdadeiro que tal inglês se felicita por ter sido roubado, dizendo que pelo menos seu país não tem polícia montada. Há outros que, irritados com tudo o que perturba a

*lation* (*O amigo dos homens ou Tratado populacional*, 1756-1762), *Théorie de l'Impôt* (*Teoria do imposto*, 1760) e *Lettres sur le Commerce des Grains* (*Cartas sobre o comércio dos grãos*, 1768).

tranquilidade, todavia se consolam ao ver sediciosos reintegrados ao seio da sociedade, pensando que o texto da lei é mais forte que todas as considerações. Estas ideias falsas", acrescenta ele, "não se encontram absolutamente em todas as cabeças: há pessoas sensatas que pensam o contrário, e a sensatez há de prevalecer com o passar do tempo".

Não lhe ocorre que essas extravagâncias dos ingleses possam ter alguma relação com suas liberdades. Prefere explicar tal fenômeno por razões mais científicas. "Em um país onde a umidade do clima e a falta de energia no ar circulante", diz ele,

> imprimem ao temperamento uma coloração sombria, o povo está predisposto a entregar-se preferencialmente às questões graves. Assim, o povo inglês está naturalmente inclinado a ocupar-se de matérias governamentais, das quais o povo francês está afastado.

Uma vez que o governo assim ocupou o lugar da Providência, é natural que cada um o invoque em suas necessidades particulares. Eis por que encontramos um número imenso de requerimentos que se fundamentam sempre no interesse público, mas que, na verdade, só dizem respeito a interesses privados mesquinhos. [23] As pastas que os preservam talvez sejam os únicos lugares em que todas as classes que compunham a sociedade do Antigo Regime se encontram misturadas. Sua leitura é melancólica: camponeses pedem que os indenizem pela perda de seus animais ou de sua casa; proprietários abastados, que os auxiliem a explorar mais vantajosamente suas terras; fabricantes solicitam ao intendente privilégios que os protejam de uma concorrência incômoda. É muito comum ver manufatores confidenciando ao intendente o mau estado de seus negócios e rogando-lhe que obtenha do controlador-geral um subsídio ou um empréstimo. Ao que parece, abrira-se um fundo com esse objetivo.

Em algumas ocasiões, os próprios fidalgos tornam-se grandes pedintes: sua condição seria quase irreconhecível, não fosse pelo fato de mendigarem com bastante altivez. Para muitos deles, o principal elo de sua dependência é representado pelo imposto do *vigésimo*. Como a parte que lhes cabia desse imposto era fixada anualmente pelo conselho com base no relatório do intendente, é a ele que geralmente se dirigem para obter adiamentos e isenções. Li inúmeras solicitações desse gênero feitas por nobres, quase todos com títulos de nobreza e frequentemente grandes senhores, alegando rendimentos insuficientes ou a má situação de seus negócios. Em geral, os fidalgos chamavam o intendente simplesmente de "senhor", mas notei que naquelas circunstâncias o chamam sempre de "monsenhor", como os burgueses.

Há casos em que a miséria e o orgulho misturam-se de forma irônica nessas petições. Um deles escreve ao intendente: "Seu coração sensível não consentirá jamais que um pai de minha posição seja taxado em *vigésimos* exatos, como o seria um pai do vulgo". [24]

Nos tempos de escassez, tão frequentes no século XVIII, a população de cada generalidade volta-se toda ela para o intendente e parece esperar unicamente dele o seu sustento. É bem verdade que cada um já responsabiliza o governo por todas suas misérias, inclusive as mais inevitáveis, trazidas com a intempérie das estações.

Não nos espantemos mais ao ver com que maravilhosa facilidade a centralização foi restabelecida na França no início deste século. Os homens de 1789 haviam demolido o edifício, mas seus alicerces permaneceram na própria alma de seus demolidores; e sobre essas fundações foi possível reerguê-lo novamente de uma só vez e construí-lo mais sólido do que jamais o fora.

# CAPÍTULO VII

## COMO, DE TODOS OS PAÍSES EUROPEUS, A FRANÇA JÁ ERA AQUELE CUJA CAPITAL TINHA ADQUIRIDO A MAIOR PREPONDERÂNCIA SOBRE AS PROVÍNCIAS E MELHOR ABSORVIA TODO O IMPÉRIO

Não é a localização, nem a grandeza, nem a riqueza das capitais que causam sua preponderância política sobre o restante do império, mas a natureza do governo.

Tão povoada quanto um reino, Londres não exerceu até o presente uma influência soberana sobre os destinos da Grã-Bretanha. Nenhum cidadão dos Estados Unidos imagina que a população de Nova York possa decidir os destinos da União norte-americana. Há mais: no próprio estado de Nova York, ninguém concebe que a vontade particular dessa cidade possa dirigir solitariamente os negócios públicos. Todavia, Nova York concentra hoje tantos habitantes quanto Paris tinha no momento em que a Revolução eclodiu.

Na época das guerras de religião, a própria cidade de Paris era, em comparação com o restante do reino, tão populosa quanto podia sê-lo em 1789, mas então nada pôde decidir. Na época da Fronda[29], ainda é tão somente a maior cidade francesa. Em 1789, já é a própria França.

---

29. Revolta dos nobres togados do Parlamento de Paris contra as medidas fiscais do cardeal Mazarino (durante a menoridade de Luís XIV), também conhecida pejorativamente como a "Primeira Fronda" (1648-1649) – pois "fronda" era o nome de um instrumento ou brinquedo

Em 1740, Montesquieu[30] já escrevia a um de seus amigos: "Na França só existem Paris e as províncias afastadas, porque Paris ainda não teve tempo de devorá-las". Em 1750, o marquês de Mirabeau, espírito quimérico mas às vezes profundo, diz, ao falar de Paris sem citá-la:

> As capitais são necessárias; porém, se a cabeça fica grande demais, o corpo torna-se apoplético e tudo perece. O que acontecerá então se, abandonando as províncias a uma espécie de dependência direta e encarando os habitantes apenas como sujeitos de segunda classe, por assim dizer, não deixássemos nelas nenhum meio de consideração nem carreira para a ambição, atraindo tudo o que tiver algum talento para essa capital?

O marquês considera isso uma espécie de revolução surda que despovoa as províncias de seus notáveis, homens de negócio e os assim chamados homens de espírito.

Quem tiver lido atentamente os capítulos anteriores já conhece as causas desse fenômeno; seria abusar da paciência do leitor indicá-las novamente aqui.

O governo não ignorava essa revolução, mas só atinava para sua forma mais material, o crescimento da cidade: via Paris estender-se diariamente e temia que se tornasse difícil administrar bem uma cidade tão grande. Encontra-se, principalmente nos séculos XVII e XVIII, um grande número de ordenanças de nossos reis com a finalidade de interromper esse crescimento. Esses príncipes concentravam cada vez mais em Paris ou às suas portas toda a vida pública da França e queriam que Paris permanecesse pequena. Proíbem a construção de novas casas ou impõem meios de construção por demais dispendiosos e locais pouco atraentes indicados de antemão. É bem verdade que cada uma dessas ordenanças constata que, malgrado todas as tentativas anteriores, Paris não deixou de se estender. Em seis ocasiões durante seu reinado, Luís XVI, em toda sua onipotência, tenta deter o crescimento de Paris, mas fracassa: a cidade cresce ininterruptamente, a despeito dos éditos. Mas sua preponderância, que aumenta ainda mais rapidamente que suas muralhas, se deve menos ao que ocorre em seu recinto do que ao que se passa fora dele.

---

utilizado na diversão de crianças da época. Cumpre observar que uma das principais reivindicações dos revoltosos dizia respeito à reunião dos Estados-gerais para a aprovação de novos impostos ou taxações reais, algo que não acontecia desde 1615 e que só voltaria a ocorrer às vésperas da Revolução, em março de 1789.

30. Charles-Louis de Secondat, barão de Montesquieu (1689-1755), maior autoridade política e legal francesa do século XVIII, admirador da Constituição inglesa e autor de *Do espírito das Leis* (1748) [Obra publicada em *Clássicos Edipro*. (N.E.)], um marco não só do Iluminismo francês, mas também de toda a Era das Luzes. Como dissemos na Introdução, foi a principal referência histórica e política para Tocqueville, mormente através da obra *Considerações sobre as causas da grandeza dos romanos e de sua decadência* (1734).

Com efeito, a mesma época que testemunhou o desaparecimento cada vez mais intenso e generalizado das liberdades também viu os sintomas de uma vida independente cessarem por toda parte. Os próprios traços fisionômicos das diferentes províncias tornavam-se confusos, extinguindo-se assim o último vestígio da antiga vida pública. Isso não significava que a nação tivesse caído na apatia: ao contrário, havia movimento por toda parte, só que o motor ficava restrito a Paris. A esse respeito, darei um único exemplo entre mil. Os relatórios apresentados ao ministro sobre o estado das livrarias informam que no século XVI e no início do século XVII existiam tipografias consideráveis nas cidades de província, que não têm mais tipógrafos ou cujos tipógrafos nada mais fazem. Embora não se questionasse o fato de que no final do século XVIII fossem publicados infinitamente mais escritos de toda espécie do que no século XVI, o movimento das ideias partia somente do centro: Paris conseguira devorar as províncias.

No momento em que a Revolução Francesa estala, essa primeira revolução está totalmente concluída.

O célebre viajante Arthur Young, que deixa Paris pouco depois da reunião dos Estados-gerais e poucos dias antes da tomada da Bastilha, encheu-se de surpresa perante o contraste que percebe entre o que acaba de ver na cidade e o que encontra fora dela. Em Paris, onde tudo era atividade e bulício, cada momento produzia um panfleto político: chegou-se a publicar noventa e dois por semana. "Nunca vi semelhante movimento editorial, nem mesmo em Londres", diz ele. Fora de Paris, tudo lhe parece inerte e mudo, com poucas brochuras impressas e total ausência de jornais. As províncias, contudo, estão agitadas e prontas para se levantar, mas permanecem imóveis. Se os cidadãos de quando em quando se reúnem, é para saber das notícias que esperam de Paris. Em cada cidade, Young pergunta aos habitantes o que vão fazer. "Em toda parte a resposta é a mesma", diz ele. "Como não passamos de uma cidade de província, é preciso ver o que farão em Paris." E acrescenta: "Essas pessoas não ousam sequer ter uma opinião até saberem o que se pensa em Paris".

Surpreendemo-nos com a facilidade extraordinária com que a Assembleia Constituinte pôde extinguir, de uma só vez, todas as antigas províncias francesas, muitas das quais eram mais antigas que a monarquia, e dividir metodicamente o reino em oitenta e três partes distintas, como se ele fosse o solo virgem do Novo Mundo. Nada surpreendeu tanto e mesmo apavorou o restante da Europa, que não estava pronta para tal espetáculo. "É a primeira vez", dizia Burke, "que vemos homens retalhar sua pátria de uma maneira tão bárbara". Parecia, de fato, que estavam a retalhar corpos vivos, mas não se fazia mais do que cortar os membros de cadáveres.

Assim, ao mesmo tempo que Paris acabava de adquirir a suprema onipotência, via-se processar em seu próprio seio outra transformação, que merece igualmente a atenção da história. Em vez de ser apenas uma cidade de comércio, de negócios, de consumo e prazeres, tornara-se uma cidade fabril e manufatureira, um segundo fato que conferia um caráter novo e mais formidável ao primeiro.

O acontecimento vinha de muito longe: parece que desde a Idade Média Paris já se mostrava como a maior e a mais industriosa cidade do reino, o que ficou evidente com a chegada dos tempos modernos. À medida que todos os assuntos administrativos vão sendo atraídos a Paris, as atividades industriais convergem para ela. Como se torna cada vez mais o modelo e o árbitro do gosto, o centro único do poder e das artes, o principal núcleo da atividade nacional, é nela que a vida industrial da nação se retira e se concentra mais.

Embora os documentos estatísticos do Antigo Regime geralmente inspirem pouca confiança, creio que podemos afirmar sem medo que, durante os sessenta anos que precederam a Revolução Francesa, o número dos operários mais do que dobrou em Paris, enquanto a população total da cidade mal aumentava um terço no mesmo período.

Independentemente das causas gerais que acabo de mencionar, havia outras muito específicas que, de todos os pontos da França, atraíam os operários a Paris e os aglomeravam gradativamente em certos bairros que acabavam ocupados somente por eles. Os entraves que a legislação fiscal da época impunha à indústria tornaram-se menos incômodos em Paris do que em todo o restante da França: em nenhum outro lugar escapava-se com mais facilidade do jugo das mestrias. Certos subúrbios, como o de Saint-Antoine e o do Temple, gozavam de grandes privilégios sobretudo nesse campo. Luís XVI ampliou ainda mais essas prerrogativas do subúrbio de Saint-Antoine e trabalhou o quanto pôde para concentrar ali uma imensa população operária, "na intenção de", afirma esse desditoso príncipe em um de seus éditos, "dar aos operários do subúrbio de Saint-Antoine uma renovada prova de nossa proteção e liberá-los dos entraves que são prejudiciais tanto aos seus interesses como à liberdade comercial".

Às vésperas da Revolução, o número de usinas, fábricas e altos-fornos em Paris aumentara a tal ponto que deixara o governo alarmado: a visão desse progresso enchia-o de diversos temores totalmente imaginários. Encontramos, entre outros, um decreto do conselho, de 1782, no qual se lê:

> o Rei, receando que a rápida multiplicação das manufaturas resulte em um consumo de lenha que se torne prejudicial ao aprovisionamento da cidade, proíbe doravante a criação de estabelecimentos dessa espécie em um raio de quinze léguas a seu redor.

Quanto ao verdadeiro perigo que uma aglomeração como esta podia gerar, era algo que ninguém receava.

E assim Paris convertera-se em senhora da França, e já se reunia o exército que devia assenhorear-se de Paris.

Parece-me que hoje já se admite amplamente que a centralização administrativa e a onipotência de Paris são grandemente responsáveis pela queda de todos os governos que vimos se sucederem nos últimos quarenta anos. Demonstrarei sem dificuldade que se deve atribuir ao mesmo fato um grande papel na ruína súbita e violenta da antiga monarquia, e que se deve elencá-lo entre as principais causas dessa primeira revolução que engendrou todas as outras.

## CAPÍTULO VIII
## QUE A FRANÇA ERA O PAÍS ONDE OS HOMENS TINHAM SE TORNADO MAIS PARECIDOS ENTRE SI

Quem considera atentamente a França do Antigo Regime encontra duas imagens bem opostas.

Parece que todos os homens que ali vivem, particularmente os que ocupam as camadas intermediárias e altas da sociedade – os únicos que se fazem ver –, são todos exatamente iguais entre si.

No entanto, em meio a essa massa uniforme ergue-se ainda uma infinidade prodigiosa de pequenas barreiras que a dividem em um grande número de partes, e em cada um desses pequenos recintos surge uma espécie de sociedade particular que só se ocupa de seus próprios interesses, sem tomar parte na vida coletiva.

Penso nessa divisão quase infinita e compreendo como, estando os cidadãos menos aptos do que em qualquer outro lugar para agir em comum e apoiar-se mutuamente em tempos de crise, uma grande revolução pôde subverter de alto a baixo uma tal sociedade num instante. Imagino todas essas pequenas barreiras sendo derrubadas por esse mesmo grande abalo e avisto prontamente um corpo glacial mais compacto e mais homogêneo do que talvez nenhum outro já visto no mundo.

Mencionei como, em quase todo o reino, a vida particular das províncias já estava há muito tempo extinta, o que contribuiu decisivamente para tornar todos os franceses muito parecidos entre si. A unidade nacional já transparece através das diversidades ainda existentes, como a uniformidade da legislação o revela. À medida que se avança século XVIII adentro, vemos aumentar o número de éditos, de declarações régias, de decretos do conselho aplicando as mesmas regras, de maneira idêntica, em todas as partes do império. Não são exclusivamente os governantes, mas os governados também concebem a ideia de uma legislação tão geral e tão uniforme, em toda parte a mesma e igual para todos: tal noção aparece em todos os projetos de reforma que se sucedem durante os trinta anos que antecedem o surgimento da Revolução. Dois séculos antes a matéria de semelhantes ideias, se assim podemos dizer, teria faltado.

As províncias não apenas se parecem cada vez mais como também em cada província, os homens das diferentes classes, ao menos todos os que não são do povo, tornam-se cada vez mais parecidos, a despeito das particularidades da condição.

Nada deixa isso mais claro do que a leitura dos cadernos de queixas apresentadas pelas diferentes ordens em 1789. Vemos que seus redatores diferem profundamente quanto aos interesses, mas em todo o restante mostram-se parecidos.

Quem estudar como as coisas se passavam nos primeiros Estados-gerais terá diante de si um espetáculo completamente oposto: o burguês e o nobre têm então mais interesses e mais assuntos em comum, exibem bem menos animosidade recíproca, embora ainda pareçam pertencer a duas raças distintas.

O tempo, que mantivera e sob muitos aspectos agravara os privilégios que separavam esses dois homens, trabalhara singularmente para torná-los parecidos em todo o restante.

O contínuo empobrecimento dos nobres franceses era algo que remontava a vários séculos. "Apesar de seus privilégios, a nobreza arruína-se e aniquila-se a cada dia, e o Terceiro Estado apropria-se das fortunas", confessa tristemente um fidalgo em 1755. Contudo, as leis que protegiam a propriedade dos nobres eram sempre as mesmas e nada em sua condição econômica parecia mudado, o que não impedia que empobrecessem por toda parte na proporção exata em que perdiam seu poder.

Poderíamos dizer que, nas instituições humanas como no próprio homem, independentemente dos órgãos que vemos cumprir as diversas funções vitais, encontra-se uma força central e invisível que é o próprio princípio da vida. Quando esta chama vivificadora acaba por se extinguir, em vão os órgãos parecem agir como anteriormente: tudo definha ao mesmo tempo e morre. Os nobres franceses ainda tinham as substituições – Burke até observa que em sua época elas eram mais frequentes e mais obrigatórias na França que na Inglaterra –, o direito de primogenitura, as rendas fundiárias e perpétuas e tudo o que designavam como direitos úteis. Foram dispensados da obrigação tão onerosa de fazer a guerra às suas custas, muito embora conservassem, aumentando-a consideravelmente, a imunidade tributária: ou seja, conservavam a indenização enquanto se livravam do encargo. Além do mais, gozavam de outras tantas vantagens pecuniárias que seus pais jamais tiveram. Mesmo assim, empobreciam gradualmente à medida que perdiam a prática e o espírito do governo. Aliás, a grande divisão da propriedade rural que mencionamos anteriormente se deve, em parte, a esse mesmo empobrecimento gradual. [25] O fidalgo cedera pedaço por pedaço de sua terra aos camponeses, reservando para si apenas as rendas senhoriais, que lhe preservavam mais a aparência do que a realidade de sua antiga posição. Várias províncias francesas, como a de Limousin, mencionada por Turgot, continham apenas uma pequena nobreza pobre, que quase já não possuía terras e vivia praticamente só de direitos senhoriais e de rendas fundiárias.

"Nesta generalidade", diz um intendente no início do século, "o número de famílias nobres eleva-se ainda a vários milhares, mas nem quinze delas ganham 20 mil libras de renda". Leio em uma espécie de instrução, datada de 1750, que outro intendente (o de Franche-Comté) endereça a seu sucessor:

> A nobreza dessa terra é bastante boa, mas muito pobre e tão orgulhosa quanto pobre. Está muito humilhada em comparação com o que foi antanho. Não é má política mantê-la nesse estado de pobreza para levá-la à necessidade de servir e de precisar de nós.

Acrescenta que ela

> forma uma confraria na qual só se admitem pessoas que possam dar prova de quatro costados. Desprovida de patente, tal confraria é apenas tolerada e reúne-se uma única vez por ano, na presença do intendente. Após terem jantado e assistido à missa juntos, esses nobres regressam cada qual para sua casa, uns em seus rocinantes[31], outros a pé. Vereis a comicidade desta assembleia.

Esse empobrecimento gradual da nobreza não se verificava unicamente na França mas também, em maior ou menor grau, em todas as partes do continente onde, a exemplo da França, o sistema feudal estava prestes a desaparecer sem que uma nova forma de aristocracia o substituísse. Essa decadência era particularmente visível e muito notória entre os povos alemães situados à margem do Reno. O contrário só ocorria entre os ingleses. Lá, as antigas famílias nobres ainda existentes lograram não apenas conservar como também aumentar consideravelmente sua fortuna, mantendo a primazia tanto em riqueza como em poder. As famílias novas que ascenderam ao lado delas não fizeram mais que lhes imitar a opulência sem superá-la.

Na França, como só os plebeus pareciam herdar todos os bens que a nobreza perdia, tinha-se a impressão de que cresciam às expensas de sua substância.

31. Alusão ao cavalo Rocinante de *Dom Quixote de la Mancha* (1605), célebre obra de Miguel de Cervantes.

Embora não houvesse nenhuma lei que impedisse o burguês de se arruinar ou o ajudasse a enriquecer, nem por isso ele deixava de amealhar cada vez mais fortuna: em muitos casos, tornara-se tão rico quanto e, não raro, mais rico que o fidalgo. Mais ainda, sua riqueza era frequentemente da mesma espécie e, embora residisse quase sempre na cidade, muitas vezes era proprietário no campo, chegando ocasionalmente até a adquirir senhorias.

A educação e o estilo de vida já tinham gerado mil outras semelhanças entre esses dois homens. O burguês era tão esclarecido quanto o nobre e, o que é bem digno de nota, sua luzes provinham precisamente da mesma fonte, ambos recebiam a mesma ilustração. Para ambos, a educação fora igualmente teórica e literária. Paris, que se tornara cada vez mais o único preceptor da França, lograva dar a mesma forma e uma postura comum a todos os espíritos.

No final do século XVIII, é certo que ainda se podia perceber uma diferença entre as maneiras da nobreza e as da burguesia, pois nada se iguala mais lentamente do que essa superfície de costumes que conhecemos como maneiras; no fundo, porém, todas as pessoas situadas acima do povo se pareciam: tinham as mesmas ideias, os mesmos hábitos, seguiam os mesmos gostos, entregavam-se aos mesmos prazeres, liam os mesmos livros, falavam a mesma linguagem. Já não diferiam entre si, a não ser pelos direitos.

Duvido que isso ocorresse no mesmo grau em qualquer outro lugar, nem mesmo na Inglaterra, onde as diferentes classes, apesar de associadas solidamente entre si por interesses comuns, na maioria das vezes ainda diferiam pelo espírito e pelos costumes; pois a liberdade política, que tem o admirável dom de criar relações necessárias e laços mútuos de dependência entre todos os cidadãos, nem por isso os torna sempre semelhantes: é o governo de um só que, ao longo dos anos, tem sempre como efeito inevitável tornar os homens semelhantes entre si e mutuamente indiferentes ao seu destino.

## CAPÍTULO IX

## COMO ESSES HOMENS TÃO SEMELHANTES ESTAVAM MAIS SEPARADOS QUE NUNCA EM PEQUENOS GRUPOS ALHEIOS E INDIFERENTES UNS AOS OUTROS

Consideremos agora o outro lado do quadro e vejamos como aqueles mesmos franceses, que tinham tantos traços de semelhança entre si, estavam, contudo, mais isolados uns dos outros do que talvez se observasse em qualquer outro lugar, e como isso jamais se vira anteriormente na França.

Tudo indica que, na época em que o sistema feudal se estabeleceu na Europa, o que depois passaram a chamar de nobreza não formou imediatamente uma *casta* mas reuniu, na sua origem, todas as pessoas mais importantes da nação, constituindo assim, de início, tão somente uma aristocracia. Como essa é uma questão que não tenciono discutir aqui, basta-me destacar que desde os tempos medievais a nobreza tornou-se uma casta, isto é, que tinha no nascimento sua marca distintiva.

A nobreza conserva devidamente essa característica própria da aristocracia, de ser um corpo de cidadãos que governam, embora só o nascimento determine aqueles que estarão no topo desse corpo. Tudo que não for nobre de nascimento será excluído dessa classe particular e fechada, e ocupa no Estado apenas uma posição mais ou menos elevada, mas sempre subordinada.

Em todos os lugares onde se estabeleceu no continente europeu, o sistema feudal redundou em casta, exceto na Inglaterra, onde voltou para a aristocracia.

Sempre me surpreendeu que um fato que tanto singulariza a Inglaterra entre todas as nações modernas, sem o qual não se pode compreender as particularidades de suas leis, de seu espírito e de sua história, não tenha atraído uma maior atenção dos filósofos e dos estadistas do que já o fez, e que o hábito tenha acabado por torná-lo como que invisível aos próprios ingleses. Apesar de ter sido muitas vezes vislumbrado e parcialmente descrito, parece-me que jamais tiveram uma visão clara e completa dele. Montesquieu, visitando a Grã-Bretanha em 1739, escreve com acerto: "Eis-me aqui em um país que se assemelha muito pouco com o restante da Europa". Porém, não acrescenta mais nada.

Com efeito, o que tornava a Inglaterra tão singular em relação ao restante da Europa era algo ainda mais específico e eficaz do que o seu parlamento, a sua liberdade, a sua publicidade e o seu júri. A Inglaterra era o único país em que o sistema de castas fora não apenas alterado, como também efetivamente extinto. Os nobres e os plebeus ingleses acompanhavam juntos os mesmos assuntos, abraçavam as mesmas profissões e, o que é bem mais significativo, casavam entre si. A filha do mais ilustre senhor já podia desposar sem opróbrio um homem novo.

Querem saber se a casta e as noções, os hábitos, as barreiras que ela criou em certo povo foram definitivamente superados? Então considerem os casamentos. Lá encontrarão o traço decisivo que lhes falta. Mesmo na França de hoje, após sessenta anos de democracia, é algo que geralmente se buscaria em vão. As famílias antigas e as novas, que parecem confundidas em tantos aspectos, ainda evitam o mais que podem misturar-se pelo casamento.

Observou-se com frequência que a nobreza inglesa tinha sido mais prudente, hábil e aberta do que qualquer outra. O que precisava ser dito é que, a rigor, há muito tempo já não existe nobreza na Inglaterra, se o termo for tomado no sentido antigo e estrito que conservara em toda parte.

Essa revolução perde-se na noite dos tempos, mas dela ainda sobra um testemunho vivo: o idioma. O termo *gentil-homem* mudou completamente de sentido na Inglaterra já há vários séculos e o termo *plebeu* não existe mais. Teria sido impossível traduzir literalmente para o inglês este verso do *Tartufo* quando Molière[32] o escrevia, em 1664: *Et, tel que l'on le voit, il est bon gentilhomme*[33].

Se quiserem fazer mais uma aplicação da linguística à ciência histórica, sigam através do tempo e do espaço o destino do termo *gentleman*, cuja paternidade cabia ao nosso termo *gentilhomme*. Verão seu significado ampliar-se na Inglaterra à medida que as condições se aproximam e se misturam. A cada século aplicam-no a homens situados em uma escala inferior da sociedade e, quando viaja com os ingleses para a América, usam-no para designar indistintamente todos os cidadãos. Sua história é a própria história da democracia.

Na França, o termo gentil-homem sempre permaneceu rigorosamente restrito em sua acepção original: quase saiu de uso a partir da Revolução, mas nunca se alterou. Conservaram intacto o termo que servia para designar os membros da casta porque a própria casta fora conservada, tão separada das outras como sempre estivera.

Contudo, irei muito além ao afirmar que tal separação era muito mais acentuada do que quando o termo foi cunhado, e que entre nós se produzira um movimento inverso ao que se vira entre os ingleses.

Se o burguês e o nobre eram mais parecidos, ao mesmo tempo, haviam-se isolado cada vez mais um do outro. São duas coisas que não devem ser confundidas, já que muitas vezes uma agrava a outra em vez de atenuá-la.

Na Idade Média, enquanto o feudalismo conservou seu império, todos os que viviam nas terras do senhor (os que a linguagem feudal denominava propriamente vassalos), muitos dos quais não eram nobres, estavam constantemente associados a ele para o governo da senhoria: aliás, era a principal condição de sua concessão. Em virtude desta, não apenas deviam acompanhar o senhor na guerra como também passar determinado período do ano em sua corte, ou seja, ajudá-lo a executar a justiça e a administrar os habitantes. A corte senhorial era a grande engrenagem do governo feudal: aparece em todas as antigas leis europeias e ainda em nossos dias encontrei vestígios muito

32. Jean-Baptiste Poquelin (1622-1673), ou Molière, foi um comediante, dramaturgo e poeta, célebre pelas comédias de costumes, gênero que popularizou por meio de peças teatrais como *Le Tartuffe* (*O tartufo*, 1664), *Le Misanthrope* (*O misantropo*, 1666), *Le Bourgeois Gentilhomme* (*O burguês fidalgo*, 1670) etc.

33. "E, tal como o vemos, não deixa de ser um gentil-homem" (ato II, cena 2).

nítidos dela em muitas partes da Alemanha. O estudioso do feudalismo Edme de Fréminville[34], que trinta anos antes da Revolução Francesa teve a ideia de escrever um volumoso livro sobre os direitos feudais e sobre a renovação dos cadastros patrimoniais, conta que nos

> títulos de muitas senhorias os vassalos tinham a obrigação de se apresentar a cada quinze dias na corte senhorial, onde, uma vez reunidos, julgavam juntamente com o senhor ou seu juiz comum os casos e as diferenças surgidas entre os habitantes.

Acrescenta que encontrou "às vezes oitenta, cento e cinquenta e até duzentos desses vassalos em uma senhoria, muitos dos quais eram plebeus". Citei isso não como uma prova, pois existem mil outras, mas para mostrar como, na origem e durante muito tempo, as pessoas do campo aproximavam-se dos fidalgos e uniam-se diariamente a eles na condução dos mesmos assuntos. O que a corte do senhor fazia pelos pequenos proprietários rurais os estados provinciais e, mais tarde, os Estados-gerais, fizeram pelos burgueses das cidades.

Não se poderia estudar o que nos resta dos Estados-gerais do século XIV, e sobretudo dos estados provinciais da mesma época, sem ficar surpreso com o lugar que o Terceiro Estado ocupava nessas assembleias e com o poder que ali exercia.

Como homem, o burguês do século XIV é certamente muito inferior ao burguês do século XVIII, mas então a burguesia, em sua totalidade, ocupa uma posição mais segura e mais relevante na sociedade política. Seu direito de participar do governo é incontestado e, por desempenhar um papel sempre considerável e muitas vezes preponderante nas assembleias políticas, as outras classes sentem diariamente a necessidade de contar com ela.

Mas o que mais impressiona é ver como a nobreza e o Terceiro Estado encontram então mais facilidades para administrar juntos os assuntos públicos ou para resistir em comum, do que tiveram posteriormente. Isso não se verifica apenas nos Estados-gerais do século XIV, vários dos quais tiveram um caráter irregular e revolucionário que os infortúnios do tempo lhes imprimiram, mas também nos estados particulares da mesma época, em que nada indica que os assuntos não seguissem seu trâmite regular e habitual. É assim que em Auvergne vemos as três ordens decidindo conjuntamente as medidas mais importantes e fiscalizando sua execução por meio de comissários escolhidos igualmente por todas as três. Idêntico espetáculo era visto na mesma época

34. Edme de la Poix de Fréminville (1723-1799), bailio das cidades e do marquesado de La Palisse, célebre por seus eruditos tratados histórico-jurídicos sobre os direitos feudais, como o *La Pratique Universelle, pour la Renovation des Terriers et des Droits Seigneuriaux* (Paris, 1746), aludido por Tocqueville.

em Champagne. Todos conhecem aquele ato célebre pelo qual, no início do mesmo século, os nobres e os burgueses de um grande número de cidades se associaram para defender as franquias da nação e os privilégios de suas províncias contra os ataques do poder régio. [26] Aquele momento de nossa história testemunhou vários episódios que parecem extraídos da história da Inglaterra: [27] tais espetáculos não se repetirão mais nos séculos vindouros.

Com efeito, à medida que o governo da senhoria se desorganiza, que os Estados-gerais se tornam mais raros ou cessam, e que as liberdades gerais por fim sucumbem, arrastando as liberdades locais em sua ruína, o burguês e o fidalgo não têm mais contato com a vida pública. Nunca mais sentem necessidade de se aproximar e de se entender, tornando-se a cada dia mais independentes um do outro e também mais alheios. O século XVIII consuma essa revolução: então, esses dois homens só se encontram por acaso na vida privada. As duas classes já não são apenas rivais, passaram a ser inimigas.

Um fato que parece bem específico à França é que, ao mesmo tempo que a ordem da nobreza perde assim seus poderes políticos, o fidalgo adquire individualmente inúmeros privilégios que nunca tivera ou aumenta os que já possuía. Tem-se a impressão de que os membros se enriqueciam com os despojos do corpo. Apesar de o direito de mando da nobreza ser cada vez menor, os nobres têm cada vez mais a prerrogativa exclusiva de ser os principais servidores do amo; era mais fácil a um plebeu tornar-se oficial sob Luís XIV do que sob Luís XVI. Isso acontecia com muita frequência na Prússia quando o fato era quase desconhecido na França. Uma vez obtido, cada um desses privilégios adere ao sangue, do qual se torna inseparável. Quanto mais esta nobreza deixa de ser uma aristocracia, mais parece tornar-se uma casta.

Tomemos o mais odioso de todos esses privilégios, o da isenção de impostos: vê-se facilmente que, desde o século XV até a Revolução Francesa, seu volume aumentou continuamente, crescendo com a rápida expansão dos encargos públicos. Pequeno sob Carlos VII, quando não se recolhia mais que 1,2 milhão de libras de talha, o privilégio de sua isenção tornou-se grande sob Luís XVI, quando se passou a recolher 80 milhões. Quando a talha era o único imposto do plebeu, a isenção do nobre era pouco visível; porém, quando os impostos dessa espécie multiplicaram-se sob mil designações e mil formas, quando à talha foram assimiladas outras quatro taxas, quando encargos desconhecidos da Idade Média – tais como a corveia régia aplicada a todas as obras ou serviços públicos, a milícia etc. – foram acrescentados à talha e a seus acessórios, e também desigualmente atribuídos, a isenção do fidalgo pareceu imensa. [28] Na verdade, a desigualdade era mais aparente ainda do que real, pois muitas vezes o nobre era atingido em seu arrendatário pelo imposto do qual escapava pessoalmente; mas, nesses casos, a desigualdade que se vê incomoda mais do que a que se sente.

Pressionado pelas necessidades financeiras que o afligiram no final de seu reinado, Luís XIV estabelecera duas taxações comuns, a capitação e os vigésimos. Mas, como se a isenção de impostos fosse em si um privilégio tão respeitável que se devesse consagrá-lo no próprio fato que o atingia, teve-se o cuidado de diferenciar a arrecadação lá onde a taxação era comum. Para uns, permaneceu degradante e dura; para outros, indulgente e honrosa. [29]

Embora a desigualdade tributária tivesse se estabelecido em todo o continente europeu, em poucos países tornara-se tão visível e tão constantemente sentida como na França. [30] Em grande parte da Alemanha, a maioria das taxas era indireta e, no próprio imposto direto, o privilégio do fidalgo consistia muitas vezes numa menor participação em um encargo comum. Ademais, havia certas taxas que só incidiam sobre a nobreza e que se destinavam a substituir o serviço militar gratuito que não se exigia mais.

Ora, de todas as maneiras de distinguir os homens e de marcar as classes, a desigualdade tributária é a mais perniciosa e a mais propícia para acrescentar o isolamento à desigualdade e torná-los, por assim dizer, igualmente irremediáveis. Basta observar seus efeitos: quando o burguês e o fidalgo não estão mais obrigados a pagar o mesmo imposto, todo ano a base de cálculo e a arrecadação riscam novamente entre eles, com um traço nítido e preciso, o limite das classes. Todos os anos, cada um dos privilegiados sente um interesse atual e premente em não se deixar confundir com a massa, envidando um novo esforço para colocar-se à parte.

Como quase não há assuntos públicos que não tenham origem em uma taxa ou conduzam a ela, do momento em que não estão igualmente sujeitas ao imposto, as classes quase não têm mais motivos para deliberar juntas, tampouco causas para experimentar necessidades e sentimentos comuns. Já não se preocupam em mantê-las separadas: de certa forma, tiraram-lhes a oportunidade e o desejo de agirem juntas.

Burke, no retrato lisonjeiro que tece da antiga constituição francesa, destaca em benefício da instituição de nossa nobreza a facilidade que os burgueses tinham em obter o enobrecimento pela aquisição de algum ofício; via nisso uma analogia com a aristocracia aberta da Inglaterra. De fato, Luís XI multiplicara as nobilitações: era um meio de rebaixar a nobreza; seus sucessores prodigalizaram-nas para conseguir dinheiro. Necker informa-nos que em sua época o número de ofícios que conferiam nobreza chegava a quatro mil. Nada similar era visto em qualquer outra parte da Europa, mas a analogia que Burke queria estabelecer entre a França e a Inglaterra era ainda mais falsa.

Se as classes médias inglesas, longe de fazerem guerra à aristocracia, permaneceram tão intimamente unidas a ela, isso não se deveu principalmente ao fato de essa aristocracia ser aberta e sim, como já foi dito, à sua forma indistinta e à sua limitação desconhecida. Deveu-se menos à possibilidade de ingressar na aristocracia do que ao fato de nunca se saber quando se pertencia a ela, de tal modo que tudo o que se aproximava dessa aristocracia também podia integrá-la, associar-se a seu governo e obter algum brilho ou algum proveito de seu poder.

Na França, a barreira que separava a nobreza das outras classes, embora facilmente superável, era, contudo, sempre fixa, visível e reconhecível por sinais manifestos e odiosos a quem permanecia de fora. Quem a atravessava ficava separado de todos aqueles de cujo meio acabava de sair por privilégios que lhes eram onerosos e humilhantes.

Assim, em vez de reduzir o ódio do plebeu contra o fidalgo, o sistema de enobrecimentos aumentava-o desmesuradamente, aguçando-o com toda a inveja que o novo nobre inspirava aos seus antigos iguais. É por isso que em suas queixas o Terceiro Estado sempre revela mais irritação contra os nobilitados do que contra os nobres e, longe de pedir que se amplie a porta que pode conduzi-lo para fora de sua condição plebeia, constantemente pede que a estreitem.

Em nenhuma época de nossa história a nobreza fora tão facilmente obtida como em 1789, e nunca o burguês e o fidalgo estiveram tão separados um do outro. Além de os nobres não quererem sentir em seus colégios eleitorais nada que remetesse à burguesia, os burgueses afastam com o mesmo zelo todos os que possam ter aparência de fidalgos. Em determinadas províncias, os recém-nobilitados são rejeitados: de um lado, porque não os consideram suficientemente nobres e, do outro, porque acham que já o são o bastante. Dizem que esse foi o caso do célebre Lavoisier[35].

Se deixarmos de lado a nobreza e considerarmos agora essa burguesia, veremos um espetáculo muito semelhante e o burguês quase tão apartado do povo quanto o fidalgo o estava em relação ao burguês.

A quase totalidade da classe média no Antigo Regime habitava as cidades, basicamente por duas causas: os privilégios dos fidalgos e a talha. O senhor que residia em suas terras geralmente mostrava certa bonomia familiar para

35. Antoine-Laurent Lavoisier (1743-1794), renomado cientista e físico francês, considerado o pai da química moderna. Enquadrado na "lei dos suspeitos" por especulação e agiotagem durante suas atividades consultivas à Convenção Nacional (era um dos comissários do Comitê de Finanças encarregados de propor uma reforma tributária para a República), foi condenado pelo tribunal revolucionário e guilhotinado, na companhia de outros 27 *fermiers* (arrematadores de impostos para companhias privadas autorizadas pelo Estado), em 8 maio de 1794. Lavoisier trabalhara como adjunto no conselho administrativo da sede da *Ferme générale* de Paris.

com os camponeses, mas era de uma insolência quase infinita para com os burgueses, seus vizinhos, a qual aumentava sem cessar à medida que seu poder político diminuía, e justamente por esse motivo. Deixando de governar, não tinha mais interesse em poupar aqueles que podiam ajudá-lo nessa tarefa, e, como se assinalou frequentemente, gostava de consolar-se da perda de seu poder concreto pelo uso imoderado de seus direitos aparentes. Mesmo a ausência de suas terras, em vez de aliviar seus vizinhos, aumentava-lhes o mal-estar. O absenteísmo não servia sequer para isso, pois os privilégios exercidos por procuração eram ainda mais intoleráveis.

Não sei, contudo, se a talha e todos os impostos que lhe assimilaram não foram causas mais eficazes.

Creio que poderia explicar em poucas palavras por que a talha e seus acessórios pesavam muito mais sobre os campos do que sobre as cidades, mas o leitor talvez considere isso inútil. Portanto, contento-me em dizer que os burgueses reunidos nas cidades tinham mil meios para atenuar o peso da talha e, na maioria das vezes, até evitá-la por completo, o que nenhum deles teria conseguido isoladamente se tivesse permanecido em seus domínios. Isso os ajudava a escapar principalmente da obrigação de cobrar a talha, o que temiam muito mais do que o dever de pagá-la, e com razão, pois nunca houve no Antigo Regime, e penso que nem mesmo em nenhum outro regime, condição pior que a do coletor paroquial da talha. Terei ocasião de demonstrá-lo mais adiante. Porém, ninguém na aldeia, exceto os fidalgos, podia esquivar-se desse encargo: o plebeu rico preferia alugar seus bens e retirar-se para a cidade vizinha a submeter-se a ele. Turgot está de acordo com todos os documentos secretos que tive a oportunidade de consultar, quando nos diz "que a arrecadação da talha transforma em burgueses das cidades quase todos os proprietários plebeus dos campos". Vale lembrar que essa é uma das razões que fizeram com que a França tivesse um maior número de cidades, e sobretudo de pequenas cidades, que a maioria dos outros países da Europa.

Encerrado assim entre muralhas, o plebeu rico logo perdia os gostos e o espírito do campo, tornando-se completamente alheio aos trabalhos e aos negócios de seus semelhantes que lá haviam permanecido. Sua vida passava a ter um único objetivo: almejava tornar-se um funcionário público em sua cidade adotiva.

É um grande equívoco acreditar que a paixão de quase todos os franceses de nossos dias pelos cargos públicos, particularmente nos da classe média, tenha nascido com a Revolução: nasceu vários séculos antes e sempre aumentou desde então, graças a mil alimentos novos que tiveram o cuidado de lhes administrar.

Os cargos públicos sob o Antigo Regime nem sempre se pareciam com os nossos, mas penso que fossem ainda mais numerosos, pois a quantidade de cargos subordinados era quase infinita. Calcula-se que, só entre 1693 e 1709, foram criadas 40 mil funções públicas, quase todas ao alcance dos burgueses mais insignificantes. Em 1750, para uma cidade provinciana de dimensão mediana, cheguei a contar até 109 pessoas ocupadas na administração da justiça e 126 encarregadas de mandar executar as sentenças das primeiras, todas da cidade. A ânsia dos burgueses para ocupar essas funções era algo realmente inigualável. Assim que um deles se via detentor de um pequeno capital, em vez de empregá-lo em um negócio, utilizava-o prontamente para comprar um cargo público. Essa miserável ambição foi mais nociva ao progresso da agricultura e do comércio na França do que as mestrias e a própria talha. Quando os postos esgotavam-se, os solicitantes punham a imaginação a funcionar e logo inventavam novos cargos. Um certo senhor Lemberville publica um memorial para comprovar que a criação de inspetores para determinado ramo da indústria está em perfeita conformidade com o interesse público e encerra oferecendo-se ao emprego. Quem de nós não conheceu esse Lemberville[36]? Um homem dotado de alguma instrução e de certa abastança julgava que não ficava bem morrer sem ter sido funcionário público. "Cada um, de acordo com sua condição, quer ser alguma coisa em nome do rei", declara um contemporâneo.

A esse respeito, a maior diferença que observamos entre aquela época e a nossa é que então o governo vendia os cargos, ao passo que hoje os dá; agora não é mais preciso oferecer dinheiro para adquiri-los, faz-se melhor: basta entregar a própria alma.

Separado dos camponeses pela moradia e ainda mais pelo estilo de vida, o burguês também o era, na maioria das vezes, pelo interesse. Reclama-se com muita justiça do privilégio dos nobres em matéria tributária, mas o que dizer das vantagens dos burgueses? Há milhares de ofícios que os isentam parcial ou integralmente dos encargos públicos: este, da milícia; aquele, da corveia; este último, da talha. "Qual é a paróquia", diz um escrito da época, "que não tem em seu meio, independentemente dos nobres e dos clérigos, vários habitantes que obtiveram para si, graças aos cargos ou às comissões, alguma isenção de imposto?" Uma das razões que, de tempos em tempos, levam à extinção de alguns cargos destinados aos burgueses é a redução da receita que

36. Na verdade, tratava-se de Charles de Lemberville, um grande comerciante de madeiras do século XVII que se torna advogado do conselho privado do rei, autor do *Discours Politiques et Economiques* (*Discursos políticos e econômicos*, 1626), obra que Tocqueville consultara.

a imensa quantidade de indivíduos isentos da talha acarreta. Não duvido que o número de isenções fosse tão grande na burguesia quanto na nobreza, e muitas vezes maior.

Essas míseras prerrogativas enchiam de inveja os que não as tinham e do orgulho mais egoísta os que as possuíam. Durante todo o século XVIII, nada é mais visível que a hostilidade dos burgueses das cidades contra os camponeses de seus subúrbios e a inveja do subúrbio contra a cidade. "Cada uma das cidades, ocupada com seu interesse particular, está disposta a sacrificar-lhe os campos e as aldeias de seu distrito", declara Turgot, que diz em outro lugar, dirigindo-se a seus subdelegados: "Tiveram muitas vezes de reprimir a tendência constantemente usurpadora e invasiva que caracteriza a conduta das cidades em relação aos campos e às aldeias de seus distritos".

O próprio povo que vive com os burgueses no âmbito da cidade torna-se alheio e quase inimigo deles. A maioria dos encargos locais que estabelecem é arranjada de modo a incidir especialmente sobre as classes baixas. Em mais de uma ocasião pude comprovar o que o mesmo Turgot diz em outra passagem de suas obras: que os burgueses das cidades encontraram o meio de regulamentar as tarifas alfandegárias de maneira que não recaíssem sobre eles.

No entanto, o que mais se nota em todos os atos dessa burguesia é o medo de se ver confundida com o povo e o desejo apaixonado de escapar por todos os meios à sua fiscalização.

"Se aprouvesse ao rei que o cargo de prefeito voltasse a ser eletivo", dizem os burgueses de uma cidade em um memorando remetido ao controlador-geral, "conviria obrigar os eleitores a escolherem apenas entre os principais notáveis da cidade e mesmo no *presidial*[37]."

Vimos que parte integrante da política de nossos reis consistiu em despojar sucessivamente o povo das cidades do uso de seus direitos políticos. De Luís XI a Luís XV, toda a legislação régia revela essa intenção e, com frequência, os burgueses da cidade associam-se a ela, quando não a sugerem.

Na época da reforma municipal de 1764, um intendente consulta os funcionários municipais de uma cidadezinha sobre a questão de preservar ou não o direito de os artesãos e demais componentes da *arraia-miúda* eleger os magistrados. Esses funcionários respondem que, na verdade,

---

37. Instituído em 1551 pelo rei Henrique II da dinastia Valois por causa das necessidades fiscais da administração real, o presidial era ao mesmo tempo um tribunal e uma jurisdição do Antigo Regime encarregado de julgar em instância única os casos de menor gravidade em alguns bailiados ou senescalias importantes. Foi suprimido durante a Revolução Francesa, mais especificamente em 1790, por meio de um decreto da Assembleia Nacional.

> o povo jamais abusou desse direito, e que sem dúvida seria aconselhável deixar-lhe o consolo de escolher os que devem governá-lo, muito embora, para a manutenção da boa ordem e da tranquilidade públicas, fosse mais recomendável confiar essa incumbência à assembleia de notáveis.

O subdelegado, por sua vez, comunica que reuniu secretamente em sua casa os "seis melhores cidadãos da cidade". Esses principais cidadãos declaram por unanimidade que, em vez de confiar a eleição à assembleia de notáveis, como propunham os oficiais municipais, seria melhor escolher um certo número de deputados nos diversos corpos que compõem essa assembleia. O subdelegado, mais favorável às liberdades do povo do que os próprios burgueses, revela a opinião destes últimos, mas acrescenta "que é todavia muito árduo para os artesãos pagar, sem poder controlar-lhes o uso, as somas impostas por aqueles seus concidadãos que, em razão de seus privilégios tributários, talvez sejam os menos interessados na matéria".

Para completar o quadro, consideremos agora a burguesia em si mesma, separada do povo, como consideramos a nobreza separada dos burgueses. Posta à margem do restante, observamos divisões infindáveis nessa pequena parcela da nação. Parece que o povo francês assemelha-se a esses pretensos corpos elementares nos quais a química moderna descobre novas partículas separáveis, à medida que os observa mais de perto. Encontrei entre os notáveis de uma cidadezinha nada menos que 36 corpos diferentes, os quais, apesar de minúsculos, trabalham ininterruptamente para apequenar-se ainda mais, expurgando-se diariamente das partes heterogêneas que possam conter, a fim de se reduzirem aos elementos mais simples. Esse belo trabalho reduziu alguns desses corpos a três ou quatro membros, o que explica a personalidade mais viva e o humor mais belicoso deles. Todos estão separados uns dos outros por alguns pequenos privilégios, dos quais os menos honestos ainda representam sinais de honra. As eternas disputas de precedência que se dão entre eles deixam o intendente e os tribunais aturdidos com o rumor de suas contendas.

> Decidiu-se, enfim, que a água-benta será oferecida ao presidial antes de ser entregue à municipalidade. O parlamento hesitava, mas o rei evocou o assunto no seu conselho e decidiu pessoalmente. Já era tempo, pois esta questão punha toda a cidade em polvorosa.

Se dão a um dos corpos a preferência sobre outro na assembleia dos notáveis, este deixa de comparecer, alegando que prefere renunciar aos assuntos públicos a ver sua dignidade aviltada. A corporação de peruqueiros da cidade de La Flèche decide "que demonstrará desse modo a justa mágoa que lhe causa a precedência concedida aos padeiros". Uma parte dos notáveis de uma cidade recusa-se obstinadamente a cumprir sua função "porque", nas palavras do intendente, "introduziram-se na assembleia alguns artesãos com os quais os principais burgueses sentem-se humilhados de serem associados". O intendente de outra província diz: "Se o lugar do vereador for dado a um tabelião, isso desagradará os outros notáveis, pois aqui os tabeliães são pessoas sem berço ou vínculo familiar com os notáveis, e todos foram escreventes". Os seis melhores cidadãos de que já falei, e que tão facilmente decidem que o povo deve ser privado de seus direitos políticos, mostram-se estranhamente perplexos quando se trata de examinar quais serão os notáveis e qual a precedência que convém estabelecer entre eles. Sobre tal assunto, não fazem mais que expressar modestamente suas dúvidas, pois, segundo dizem, receiam "causar a alguns de seus concidadãos uma dor excessiva".

A vaidade natural dos franceses fortifica-se e exacerba-se no atrito incessante do amor-próprio desses pequenos corpos, que faz esquecer o legítimo orgulho do cidadão. No século XVI, a maioria das corporações de que acabo de falar já existia, mas seus membros, após resolverem entre si os assuntos de sua associação particular, reúnem-se constantemente a todos os demais habitantes para juntos se ocuparem dos interesses gerais da cidade. No século XVIII, estão quase totalmente fechados em si mesmos, pois os atos da vida municipal tornaram-se raros e são inteiramente executados por mandatários. Portanto, cada uma dessas pequenas sociedades vive apenas para si mesma e ocupa-se apenas daquelas atividades que lhe dizem respeito.

Nossos pais não tinham em seu vocabulário a palavra *individualismo*, que forjamos para nosso uso, pois no tempo deles efetivamente não havia indivíduo que não pertencesse a um grupo e que pudesse se considerar absolutamente só. Contudo, cada um dos mil grupelhos de que se compunha a sociedade francesa só pensava em si mesmo. Era, se assim posso expressar-me, uma espécie de individualismo coletivo, que preparava as almas para o verdadeiro individualismo que conhecemos hoje.

O que há de mais estranho é que todos os homens, que permaneciam tão afastados uns dos outros, haviam se tornado tão semelhantes entre si que bastaria mandá-los trocar de lugar para que não se pudesse mais reconhecê-los. Mais ainda, quem pudesse sondar-lhes o espírito descobriria que essas pequenas barreiras, responsáveis por dividir pessoas tão semelhantes, pareciam a elas mesmas tão contrárias ao interesse público quanto ao bom senso, e que em teoria já adoravam a unidade. Cada um só se importava com sua condição particular porque outros se destacavam pela condição; mas todos estavam prontos a confundir-se na mesma massa, contanto que ninguém tivesse alguma vantagem e não ultrapassasse o nível comum.

# CAPÍTULO X
## COMO A SUPRESSÃO DA LIBERDADE POLÍTICA E A SEPARAÇÃO DAS CLASSES FORAM A CAUSA DE QUASE TODAS AS DOENÇAS QUE MATARAM O ANTIGO REGIME

Acabo de descrever a mais mortal de todas as enfermidades que acometiam a constituição do Antigo Regime e o condenavam a perecer. Quero voltar ao estudo da fonte de um mal tão perigoso e tão estranho, e mostrar quantos outros males derivaram dela simultaneamente com esse.

Se os ingleses, a partir da Idade Média, tivessem perdido inteiramente a liberdade política como nós – e todas as franquias locais que sem ela não podem existir por muito tempo –, é muito provável que cada uma das diferentes classes que compõem sua aristocracia tivesse se isolado, assim como aconteceu na França e, até certo ponto, no resto do continente, e que todas juntas tivessem se separado do povo. Mas a liberdade obrigou-as a sempre ficarem ao alcance uma das outras, a fim de poderem entender-se quando preciso.

É curioso notar como a nobreza inglesa, levada justamente pela ambição, soube, quando isso lhe pareceu necessário, misturar-se familiarmente com seus inferiores e fingir considerá-los como seus iguais. Arthur Young, que já citei e cujo livro é uma das obras mais instrutivas que existem a respeito da antiga França, conta que, encontrando-se um dia na casa de campo do duque de Liancourt, manifestou o desejo de entrevistar alguns dos mais capazes e ricos cultivadores das redondezas. O duque encarregou seu intendente de trazê-los, o que mereceu a seguinte observação do inglês:

> Estivéssemos na casa de um senhor inglês, teriam feito vir três ou quatro cultivadores (*farmers*), que teriam jantado com a família e entre as senhoras da mais alta nobreza. Vi isso umas cem vezes em nossas ilhas. É algo que procuraríamos em vão na França, de Calais a Bayonne.

A aristocracia inglesa era seguramente mais altiva que a francesa e menos disposta a familiarizar-se com tudo o que vivia abaixo dela, mas as necessidades de sua condição obrigavam-na a tal. Estava disposta a tudo para comandar. Há séculos não se vê entre os ingleses outras desigualdades de impostos senão as que foram sucessivamente introduzidas em favor das classes necessitadas. Considerem, peço-lhes, aonde princípios políticos diferentes podem conduzir povos tão próximos! No século XVIII, é o pobre que desfruta, na Inglaterra, do privilégio tributário; na França é o rico. [31] Lá, a aristocracia chamou a si os encargos públicos mais onerosos, a fim de que lhe permitissem governar;

aqui, ela manteve até o final a imunidade fiscal para consolar-se de haver perdido o governo.

No século XIV, a máxima *não se taxa quem não o quer* parece tão solidamente estabelecida na França quanto na própria Inglaterra. Citam-na inúmeras vezes: transgredi-la parece sempre um ato de tirania, acatá-la é um ato de justiça. Como já disse, nessa época encontramos uma infinidade de analogias entre nossas instituições políticas e as dos ingleses. Mas depois os destinos dos dois povos separam-se e tornam-se cada vez mais distintos à medida que o tempo avança. Assemelham-se a duas linhas que, partindo de pontos vizinhos mas com uma inclinação um pouco diferente, vão se afastando indefinidamente à proporção que se prolongam.

Ouso afirmar que, desde o dia em que a nação, cansada pelas longas desordens que acompanharam o cativeiro do rei João e a demência de Carlos VI, permitiu aos reis estabelecer um imposto geral sem seu concurso, e em que a nobreza teve a covardia de permitir que taxassem o Terceiro Estado, contanto que ela mesma fosse isentada, desde esse dia foi semeado o germe de quase todos os vícios e de quase todos os abusos que afligiram o Antigo Regime durante o resto de sua vida e acabaram causando violentamente sua morte. Admiro a singular sagacidade de Commines[38] quando ele diz: "Carlos VII, que conseguiu impor a talha ao seu talante, sem o consentimento dos estados, sobrecarregou pesadamente sua alma e a de seus sucessores, abrindo em seu reino uma chaga que sangrará por um longo tempo".

Vejam como essa chaga realmente aumentou com o passar dos anos; sigam passo a passo o fato em suas consequências.

Nas eruditas *Recherches sur les Finances de la France*, Forbonnais[39] diz, com razão, que na Idade Média os reis costumavam viver dos rendimentos de seus domínios, "e, como as necessidades extraordinárias eram cobertas pelas

38. Philippe de Commines (1447-1511), estadista, historiador e principal cronista do ducado da Borgonha, tornou-se célebre por "virar a casaca", isto é, abandonar a antiga lealdade devida ao então duque da Borgonha (Carlos, o Temerário) para adentrar, em 1472, aos serviços do rei da França (Luís XI). Suas cartas e memórias são uma fonte de inestimável valor para os historiadores da Idade Média e do Renascimento, como se pode ver pela clássica obra de Johan Huizinga, *O Outono da Idade Média* (1919).

39. François Véron Duverger de Forbonnais (1722-1800), economista e financista francês, redigiu, a convite de Diderot, diversos artigos relativos à economia para a *Encyclopédie* (entre 1750 e 1754). Reformista moderado e defensor discreto da monarquia, desempenhou diversas funções administrativas (todas relativas à emissão e ao controle de moedas) durante os últimos reinados do Antigo Regime, o que não o impediu de integrar o comitê de finanças da revolucionária Assembleia Constituinte. Entre as inúmeras obras de sua autoria, destacam-se as *Recherches et Considérations sur les Finances de France depuis l'Année 1595 jusqu'en l'Année 1721* (1758), que suscitou firme oposição dos fisiocratas.

contribuições extraordinárias, estas incidiam igualmente sobre o clero, a nobreza e o povo", acrescenta ele.

Ao longo do século XIV, a maioria dos impostos gerais votados pelas três ordens tem efetivamente esse caráter. Quase todas as taxas estabelecidas nessa época são *indiretas*, isto é, incidem sobre todos os consumidores indistintamente. Às vezes o imposto é direto: nesses casos, incide sobre a renda e não sobre a propriedade. Por exemplo: os nobres, os clérigos e os burgueses estão obrigados a ceder ao rei, durante um ano, a décima parte de todas suas rendas. O que digo sobre os impostos votados pelos Estados-gerais aplica-se também aos que são estabelecidos na mesma época pelos diversos estados provinciais em seus territórios.

É bem verdade que desde aquela época o imposto direto, conhecido pelo nome de *talha*, nunca incidia sobre o fidalgo. A obrigação do serviço militar gratuito dispensava-o dele; mas como imposto geral, a talha era então de uso restrito, mais aplicável à senhoria que ao reino.

Quando o rei decidiu pela primeira vez estabelecer taxas por iniciativa própria, compreendeu logo que tinha de escolher uma que não parecesse recair diretamente sobre os nobres, pois estes, que então constituíam uma classe rival e perigosa para a realeza, nunca admitiriam uma novidade que lhes fosse tão prejudicial. Escolheu, portanto, um imposto do qual eles estavam isentos: optou pela talha.

Assim, a todas as desigualdades particulares que já existiam veio juntar-se outra, mais geral, que agravou e manteve todas as outras. A partir disso e à medida que as necessidades do tesouro público aumentam com as atribuições do poder central, a talha estende-se e diversifica-se: é rapidamente decuplicada e todas as novas taxas tornam-se talhas. [32] Portanto, cada ano a desigualdade tributária separa as classes e isola os homens mais profundamente do que jamais estiveram desde então. A partir do momento em que o imposto visava a atingir não os mais capazes de pagá-lo e sim os mais impossibilitados de defender-se dele, tinha-se de chegar a esta consequência monstruosa de poupá-lo ao rico e impô-lo ao pobre. Afirma-se que Mazarin[40], precisando de dinheiro, pensou em estabelecer uma taxa sobre as principais residências de

40. Nascido Giulio Raimondo Mazzarino (1602-1661), foi um renomado estadista italiano que, após prestar serviços diplomáticos ao papa, radicou-se na França (a convite do cardeal Richelieu), onde desempenhou sucessivamente as funções de cardeal, ministro e primeiro-ministro, sendo o principal promotor do absolutismo francês durante a regência da rainha Ana da Áustria (1643-1651). Apesar dos êxitos diplomáticos e militares obtidos na Guerra dos Trinta Anos, sua política expansionista cada vez mais onerosa e a perseguição interna aos jansenistas suscitaram a oposição dos parlamentos e de parte da nobreza (além dos camponeses), naquilo que ficou conhecido como "Frondas" (1648-1653).

Paris, mas, quando encontrou alguma resistência por parte dos interessados, limitou-se a acrescentar os cinco milhões de que necessitava à patente geral da talha. Pretendia taxar os cidadãos mais opulentos e acabou taxando os mais miseráveis, mas o tesouro nada perdeu com isso.

Se o produto de impostos tão mal distribuídos tinha limites, o mesmo não podia ser dito das necessidades principescas. Apesar disso, eles não queriam convocar os Estados-gerais para deles obter subsídios nem, taxando a nobreza, incitá-la a exigir a convocação dessas assembleias.

Disso resultou essa prodigiosa e perversa fecundidade do espírito financeiro que caracteriza tão singularmente a administração do erário público ao longo dos três últimos séculos da monarquia.

É preciso estudar em seus pormenores a história administrativa e financeira do Antigo Regime para compreender a quantos expedientes violentos ou desonestos a necessidade de dinheiro pode reduzir um governo brando, mas sem publicidade e sem controle, uma vez que o tempo consagrou seu poder e liberou-o do medo das revoluções, essa última salvaguarda dos povos.

Nesses anais, encontram-se a cada passo bens da realeza vendidos e depois retomados como inalienáveis; contratos violados, direitos adquiridos ignorados; o credor do Estado sacrificado em cada crise, a confiança pública incessantemente falseada.

Retomam perpetuamente privilégios que foram concedidos à perpetuidade. Se pudéssemos partilhar dos dissabores causados por uma tola vaidade, lamentaríamos a sorte desses desditosos nobilitados que, durante todo o decorrer dos séculos XVII e XVIII, são obrigados a recomprar de tempos em tempos estas honrarias vãs ou estes privilégios injustos pelos quais já pagaram inúmeras vezes. Foi assim que Luís XIV anulou todos os títulos de nobreza adquiridos nos últimos noventa e dois anos, títulos que ele mesmo concedera no mais das vezes. Não se podia conservá-los a não ser mediante um novo pagamento, "*tendo todos esses títulos sido obtidos de surpresa*", diz o édito. Um exemplo que, oitenta anos depois, Luís XV não deixa de imitar. [33]

Proíbe-se o miliciano de buscar um substituto com receio, alega-se, de encarecer o preço dos recrutamentos para o Estado.

Cidades, comunidades, hospitais são obrigados a desrespeitar seus compromissos para que possam emprestar dinheiro ao rei. Paróquias são impedidas de realizar obras úteis para evitar que, assim dividindo seus recursos, deixem de pagar pontualmente a talha.

Conta-se que o senhor Orry e o senhor de Trudaine – um controlador-geral e o outro diretor-geral de viação e obras, respectivamente – conceberam o projeto de substituir a corveia das estradas por uma prestação em dinheiro que os habitantes de cada cantão forneceriam para o reparo de suas vias. A razão que levou esses hábeis administradores a renunciar ao seu intento é instrutiva: alegaram estar com receio de que, uma vez constituídos os fundos, não se pudesse impedir que o tesouro público os desviasse para aplicá-los em seu proveito, de modo que em breve os contribuintes teriam de arcar simultaneamente com a nova tributação e com as corveias. Não hesito em afirmar que, se algum particular tivesse manejado sua fortuna pessoal do mesmo modo que o grande rei, em toda sua glória, manejava o erário público, ele jamais conseguiria esquivar-se das ações judiciais.

Se encontrarem alguma instituição antiga do período medieval que se mantivera pelo agravamento de seus vícios contrários ao espírito da época, ou alguma novidade perniciosa, perscrutem até a raiz do mal: lá encontrarão um expediente financeiro que se transformou em instituição. Para quitar dívidas de um dia, verão criar-se novos poderes que durarão séculos a fio.

Um imposto específico, chamado direito de feudo livre, fora estabelecido em uma época muito remota sobre os plebeus que possuíam bens nobres. Este direito criava entre as terras a mesma divisão existente entre os homens e aumentava continuamente uma por meio da outra. Não sei se o direito de feudo livre não serviu mais que todo o resto para manter o plebeu apartado do nobre, porque os impedia de se confundirem naquilo que mais rapidamente e melhor assimila os homens entre si, a propriedade fundiária. Foi assim que, de tempos em tempos, reabriu-se um abismo entre o proprietário nobre e o proprietário plebeu, seu vizinho. Inversamente, nada apressou mais a coesão entre essas duas classes na Inglaterra do que a abolição, desde o século XVII, de todos os sinais que ali distinguiam o feudo da terra possuída pelo plebeu.

No século XIV, o direito feudal de feudo livre é leve e só se arrecada em grandes intervalos de tempo; mas no século XVIII, quando o feudalismo está quase extinto, é cobrado rigorosamente a cada vinte anos, representando um ano inteiro do rendimento. O filho tem de pagá-lo ao suceder o pai: "Esse direito lesa infinitamente o progresso da arte agrícola. É ponto pacífico que, de todas as tributações dos súditos do rei, nenhuma outra oprime tão pesadamente os campos", sentencia a Sociedade de Agricultura de Tours em 1761. "Esse tributo", diz outro contemporâneo, "que inicialmente era cobrado uma única vez na vida, tornou-se desde então um imposto muito cruel". [34] A própria nobreza gostaria que o abolissem, mas as necessidades do fisco exigiam que fosse mantido e agravado.

Culpa-se injustificadamente a Idade Média por todos os males que as corporações industriais produziram. Tudo indica que originalmente as mestrias e as jurandas[41] foram apenas meios para congregar os membros de uma mesma profissão e estabelecer no seio de cada indústria um pequeno governo livre, cuja missão era simultaneamente assistir e conter os operários. Não parece que São Luís tenha pretendido mais do que isso.

Foi somente no início do século XVI, em plena Renascença, que consideraram pela primeira vez o direito de trabalhar como um privilégio negociável pelo rei. Só então cada corporação tornou-se uma pequena aristocracia fechada e foram estabelecidos aqueles monopólios tão nocivos ao avanço técnico e que tanto indignaram nossos pais. Desde Henrique III, que, se não originou o mal, generalizou-o, até Luís XVI, que o extirpou, pode-se dizer que os abusos do sistema de jurandas nunca cessaram um só instante de crescer e ampliar-se, justamente na época em que os avanços da sociedade os tornavam mais insuportáveis e em que a razão pública mais os assinalava. A cada ano, novas profissões deixaram de ser livres na proporção em que os privilégios das antigas aumentaram. O mal nunca foi levado mais longe do que nos assim chamados "belos anos" do reinado de Luís XIV, pois nunca as necessidades monetárias foram maiores, nem a resolução de não consultar nação mais firme.

Letronne[42] dizia com razão em 1775:

> O Estado só estabeleceu as comunidades industriais para delas obter recursos, ora vendendo patentes, ora criando novos ofícios que as comunidades são obrigadas a recomprar. O édito de 1673 veio levar às últimas consequências os princípios de Henrique III, obrigando todas as comunidades a adquirir cartas de confirmação mediante pagamento e forçando que se reunissem em comunidade todos os artesãos que ainda não o haviam feito. Este mísero negócio rendeu 300 mil libras.

Vimos como subverteram toda a constituição das cidades, não por razões políticas, mas na esperança de angariar alguns recursos para o tesouro.

Foi a essa mesma necessidade de dinheiro, aliada ao anseio de não solicitá-lo aos Estados-gerais, que a venalidade dos cargos deveu sua origem, tornando-se gradativamente algo tão estranho que nunca se vira no mundo nada parecido.

---

41. Corpo de jurados e inspetores de confrarias de trabalhadores mecânicos cujos membros, geralmente eleitos para um mandato anual, encarregavam-se de presidir o ingresso de novos trabalhadores e de fiscalizar as condições de trabalho deles junto aos mestres de cada ofício. Remontando ao reinado de são Luís durante o século XIII e vistas pelos fisiocratas como grandes obstáculos ao desenvolvimento econômico da França – razão pela qual Turgot tentou, sem êxito, aboli-las em 1776 –, as jurandas só foram definitivamente extintas com a Revolução Francesa, mais especificamente em 1791, após a promulgação da lei Le Chapelier pela Assembleia Nacional Constituinte.

42. Na verdade, tratava-se de Guillaume François Le Trosne (1728-1780), jurista e fisiocrata, autor do tratado *De l'Administration Provinciale et de la Reforme de l'Impôt* (*Da administração provincial e da reforma tributária*, 1779).

Graças a essa instituição gerada pelo espírito fiscalista, durante três séculos a vaidade do Terceiro Estado foi mantida em alerta e voltada unicamente para a aquisição dos cargos públicos, impregnando o âmago da nação com esta paixão universal pelos postos que se tornou a fonte comum das revoluções e da servidão.

À medida que as dificuldades financeiras cresciam, via-se o surgimento de novos empregos, todos retribuídos por isenções tributárias ou privilégios; [35] e como eram as necessidades do tesouro e não as da administração que decidiam, chegou-se desse modo a instituir um número quase inacreditável de funções completamente inúteis ou nocivas. [36] Desde 1664, por ocasião do inquérito feito por Colbert[43], apurou-se que o capital envolvido nessa miserável propriedade elevava-se a cerca de 500 milhões de libras. Comenta-se que Richelieu extinguiu cem mil cargos, os quais logo renasciam com outras denominações. Por um pouco de dinheiro, abdicou-se do direito de dirigir, fiscalizar e refrear seus próprios agentes, construindo-se assim, gradativamente, uma máquina administrativa tão vasta, tão complicada, tão entravada e tão improdutiva que foi preciso deixá-la rodar em falso e construir por fora dela um instrumento governamental que fosse simples e mais maneável, que executasse realmente o que todos esses funcionários aparentavam fazer.

Pode-se afirmar que nenhuma dessas detestáveis instituições poderia ter subsistido durante vinte anos se fosse permitido discuti-las. Nenhuma lograria estabelecer-se ou agravar-se se tivessem consultado os Estados-gerais ou escutado suas queixas quando ainda se reuniam ocasionalmente. Os raros Estados-gerais dos últimos séculos não deixaram de protestar contra elas e vimos reiteradamente essas assembleias indicarem como origem de todos os abusos o poder que o rei se arrogou de impor taxas arbitrariamente, ou, para reproduzir as expressões exatas de que se valia a linguagem enérgica do século XV, "o direito de enriquecer-se com a substância do povo sem o consentimento e a deliberação dos três estados". Eles não se ocupam apenas de seus próprios direitos, mas pedem enfaticamente e às vezes obtêm que se respeitem os das províncias e das cidades. Em cada nova sessão erguem-se vozes em seu seio contra a desigualdade dos encargos. Os Estados pedem diversas vezes o abandono do sistema de jurandas e, com uma força crescente, atacam de século em século a venalidade dos ofícios. "Quem vende um ofício vende a justiça, o que é infame", dizem eles. Quando a venalidade dos cargos foi institucionalizada,

43. Jean-Baptiste Colbert (1619-1683), um dos principais ministros do reinado de Luís XIV, no interior do qual acumulou as funções de controlador-geral das Finanças (1665-1683) e secretário de Estado da Casa Real e da Marinha (1669-1683). Inspirado nas práticas mercantilistas de sua época, Colbert adotou medidas agressivas para o incentivo e a proteção à industria francesa, as quais receberam o epíteto de *colbertismo*.

continuam a protestar contra o uso abusivo dos ofícios: erguem-se contra tantos postos inúteis e privilégios perigosos, mas sempre em vão. Criadas precisamente contra os Estados-gerais, tais instituições nasciam do desejo de não reuni-los e da necessidade de travestir aos olhos dos franceses o imposto que não se ousava mostrar-lhes sob seus verdadeiros traços.

Reparem que tanto os melhores como os piores reis recorreram a essas práticas. Enquanto Luís XII consegue estabelecer a venalidade dos ofícios, Henrique IV negocia-lhes a hereditariedade: a tal ponto os vícios do sistema são mais fortes que a virtude dos homens que os praticam!

Esse mesmo desejo de esquivar-se da tutela dos Estados-gerais levou a confiar a maioria de suas atribuições políticas aos parlamentos, enredando o poder judiciário e o governo de um modo muito prejudicial à boa ordem dos assuntos públicos. Era necessário simular que se ofereciam algumas garantias novas no lugar das que foram retiradas, pois os franceses, extremamente pacientes com o poder absoluto quando ele não é opressivo, nunca gostam de encará-lo, sendo sempre prudente erguer diante dele alguns simulacros de barreiras que, sem poder detê-lo, ocultem-no pelo menos um pouco.

Enfim, esse desejo de impedir que a nação, cujo dinheiro se pedia, reclamasse de volta sua liberdade foi o que levou ao zelo incessante em manter as classes apartadas umas das outras, para que não pudessem se aproximar ou se entender em uma resistência conjunta e o governo nunca tivesse de enfrentar ao mesmo tempo mais do que um número ínfimo de homens separados de todos os outros. Ao longo de toda essa história, na qual despontam sucessivamente tantos príncipes notáveis, vários pelo espírito, alguns pelo gênio, quase todos pela coragem, não se encontra um único que se esforce para aproximar as classes e uni-las de outro modo que não as sujeitando à mesma dependência. Engano-me: somente um quis isso e até se empenhou de todo coração; e esse rei, quem poderia sondar os desígnios de Deus, foi Luís XVI!

A divisão das classes foi o crime da antiga realeza, e tornou-se mais tarde sua desculpa, pois, quando todos os que compõem a parte rica e esclarecida da nação já não podem mais se entender e auxiliar-se mutuamente no governo, a administração do país por si mesmo é impossível, e faz-se necessária a intervenção de um senhor.

Em um relatório confidencial ao rei, Turgot afirma de maneira melancólica:

> A nação é uma sociedade composta de diferentes ordens mal unidas e de um povo cujos membros têm somente pouquíssimos laços entre si, e na qual, portanto, ninguém se preocupa com nada que não seja de seu interesse pessoal, em que o interesse comum não se manifesta em parte alguma. As aldeias e as cidades não mantêm mais relações mútuas do que os distritos a que pertencem. Não podem entender-se para realizar obras públicas que lhes são ne-

cessárias. Nesta perpétua guerra de pretensões e realizações, Vossa Majestade é obrigada a decidir tudo pessoalmente ou pelos vossos mandatários. Ficam à espera de vossas ordens especiais para contribuir para o bem público, para respeitar os direitos de outrem, às vezes para exercer os seus próprios.

Não é uma tarefa fácil aproximar concidadãos que assim viveram durante séculos como estranhos ou como inimigos e ensinar-lhes a dirigir conjuntamente seus próprios assuntos. Dividi-los foi bem mais fácil do que é então reuni-los. Demos ao mundo um memorável exemplo disso. Quando as diferentes classes que compartilhavam a sociedade da antiga França restabeleceram o contato há sessenta anos, depois de terem ficado isoladas durante tanto tempo por tantas barreiras, elas se tocaram inicialmente apenas nos pontos doloridos e só se reencontraram para dilacerar-se mutuamente. Mesmo em nossos dias, suas invejas e seus ódios sobrevivem a elas.

## CAPÍTULO XI

## DA ESPÉCIE DE LIBERDADE QUE EXISTIA SOB O ANTIGO REGIME E DE SUA INFLUÊNCIA SOBRE A REVOLUÇÃO

Quem interrompesse aqui a leitura deste livro teria apenas uma imagem muito imperfeita do governo do Antigo Regime e uma compreensão equivocada da sociedade que fez a Revolução.

Ao observarmos os concidadãos tão divididos e tão retraídos em si mesmos, e um poder régio tão extenso e poderoso, poderíamos crer que o espírito de independência havia desaparecido com as liberdades públicas e que todos os franceses estavam igualmente vergados à sujeição. Mas nada disso aconteceu, pois o governo que já conduzia sozinho e de modo absoluto todos os assuntos comuns ainda estava longe de ser o amo de todos os indivíduos.

A liberdade vivia em meio às inúmeras instituições já preparadas para o poder absoluto, mas era um tipo de liberdade singular, que dificilmente conceberíamos hoje e que é preciso examinar de muito perto para compreender o bem e o mal que ela nos pôde fazer.

Enquanto o governo central substituía todos os poderes locais e preenchia cada vez mais toda a esfera da autoridade pública, as instituições que deixara viver ou que ele mesmo criara, velhos usos, antigos costumes e até abusos contrariavam seus movimentos, alimentavam ainda no fundo da alma de inúmeros indivíduos o espírito de resistência e conservavam a consistência e o relevo de muitos caracteres.

A centralização já possuía a mesma índole, os mesmos procedimentos, os mesmos objetivos que em nossos dias, mas ainda não detinha o mesmo poder. O governo, em sua ânsia por transformar tudo em dinheiro que resultou na venda da maior parte das funções públicas, privara-se da faculdade de dá-las e tomá-las a seu critério. E foi assim que uma de suas paixões causara um prejuízo tão grande ao êxito de outra: sua avidez fizera contrapeso à sua ambição. Assim ficou cada vez mais reduzido a agir por meio de instrumentos que suas mãos não forjaram e que não podiam romper. [37] Acontecia-lhe muitas vezes ver assim suas vontades mais absolutas enfraquecerem-se durante a execução. Esta constituição bizarra e viciosa das funções públicas funcionava como uma espécie de garantia política contra a onipotência do poder central. Era como uma espécie de dique irregular e mal construído que dividia sua força e reduzia seu impacto.

O governo tampouco dispunha ainda desta multidão infinita de favores, auxílios, honrarias e dinheiro que pode distribuir hoje, já que tinha bem menos meios tanto para seduzir quanto para coagir.

Aliás, ele mesmo mal conhecia os limites exatos de seu poder. Nenhum de seus direitos estava regularmente reconhecido ou solidamente estabelecido e, apesar de sua esfera de atuação ser imensa, ainda a palmilhava com passos hesitantes, como em um local escuro e desconhecido. Estas trevas assustadoras, que então ocultavam os limites de todos os poderes e reinavam em torno de todos os direitos, favoreciam os empreendimentos dos príncipes contra a liberdade dos súditos, mas com frequência também serviam de proteção aos últimos.

A administração, sentindo-se muito recente e de origem modesta, era sempre tímida em suas iniciativas, por menos obstáculos que encontrasse em seu caminho. Quando lemos a correspondência dos ministros e dos intendentes do século XVIII, ficamos diante de um espetáculo impressionante ao ver como esse governo, tão invasivo e tão absoluto enquanto não lhe contestam a obediência, desconcerta-se diante da menor resistência, perturba-se com a crítica mais ligeira, assusta-se com o menor rumor, e como então ele se detém, vacila, debate, modera os ânimos e frequentemente permanece muito aquém dos limites naturais de seu poderio. O frouxo egoísmo de Luís XV e a bondade de seu sucessor prestavam-se a isso. Aliás, esses príncipes jamais imaginavam que se pensasse em destroná-los. Não tinham nada desta índole inquieta e dura que, desde então, o medo conferiu muitas vezes aos governantes. Só esmagavam com os pés as pessoas que não viam.

Inúmeros privilégios, preconceitos e falsas ideias que mais se opunham ao estabelecimento de uma liberdade regular e benfazeja mantinham, em um grande número de súditos, o espírito de independência e os predispunham a enrijecer-se contra os abusos da autoridade.

Os nobres tinham grande desprezo pela administração propriamente dita, apesar de procurá-la de tempos em tempos. Mesmo no abandono de seu antigo poder, conservavam algo daquele orgulho de seus antepassados, tão inimigo da servidão quanto da norma. Não tinham a mínima preocupação com a liberdade geral dos cidadãos e admitiam de bom grado que a mão do poder oprimisse tudo ao seu redor, contanto que esse peso não recaísse sobre eles mesmos, razão pela qual estavam dispostos, se necessário, a assumir grandes riscos para evitá-lo. No momento em que a Revolução se inicia, essa nobreza, que vai cair com o trono, ainda tem para com o rei, e sobretudo para com seus agentes, uma atitude infinitamente mais altiva e uma linguagem mais livre que o Terceiro Estado, que em breve derrubará a realeza. [38] Quase todas as garantias contra os abusos do poder que possuímos ao longo dos trinta e sete anos de regime representativo são reivindicadas em altos brados por ela e, ao lermos seus cadernos em meio aos seus preconceitos e às suas manias, sentimos o espírito e algumas das grandes qualidades da aristocracia. Lamentaremos sempre que, em vez de se dobrar essa nobreza ao império das leis, tenham-na abatido e erradicado. Agindo assim, tirou-se da nação uma parte necessária de sua substância e infligiu-se à liberdade uma ferida que jamais cicatrizará. Uma classe que durante séculos caminhou na frente contraiu, nesse longo e incontestado uso de sua grandeza, certo orgulho de ânimo, uma confiança natural em suas forças, um hábito de ser respeitada que a torna o ponto mais resistente do organismo social. Não tem apenas costumes viris, mas, com seu exemplo, reforça a virilidade das outras classes. Extirpando-a, tolhem o vigor até dos seus próprios inimigos. Nada poderia substituí-la completamente e por si mesma nunca poderia renascer: pode voltar a ter títulos e bens, mas não o espírito dos seus antepassados.

Os sacerdotes, que desde então flagramos muitas vezes submetidos com tanta subserviência nas coisas civis a não importa que soberano temporal e aos seus mais audaciosos bajuladores, por pouco que parecessem favorecer a Igreja, compunham então um dos corpos mais independentes da nação e o único cujas liberdades particulares teriam de ser obrigatoriamente respeitadas.

As províncias tinham perdido suas franquias e as cidades não possuíam mais que a sombra delas. Dez nobres não podiam se reunir para deliberar juntos sobre um assunto qualquer sem uma autorização expressa do rei. A Igreja francesa conservou até o fim do Antigo Regime suas assembleias periódicas, [39] em cujo seio o próprio poder eclesiástico tinha limites respeitados. O baixo clero possuía sólidas garantias contra a tirania dos seus superiores e não estava preparado pela ilimitada arbitrariedade do bispo à obediência passiva perante o príncipe. Não tenho a mínima pretensão de julgar essa antiga constituição da Igreja: digo apenas que ela não preparava a alma dos padres para a subserviência política.

Ademais, muitos eclesiásticos eram fidalgos de sangue e transmitiam à Igreja o orgulho e a indocilidade dos indivíduos de sua condição. Além disso, todos tinham uma posição elevada no Estado e gozavam de privilégios. O uso desses mesmos direitos feudais, tão fatal ao poder moral da Igreja, conferia individualmente a seus membros um espírito de independência com relação ao poder civil.

No entanto, o que mais contribuía para dar aos sacerdotes as ideias, as necessidades, os sentimentos e muitas vezes as paixões do cidadão era a propriedade fundiária. Tive a paciência de ler a maioria dos relatórios e dos debates que nos deixaram os antigos estados provinciais – e, particularmente, os do Languedoc, onde o clero ainda estava mais envolvido do que em outros lugares nos detalhes da administração pública –, bem como as atas das assembleias provinciais que se reuniram em 1779 e 1787. Ao trazer nessa leitura as ideias de meu tempo, surpreendia-me ao ver bispos e abades, vários dos quais foram tão eminentes por sua santidade quanto por seu saber, elaborarem relatórios sobre a construção de uma estrada ou de um canal, abordarem o assunto com profundo conhecimento de causa, discutirem com ciência e técnica infinitas quais eram os melhores meios de incrementar a produção agrícola, assegurar o bem-estar dos habitantes e fazer prosperar a indústria, sempre no mesmo nível e frequentemente superiores a todos os laicos que se ocupavam com eles dos mesmos assuntos. [40]

Ouso pensar, na contramão de uma opinião bastante geral e muito solidamente estabelecida, que os povos que tiram ao clero católico toda e qualquer participação na propriedade fundiária e transformam todas suas rendas em salários, não servem senão aos interesses da Santa Sé e dos príncipes temporais, privando a si mesmos de um imenso elemento de liberdade.

Um homem que, pela melhor parte de si mesmo, encontra-se submetido a uma autoridade estrangeira e que, no país onde vive, não pode ter família, só está, por assim dizer, preso ao solo por um único laço sólido, a propriedade fundiária. Cortem esse laço e ele já não pertence especificamente a lugar algum. Naquele em que o acaso o fez nascer, ele vive como um forasteiro no meio de uma sociedade civil da qual quase nenhum dos interesses pode tocá-lo diretamente. Para sua consciência, ele depende apenas do papa e, para sua subsistência, apenas do príncipe. Sua única pátria é a Igreja. Em cada acontecimento político, praticamente só percebe o que beneficia ou pode prejudicar esta última. Contanto que ela seja livre e próspera, que importa o resto? Sua condição mais natural em política é a indiferença. Excelente membro da cidade cristã e um cidadão medíocre em todos os demais lugares. Sentimentos como esses e ideias semelhantes, em um corpo que é o diretor da infância e o guia dos costumes, não podiam deixar de enfraquecer a alma da nação inteira no tocante à vida pública.

Quem quiser ter uma ideia precisa das revoluções que o espírito dos homens pode sofrer em decorrência das mudanças advindas em sua condição, terá de reler os cadernos da ordem clerical em 1789 [41].

Neles o clero mostra-se frequentemente intolerante e às vezes obstinadamente agarrado a vários de seus antigos privilégios, mas, quanto ao resto, é tão inimigo do despotismo, tão favorável à liberdade civil e tão apaixonado pela liberdade política quanto o Terceiro Estado e a nobreza: proclama que não é mediante promessas que se deve garantir a liberdade individual, mas por meio de um procedimento análogo ao do *habeas corpus*. Pede a destruição das prisões estatais, a abolição dos tribunais de exceção e das evocações, a divulgação de todos os debates, a inamovibilidade de todos os juízes, o acesso de todos os cidadãos aos empregos, que só pelo mérito devem ser ocupados; um recrutamento militar menos opressivo e menos humilhante para o povo e do qual ninguém esteja isento; o resgate dos direitos senhoriais que, provenientes do regime feudal, são, como ele diz, contrários à liberdade; a liberdade ilimitada do trabalho e a extinção das alfândegas internas; a multiplicação das escolas privadas, por achar que cada paróquia deve ter a sua e que esta deve ser gratuita; estabelecimentos laicos de beneficência em toda a zona rural, tais como os ateliês e as oficinas de caridade; toda espécie de incentivos para a agricultura.

Na política propriamente dita, ninguém demonstra mais vigor que o clero ao proclamar o imprescritível e inalienável direito da nação a reunir-se em assembleias para elaborar leis e votar livremente o imposto. Assegura que nenhum francês pode ser obrigado a pagar uma taxa para a qual não tenha votado pessoalmente ou por meio do representante. Solicita ainda que os Estados-gerais, livremente eleitos, reúnam-se anualmente e discutam perante a nação todos os assuntos importantes; que promulguem leis gerais às quais não se possa opor nenhum uso ou privilégio particular; que elaborem o orçamento e fiscalizem inclusive a casa do rei; que seus deputados sejam invioláveis e que os ministros tenham sempre de prestar contas aos primeiros. Advoga também pela criação das assembleias de estados em todas as províncias e dos conselhos municipais em todas as cidades. Quanto ao direito divino, nenhuma palavra.

Não sei se, ao fim e ao cabo, e a despeito dos vícios gritantes de alguns de seus membros, jamais houve no mundo um clero mais notável do que o clero católico francês no momento em que a Revolução o surpreendeu, nem mais esclarecido, mais nacional, menos entrincheirado em suas virtudes privadas, mais investido de virtudes públicas e, ao mesmo tempo, de mais fé: isso ficou muito evidente com a perseguição. Iniciei o estudo da antiga sociedade repleto de preconceitos contra ele; encerrei-o com pleno respeito. Na verdade, tinha apenas os defeitos que são inerentes a todas as corporações, tanto as políticas quanto as religiosas, quando estão fortemente unidas e bem constituídas, a saber, a tendência à usurpação, o espírito pouco tolerante e o apego instintivo, quando não cego, aos direitos particulares do corpo.

A burguesia do Antigo Regime também estava muito mais preparada que a de hoje para mostrar um espírito de independência. Vários dos próprios vícios de sua conformação contribuíam para isso. Vimos que os cargos que ela ocupava eram ainda mais numerosos naquele tempo do que em nossos dias e que a classe média mostrava o mesmo ardor para adquiri-los. Mas observem a diferença das épocas. A maioria desses cargos, por não serem dados nem tirados pelo governo, aumentava a importância do titular sem colocá-lo à mercê do poder, ou seja, o que hoje consuma a submissão de tanta gente era precisamente o que então mais poderosamente lhe servia para se fazer respeitar.

Além disso, as imunidades de toda espécie que tão desafortunadamente separavam a burguesia do povo convertiam a primeira em uma falsa aristocracia que amiúde mostrava o orgulho e o espírito de resistência da verdadeira. Em cada uma dessas pequenas associações particulares que a dividiam em tantas partes, esquecia-se facilmente do bem comum, mas sempre se preocupavam com os interesses e os direitos do grupo, [42] onde havia uma dignidade e privilégios comuns a defender e ninguém podia jamais se perder na multidão para ocultar complacências covardes. Cada homem encontrava-se em um palco muito pequeno, é verdade, mas muito iluminado, e lá tinha sempre o mesmo público constantemente disposto a aplaudi-lo ou vaiá-lo.

A arte de abafar o rumor de todas as resistências achava-se então bem menos aperfeiçoada que hoje. A França ainda não se convertera no lugar surdo em que vivemos: ao contrário, era muito estridente e, ainda que a liberdade política não se mostrasse, bastava elevar a voz para ser ouvido a distância.

O que mais garantia aos oprimidos daquela época um meio de se fazer ouvir era a constituição da justiça. A França tornara-se um país de governo absoluto por suas instituições políticas e administrativas, mas seu povo permanecia livre por intermédio de suas instituições judiciárias. A justiça do Antigo Regime possuía indubitavelmente grandes defeitos – era complicada, confusa, lenta e onerosa –, mas nunca se encontrava nela o servilismo em face do poder, que não é senão uma forma de venalidade, e a pior. Esse vício capital, que não só corrompe o juiz mas rapidamente contamina o povo inteiro, era-lhe completamente estranho. O magistrado era inamovível e não buscava ser promovido, duas coisas igualmente necessárias para sua independência: pois o que importa que não se possa coagi-lo quando se tem mil maneiras de conquistá-lo?

É bem verdade que o poder régio conseguira retirar dos tribunais comuns o conhecimento de quase todos os casos em que a autoridade pública estava interessada, mas continuava a temê-los mesmo ao espoliá-los. Se os impedia de julgar, nem sempre ousava impedi-los de receberem as queixas e darem seu parecer, e, como a linguagem judiciária conservava então os modos do francês antigo, que gosta de chamar as coisas por seu verdadeiro nome, sucedia muitas vezes aos magistrados denominarem cruamente os procedimentos do governo como atos despóticos e arbitrários. [43] Assim, a intervenção irregular dos tribunais no governo, que frequentemente perturbava a boa administração dos negócios, servia ocasionalmente de salvaguarda à liberdade dos súditos: era um grande mal que limitava um mal maior.

No seio e em toda a volta desses corpos judiciários, o vigor dos antigos costumes conservava-se em meio às ideias novas. Apesar de os parlamentos estarem certamente mais preocupados consigo mesmos do que com a coisa pública, é preciso reconhecer que, na defesa de sua própria independência e de sua honra, mostravam-se sempre intrépidos e transmitiam sua alma a tudo o que se aproximava deles.

Quando em 1770 o parlamento de Paris foi dissolvido, os magistrados que o compunham sofreram a perda de seu estado e de seu poder sem que se visse um só deles ceder individualmente perante a vontade régia. Mais que isso, tribunais de uma natureza distinta, como o tribunal de contas[44], que não foram afetados nem ameaçados, expuseram-se voluntariamente aos mesmos rigores quando estes se tornaram inevitáveis. Mas eis algo ainda melhor: os principais advogados que defendiam causas no parlamento solidarizaram-se com seu destino de livre e espontânea vontade; renunciaram ao que lhes conferia glória e riqueza e preferiram condenar-se ao silêncio a apresentar-se perante os magistrados desonrados. Não conheço na história dos povos livres nada que supere em grandeza ao que ocorreu naquela ocasião, apesar de aquilo ter acontecido no século XVIII, ao lado da corte de Luís XV.

Os hábitos judiciais haviam-se tornado hábitos nacionais sob muitos aspectos. Dos tribunais também se adotara a ideia de que todo assunto está sujeito ao debate e toda decisão ao recurso, o hábito da divulgação, o apreço pelas formas,

44. Tribunal de ajudas (*cour des aides*), responsável pelas questões relativas às *ajudas* (*aides*), isto é, impostos indiretos que incidiam sobre a circulação e venda de determinadas mercadorias.

e estas coisas, todas elas inimigas da servidão, são a única parte da educação de um povo livre que o Antigo Regime nos legou. A própria administração emprestara muito da linguagem e dos usos da justiça. O rei considerava-se obrigado a sempre justificar seus decretos e expor suas razões antes de concluir; o conselho pronunciava decisões precedidas de longos preâmbulos; o intendente notificava suas decisões por meio do oficial de justiça. No seio de todos os corpos administrativos de origem antiga, como, por exemplo, o corpo dos tesoureiros da França ou dos eleitos, os assuntos eram discutidos publicamente e decididos após a defesa da causa. Todos estes hábitos e todas essas formalidades constituíam outros tantos entraves à arbitrariedade do príncipe.

Somente o povo, principalmente o dos campos, encontrava-se quase sempre sem condições de resistir à opressão por outra via que não pela violência.

A maioria dos meios de defesa que acabo de indicar estava realmente fora de seu alcance, pois, para tirar proveito deles, era preciso ter na sociedade uma posição de onde se pudesse ser visto e uma voz capaz de fazer-se ouvir. Mas exceção feita ao povo, não havia ninguém na França que, se tivesse coragem para tanto, não pudesse chicanar a sua obediência e resistir mesmo curvando-se.

O rei falava à nação mais como chefe do que como senhor. No início de seu reinado, Luís XVI expressou-se da seguinte maneira no preâmbulo de um édito: "Estamos orgulhosos por comandar uma nação livre e generosa". Um de seus antepassados já exprimira a mesma ideia numa linguagem mais arcaica quando, agradecendo aos Estados-gerais pela ousadia de suas críticas, dissera: "Preferimos falar com homens livres do que com servos".

Os homens do século XVIII praticamente não conheciam essa espécie de paixão pelo bem-estar que é como que a mãe da servidão, uma paixão mole e, contudo, tenaz e inalterável, que se mistura facilmente e, por assim dizer, se entrelaça com várias virtudes privadas – com o amor pela família, os hábitos regrados, o respeito pelas crenças religiosas e até com a prática tíbia e assídua do culto estabelecido –, que permite a honestidade, impede o heroísmo e esmera-se em fazer homens ordeiros e cidadãos covardes. Eram melhores e piores ao mesmo tempo.

Os franceses de então amavam a alegria e adoravam o prazer. Eram talvez mais desregrados nos seus hábitos e mais desordenados nas suas paixões e ideias que os de hoje, mas ignoravam esse sensualismo moderado e decoroso que vemos. As classes altas dedicavam-se muito mais a embelezar sua vida do que a torná-la cômoda, a ilustrar-se do que a enriquecer. Mesmo na classe média, os cidadãos nunca se deixavam absorver integralmente na busca do bem-estar e, frequentemente, a abandonavam para correr atrás de prazeres mais delicados e mais elevados. Por toda parte, antepunham qualquer outro bem ao dinheiro.

"Conheço minha nação: hábil em fundir e dissipar os metais, não é feita para honrá-los com um culto habitual e estaria totalmente disposta a regressar aos seus antigos ídolos, o valor, a glória e, ouso dizer, a magnanimidade", escrevia em um estilo bizarro, mas não desprovido de orgulho, um contemporâneo.

Ademais, é preciso ter o cuidado de não avaliar a baixeza dos homens pelo seu grau de submissão ao poder soberano, pois seria adotar uma medida falsa. Por mais submissos que fossem os homens do Antigo Regime às vontades do rei, havia uma espécie de obediência que lhes era desconhecida: não sabiam o que era curvar-se sob um poder ilegítimo ou contestado que se respeita pouco e amiúde se despreza, mas que se suporta de bom grado porque é útil ou pode prejudicar. Essa forma degradante de servidão sempre lhes foi desconhecida. O rei inspirava-lhes sentimentos que nenhum dos príncipes mais absolutos que desde então apareceram no mundo pôde suscitar e que até mesmo para nós se tornaram praticamente incompreensíveis, a tal ponto a Revolução extirpou-lhes de nossos corações até a raiz. Sentiam por ele a ternura que se tem por um pai e, ao mesmo tempo, o respeito que só se deve a Deus. Ao se submeterem às suas ordens mais arbitrárias, cediam menos à opressão que ao amor, e assim frequentemente lhes ocorria conservar a alma muito livre até na mais extrema dependência. Para eles, o maior mal da obediência era a coação; para nós, é o menor. O pior encontra-se no sentimento servil que faz obedecer. Não menosprezemos nossos pais, não temos este direito. Aprouvesse a Deus que pudéssemos reencontrar, com seus preconceitos e defeitos, um pouco de sua grandeza! [44]

Seria um grande equívoco acreditar que o Antigo Regime foi um tempo de subserviência e de dependência. [45] Nele reinava muito mais liberdade que em nossos dias, embora fosse uma espécie de liberdade irregular e intermitente, sempre concentrada no limite das classes, sempre ligada à ideia de exceção e de privilégio, que permitia desafiar quase tanto a lei como a arbitrariedade e quase nunca chegava a fornecer a todos os cidadãos as garantias mais naturais e imprescindíveis. Assim reduzida e deformada, a liberdade era ainda fecunda. Foi ela que, no exato momento em que a centralização mais se empenhava em nivelar, amolecer e embaciar todos os caracteres, conservou em um grande número de indivíduos sua originalidade inata, seu colorido e seu relevo, nutriu em seu coração o orgulho da própria personalidade e frequentemente fez com que nele o gosto pela glória predominasse sobre todos os outros. Formou essas almas vigorosas, esses gênios altivos e audaciosos que veremos surgir, e que farão da Revolução Francesa o objeto simultâneo da admiração e do terror das gerações seguintes. Seria muito estranho que virtudes tão viris pudessem ter crescido em um solo onde já não houvesse liberdade.

Mas se essa espécie de liberdade desregrada e malsã preparava os franceses para derrubar o despotismo, possivelmente os tornava menos aptos que qualquer outro povo para fundar em seu lugar o império pacífico e livre das leis.

## CAPÍTULO XII

## COMO, MALGRADO OS AVANÇOS DA CIVILIZAÇÃO, A SITUAÇÃO DO CAMPONÊS FRANCÊS PODIA SER PIOR NO SÉCULO XVIII DO QUE O FORA NO SÉCULO XIII

No século XVIII, o camponês francês não podia mais ser a presa de pequenos déspotas feudais e só raramente era alvo de violências da parte do governo: gozava da liberdade civil e possuía uma parte do solo, mas todos os homens das outras classes haviam se afastado dele e seu isolamento era talvez o maior que já se vira em qualquer outra parte do mundo. Era uma espécie de opressão nova e singular cujos efeitos merecem ser considerados atentamente à parte.

De acordo com Péréfixe[45], as queixas de Henrique IV sobre o abandono dos campos pelos nobres remontam ao início do século XVII, deserção esta que se tornou praticamente geral em meados do século XVIII. Todos os documentos da época a assinalam e a deploram: os economistas em seus livros, os intendentes em suas correspondências, as sociedades de agricultura em suas memórias. Encontra-se uma prova cabal disso nos registros da capitação, cuja cobrança se dava no local do domicílio verdadeiro: ora, a cobrança de toda a alta nobreza e de uma parte da média efetuava-se em Paris.

No campo não permanecia quase ninguém, a não ser o fidalgo cuja medíocre fortuna o impedia de deixá-lo. [46] Com respeito aos seus vizinhos camponeses, esse gentil-homem encontrava-se em uma posição jamais vista por qualquer proprietário rico, penso eu. [47] Não sendo mais seu chefe, já não tinha como outrora o interesse em tratá-los bem, ajudá-los e orientá-los. Por outro lado, não estando pessoalmente sujeito aos mesmos encargos públicos que eles, não podia experimentar grande simpatia por sua miséria, da qual não partilhava, nem se associar às suas queixas, que lhe eram estranhas. Aqueles homens já não eram seus súditos, mas ele ainda não era seu concidadão: fato único na história.

---

45. Paul Philippe Hardouin de Beaumont de Péréfixe (1606-1671), arcebispo de Paris e autor da *Histoire du Roy Henry le Grand* (*História do rei Henrique, o Grande*, 1661), reeditada inúmeras vezes no século XIX.

Isso conduzia a uma espécie de absenteísmo de coração, se posso expressar-me assim, ainda mais frequente e mais eficaz que o absenteísmo propriamente dito. Resultou disso que o gentil-homem residente em suas terras demonstrava muitas vezes os pontos de vista e os sentimentos que seu intendente teria mostrado em sua ausência. Como este, o fidalgo já não via os rendeiros senão como devedores e exigia deles rigorosamente tudo o que ainda lhe cabia segundo a lei ou o costume, o que às vezes tornava a cobrança do que restava dos direitos feudais mais cruel do que nos tempos do próprio feudalismo.

Constantemente endividado e sempre necessitado, ele geralmente vivia com extrema parcimônia em seu castelo e não pensava em outra coisa senão em amealhar o montante que gastaria na cidade durante o inverno. O povo, que costuma resumir a ideia com uma palavra, dera a este fidalgote o nome da menor entre as aves de rapina: chamava-o de "esmerilhão".

É possível que me contraponham, sem dúvida, indivíduos; mas eu falo de classes, pois somente elas devem ocupar a história. Quem poderia negar que naquela época houvesse muitos proprietários ricos que, sem motivo obrigatório e sem interesse em comum, cuidassem do bem-estar dos camponeses? Mas estes lutavam com êxito contra a lei de sua nova condição, que, a despeito deles mesmos, impelia-os para a indiferença, assim como seus antigos vassalos eram impelidos para o ódio.

Atribui-se muitas vezes esse abandono dos campos pela nobreza à influência particular de determinados ministros e de certos reis: uns a Richelieu, outros a Luís XIV. Com efeito, durante os três últimos séculos da monarquia, os príncipes quase sempre seguiram a ideia de separar do povo os fidalgos e atraí-los à corte e aos cargos públicos. Isso acontece principalmente no século XVII, em que a nobreza ainda era um objeto de temor para a realeza. Entre as questões dirigidas aos intendentes encontra-se ainda esta: "Os fidalgos de sua província gostam de permanecer em suas terras ou preferem deixá-las?".

Temos a carta de um intendente respondendo sobre esse assunto: lamenta que os fidalgos de sua província comprazem-se em ficar com seus camponeses em vez de cumprirem com seus deveres junto ao rei. E notem bem isto: a província em questão era Anjou, que depois se transformou na Vendeia[46]. Esses

46. Alusão à Guerra da Vendeia, a qual, travada no departamento de mesmo nome localizado a oeste da França, se caracterizou pelo maior e mais duradouro foco de resistência interna e popular ao governo revolucionário de Paris. Curiosamente – e como Tocqueville fez questão de destacar –, foi nessa região econômica e socialmente atrasada, onde a aristocracia se mostrara mais obstinada na defesa de seus antigos direitos políticos contra os avanços do absolutismo, que os camponeses, indignados com a condenação do rei (morto em 21.1.1793) e com o alistamento obrigatório (*levée en masse*, de fevereiro de 1793), cerraram fileiras em torno da nobreza (uma das poucas a não emigrar) e do clero contra a Revolução. Essa autêntica

gentis-homens que, como se diz, recusavam-se a cumprir com suas obrigações perante o rei, foram os únicos que empunharam armas na defesa da monarquia francesa e puderam morrer combatendo por ela; e deveram esta gloriosa distinção exclusivamente ao fato de terem sabido manter à sua volta aqueles camponeses entre os quais gostavam de viver, recebendo censuras por isso.

Não se deve, porém, atribuir à influência direta de alguns de nossos reis o abandono dos campos pela classe que então ocupava o topo da nação. A causa principal e permanente desse fato não esteve na vontade de certos homens e sim na ação lenta e contínua das instituições, como ficou provado pela incapacidade do governo em combater esse mal no século XVIII, quando assim o quis: não logrou sequer lhe deter o avanço. À medida que a nobreza vai perdendo seus direitos políticos sem adquirir outros e que as liberdades locais desaparecem, esse êxodo dos nobres se intensifica. Já não é necessário atraí-los para fora de suas propriedades, pois não têm mais vontade de permanecer ali: a vida dos campos tornou-se insípida para eles.

O que afirmo aqui sobre os nobres é válido para os proprietários ricos de qualquer país: país de centralização, campos vazios de habitantes ricos e esclarecidos; e poderia acrescentar: país de centralização, país de cultura imperfeita e convencional. Poderia também comentar a expressão tão profunda de Montesquieu, determinando-lhe o sentido: "As terras produzem menos em razão de sua fertilidade que da liberdade dos habitantes". Mas não quero sair do meu tema.

Já vimos como os burgueses, abandonando por sua vez os campos, procuravam em toda parte um asilo nas cidades. Não há um ponto sobre o qual todos os documentos do Antigo Regime estejam mais de acordo. Eles informam que quase nunca se vê mais que uma geração de camponeses ricos nos campos. Quando um agricultor, graças à sua laboriosidade, finalmente consegue adquirir algum bem, ele imediatamente manda seu filho largar o arado, envia-o para a cidade e compra-lhe um pequeno ofício. É dessa época que data esta espécie de horror singular que o agricultor francês manifesta frequentemente, mesmo em nossos dias, pela profissão que o enriqueceu. O efeito sobreviveu à causa.

---

*jacquerie* contrarrevolucionária estendeu-se por três anos (até 1796) e deixou mais de 200 mil mortos, mas seu apogeu ocorreu no verão de 1793, ficando sempre na defensiva a partir de setembro de 1793. Teve na conquista da cidade de Nantes pelos revoltosos e sua posterior perda perante as forças revolucionárias francesas seu episódio mais lúgubre, pois a retomada da cidade pelo exército revolucionário sob o comando de Carrier desencadeou uma onda de violência governamental sem precedentes (comparável apenas à repressão de Lyon), que ficou conhecida pelas "noyades" (afogamentos) de Nantes (que, entre outubro de 1793 e fevereiro de 1794, fez cerca 4 mil vítimas, de mulheres a crianças, idosos a religiosos locais, todas afogadas vivas no rio Loire, designado por Carrier como "o rio republicano").

Na verdade, o pároco era o único homem bem-educado, ou, como dizem os ingleses, o único *gentleman* que residia de modo permanente em meio aos camponeses e mantinha um contato contínuo com eles, razão pela qual, a despeito de Voltaire, o padre teria se tornado o senhor das populações rurais se ele mesmo não estivesse ligado de forma tão estreita e tão visível à hierarquia política: pelo fato de possuir vários dos privilégios desta, inspirava uma parte do ódio que ela suscitava. [48]

Eis portanto o camponês quase inteiramente separado das classes superiores e afastado de seus próprios semelhantes que poderiam ajudá-lo e orientá-lo. À medida que estes adquirem luzes ou abastança, tratam de evitá-lo, deixando-o como que excluído do meio de toda a nação e posto de lado.

Em nenhum dos grandes povos civilizados da Europa verificava-se isso na mesma escala, e mesmo na França o fato era recente. O camponês do século XIV era simultaneamente mais oprimido e mais socorrido. A aristocracia tiranizava-o algumas vezes, mas nunca o abandonava.

No século XVIII, uma aldeia é uma comunidade cujos membros são todos pobres, ignorantes e rústicos: seus magistrados são tão incultos e tão desprezados quanto ela, seu síndico é um analfabeto e seu coletor é incapaz de efetuar pessoalmente as contas de que depende a fortuna de seus vizinhos e a sua própria. Seu antigo senhor não só já não tem o direito de governá-la como chegou a considerar também uma espécie de degradação imiscuir-se em seu governo. Fixar as talhas, recrutar a milícia, regulamentar as corveias são atos servis, tarefas de síndico. O poder central é o único que ainda se ocupa dela, mas como está instalado bastante longe e ainda nada tem a temer dos que a habitam, ocupa-se dela apenas para tirar proveito.

Vejam agora o que acontece com uma classe abandonada, que ninguém ambiciona tiranizar mas que ninguém procura educar e servir.

Os mais pesados encargos que o sistema feudal impunha ao habitante dos campos foram inegavelmente retirados ou diminuídos, mas o que quase não se sabe é que estes foram substituídos por outros, possivelmente mais onerosos. O camponês não sofria todos os males que seus pais sofreram, mas suportava muitas misérias que seus pais nunca conheceram.

Sabe-se que foi quase unicamente à custa dos camponeses que a talha decuplicara nos dois últimos séculos. Aqui é preciso dizer algumas palavras sobre como ela era cobrada deles, para mostrar de que maneira leis bárbaras podem fundar-se ou manter-se nos séculos civilizados quando os homens mais esclarecidos da nação não têm nenhum interesse pessoal em modificá-las.

Em uma carta confidencial de 1772 que o controlador-geral escreveu pessoalmente aos intendentes, encontro esta descrição da talha que é uma pequena obra-prima de exatidão e concisão: "A talha", diz este ministro, "arbitrária em sua repartição, solidária na sua percepção, pessoal e não real, na maior parte da França está sujeita a contínuas variações em virtude de todas as mudanças que ocorrem a cada ano na fortuna dos contribuintes." Tudo está dito em três frases: não se poderia descrever com mais arte o mal do qual se tira proveito.

A soma total devida pela paróquia era fixada anualmente, e, como diz o ministro, variava constantemente, de modo que nenhum agricultor podia prever com um ano de antecedência o que deveria pagar no ano seguinte. No interior da paróquia, um camponês escolhido aleatoriamente a cada ano e nomeado coletor estava incumbido de dividir o montante do imposto entre todos os outros.

Prometi que falaria sobre a condição desse coletor. Deixemos que fale a insuspeita assembleia provincial de Berry, composta integralmente por privilegiados escolhidos pelo rei e isentos da talha: "Como todos querem evitar o cargo de coletor", dizia ela em 1779,

> impõe-se que ele seja rotativo. Portanto, cada ano a cobrança da talha é confiada a um novo coletor, sem levar em conta a capacidade ou a honestidade, razão pela qual a confecção de cada lista ressente-se do caráter de quem a faz. O coletor imprime-lhe seus temores, suas fraquezas ou seus vícios. Por outro lado, como poderia sair-se bem, se agia nas trevas? Pois quem sabe com exatidão a riqueza de seu vizinho e a proporção dessa riqueza com a de outro? No entanto, o parecer do coletor é o único válido para a decisão e ele responde com todos os seus bens e mesmo com sua pessoa pela arrecadação. Geralmente tem de perder durante dois anos a metade de seus dias de trabalho no encalço dos contribuintes. Os que não sabem ler são obrigados a buscar na vizinhança alguém que os substitua. [49]

Um pouco antes, Turgot já dissera a respeito de outra província: "Esse emprego leva ao desespero e quase sempre à ruína aqueles que o desempenham, e assim são sucessivamente reduzidas à miséria todas as famílias abastadas de uma aldeia".

Entretanto, o infeliz coletor estava armado de um arbítrio imenso, sendo quase tão tirano quanto mártir. Durante esse exercício em que ele próprio se arruinava, tinha em suas mãos a ruína de todos. "A preferência por seus parentes", segue dizendo a assembleia provincial, "por seus amigos e vizinhos, o ódio e a vingança contra seus inimigos, a necessidade de um protetor, o receio de desagradar um cidadão abastado que proporciona trabalho, combatem em seu coração os sentimentos de justiça". O terror torna muitas vezes o coletor implacável e em algumas paróquias ele só anda acompanhado de beleguins e de oficiais de justiça. "Quando anda sem oficiais de justiça", diz um intendente ao ministro em 1764, "os cidadãos sujeitos à talha não querem pagar". A assembleia provincial de Guyenne informa-nos ainda que, "só na circunscrição de Villefranche, contam-se 106 portadores de intimação e outros auxiliares de justiça sempre a caminho".

Para escapar dessa taxação violenta e arbitrária, o camponês francês, em pleno século XVIII, age como o judeu da Idade Média. Adota uma aparência de miserável, ainda que ocasionalmente não o seja de fato, e teme, com razão, sua abastança: encontro uma prova evidente disso em um documento que consulto não mais em Guyenne, mas a cem léguas de lá. Em seu relatório de 1761, a Sociedade de Agricultura de Maine anuncia que tivera a ideia de distribuir cabeças de gado como prêmio e incentivo. "Foi impedida", diz ela, "pelas consequências perigosas que uma inveja mesquinha poderia atrair contra vencedores desses prêmios, e que, favorecida pela atribuição arbitrária dos impostos, lhes ocasionaria vexações nos anos seguintes".

Nesse sistema tributário, cada contribuinte tinha realmente um interesse direto e permanente em espionar seus vizinhos e denunciar ao coletor o aumento de sua riqueza: todos eram adestrados para a inveja, a delação e o ódio. Não parece que tais coisas se passam nos domínios de um rajá do Industão? [50]

Todavia, na mesma época havia regiões da França onde o imposto era recolhido com regularidade e moderação: eram certos *países de estados*. É bem verdade que lhes haviam deixado o direito de cobrá-lo por si mesmos. No Languedoc, por exemplo, a talha só incide sobre a propriedade fundiária e não varia conforme a abastança do proprietário. Tem como base fixa e visível um cadastro feito criteriosamente e renovado a cada trinta anos, e no qual as terras são divididas em três classes, de acordo com sua fertilidade. Cada contribuinte sabe antecipadamente o valor exato da parcela do imposto que lhe cabe. Se não pagar, apenas ele, ou melhor, apenas suas terras responderão por isso. Caso sinta-se lesado no rateio, tem sempre o direito de exigir que se compare sua cota com a de um outro morador da paróquia que ele mesmo escolhe. É o que hoje chamamos de recurso à igualdade proporcional.

Vê-se que todas essas regras são precisamente as que seguimos agora, as quais não foram melhoradas em quase nada desde então, mas apenas generalizadas. Vale a pena assinalar que, embora tenhamos tomado do governo do Antigo Regime a forma propriamente dita de nossa administração pública, abstivemo-nos de imitá-lo em todo o resto. Das assembleias provinciais, e não dele, é que emprestamos nossos melhores métodos administrativos. Ao adotarmos a máquina, rejeitamos o produto.

A habitual pobreza do povo dos campos dera origem a máximas que não se prestavam a encerrá-la. "Se os povos vivessem de maneira cômoda, dificilmente permaneceriam dentro das regras", escrevera Richelieu em seu testamento político. No século XVIII já não se vai tão longe, mas ainda se acredita que o camponês não trabalharia se não fosse constantemente premido pela necessidade: a miséria parece ser a única garantia contra a preguiça. É precisamente a teoria que por vezes ouvi professarem acerca dos negros de nossas colônias. Essa opinião encontra-se tão difundida entre os governantes que quase todos os economistas julgam-se obrigados a combatê-la formalmente.

Sabe-se que a talha fora originalmente designada para permitir ao rei comprar soldados que dispensassem os nobres e seus vassalos do serviço militar; mas, no século XVII, a obrigatoriedade do serviço militar foi novamente imposta, como vimos, sob o nome de milícia, e dessa vez só recaiu sobre o povo e quase unicamente sobre o camponês.

Basta examinar os múltiplos autos de polícia que lotam os arquivos de uma intendência, todos relativos à perseguição a milicianos refratários ou desertores, para perceber que a milícia não se recrutava sem obstáculos. Com efeito, parece que para os camponeses não havia encargo público mais insuportável do que esse e, para livrar-se dele, escondiam-se muitas vezes nas matas, onde era preciso persegui-los a mão armada: quem imagina a facilidade com que hoje se opera o recrutamento forçado fica espantado com essa situação.

Essa extrema repugnância dos camponeses do Antigo Regime pela milícia deve ser atribuída menos ao princípio legal em si do que à maneira como era executada. Deve-se culpar sobretudo a longa incerteza em que mantinha aqueles a quem ameaçava (podiam ser convocados até os 40 anos, a menos que se casassem); a arbitrariedade da revisão, que tornava praticamente inútil a vantagem de um número favorável no sorteio; a proibição de escolher um substituto; a aversão a uma profissão dura e perigosa, na qual toda expectativa de promoção estava bloqueada; mas, principalmente, o sentimento de que um encargo tão pesado recaía unicamente sobre eles, e sobre os elementos mais miseráveis dentre eles, cuja ignominiosa condição tornava mais amargos seus rigores.

Tive em mãos muitas atas de sorteios lavradas no ano de 1769 em um grande número de paróquias. Nelas constam os isentos de cada paróquia: este aqui é um criado da casa de um fidalgo; aquele outro é vigia de uma abadia; um terceiro não passa de um lacaio de um burguês, é verdade, mas esse burguês *vive nobremente.* A simples riqueza isenta. Quando um agricultor figura anualmente entre os mais tributados, seus filhos têm o privilégio de ser isentados da milícia e chamam isso de fomento agrícola. Os economistas, grandes aficionados pela igualdade em tudo o mais, não se escandalizam com esse privilégio e solicitam apenas que ele se estenda a outros casos, isto é, que o encargo dos camponeses mais pobres e menos apadrinhados se torne mais pesado. "O insignificante soldo do soldado", diz um deles, "a maneira como é alojado, vestido, alimentado e sua completa dependência tornariam demasiadamente cruel escolher qualquer homem que não pertencesse à arraia-miúda".

Até o final do reinado de Luís XIV, as grandes estradas não foram conservadas ou foram-no às expensas de todos os que as usavam, ou seja, o Estado ou todos os proprietários ribeirinhos. Todavia, por volta dessa época, começou-se a repará-las apelando unicamente à corveia, isto é, à custa apenas dos camponeses. Este expediente para ter boas estradas sem nenhum desembolso pareceu uma ideia tão oportuna que, em 1737, uma circular do controlador-geral Orry[47] aplicou-o a toda a França. Os intendentes foram investidos do direito de aprisionar os recalcitrantes ao seu arbítrio ou de lhes enviar beleguins.

A partir de então, sempre que o comércio aumenta, que a necessidade e o apreço por boas estradas se difundem, a corveia estende-se a novos caminhos e seu encargo amplia-se. [51] Em um relatório elaborado em 1779 pela assembleia provincial de Berry, lê-se que as obras executadas pela corveia nessa pobre província devem ser estimadas em 700 mil libras anuais. Na Baixa Normandia, estimava-se aproximadamente o mesmo montante em 1787. Nada poderia mostrar melhor a triste sorte do povo da zona rural: os progressos da sociedade, que enriquecem todas as outras classes, desesperam-no; a civilização volta-se apenas contra ele. [52]

Na correspondência dos intendentes por volta da mesma época, leio que convém recusar aos camponeses o emprego da corveia nas estradas particulares de suas aldeias, pois ela deve ser reservada unicamente às grandes estradas ou, como se dizia então, *para as estradas do Rei*. [53] A estranha ideia de que convém transferir o custo das estradas aos mais pobres e aos que provavelmente viajam menos, tal ideia, apesar de nova, enraíza-se tão naturalmente no espírito dos que dela tiram proveito que, em breve, já não imaginam que as coisas possam suceder de outro modo. Em 1776, tentam transformar a corveia em uma taxa local: a desigualdade transforma-se prontamente com ela e segue-a no novo imposto.

47. Philibert Orry (1689-1747), controlador-geral das finanças (1730-1745) e diretor-geral da *Viação e Obras públicas* (entre 1736-1745), responsável por colocar cargos ou ofícios municipais à venda.

Quando deixou de ser senhorial e passou a ser real, a corveia foi pouco a pouco estendendo-se a todas as obras públicas. Vejo-a em 1719 aplicada na construção de casernas! [54] "As paróquias devem enviar seus melhores operários", diz a ordenança, "e todas as demais obras devem ceder prioridade a esta". [55] A corveia transporta os forçados às prisões e os mendigos aos asilos de caridade; carrega os equipamentos militares sempre que as tropas mudam de lugar: encargo bastante oneroso em uma época em que cada regimento levava atrás de si uma pesada bagagem e que exigia a reunião de um grande número de carroças e de bois desde muito longe para arrastá-la. [56] Irrelevante na origem, essa espécie de corveia tornou-se uma das mais pesadas quando os exércitos permanentes aumentaram consideravelmente seu número. Vejo empreiteiros do Estado pedindo em altos brados que lhes entreguem a corveia para transportar as madeiras de construção das florestas aos arsenais marítimos. Apesar de os submetidos à corveia receberem geralmente um salário, este era sempre pequeno e fixado arbitrariamente. O ônus de um encargo tão descabido torna-se às vezes tão pesado que o coletor das talhas se inquieta. "Os gastos exigidos dos camponeses para a recuperação das estradas", escreve um deles em 1751, "farão com que em breve fiquem impossibilitados de pagar sua talha".

Poderiam todas essas novas opressões ter vingado se ao lado do camponês houvesse homens ricos e esclarecidos, que tivessem o gosto e o poder, se não de defendê-lo, pelo menos de interceder por ele junto àquele senhor comum que já tinha em suas mãos a fortuna do pobre e a do rico?

Li a carta que um grande proprietário escreveu em 1774 ao intendente de sua província, exortando-o a mandar abrir uma estrada. Dizia que essa estrada traria prosperidade à aldeia e apresentava as razões para isso, passando, em seguida, à instalação de uma feira que, assegurava ele, duplicaria o preço dos gêneros. Esse bom cidadão acrescentava que um pequeno incentivo financeiro bastaria para abrir uma escola que proporcionaria súditos mais industriosos ao rei. Não pensara até então nessas melhorias necessárias e só se apercebera disso nos dois anos durante os quais uma *lettre de cachet*[48] o retinha em seu castelo. "O exílio de minhas terras nestes últimos dois anos convenceu-me da extrema utilidade de todas essas coisas", sentenciou candidamente.

Mas é principalmente nos tempos de escassez que se percebe que os laços de patronagem e dependência que uniam outrora o grande proprietário rural aos camponeses estão frouxos ou rompidos. Nesses momentos de crise, o

---

48. Carta régia com o sinete pessoal do rei que transmitia ao destinatário uma ordem de prisão, exílio ou confinamento sem julgamento. Não por acaso, foi um dos principais objetos de crítica dos filósofos ilustrados e da oposição parlamentar que, via de regra, foram os principais alvos deste expediente monárquico.

governo central assusta-se com seu próprio isolamento e fragilidade; gostaria de ressuscitar momentaneamente as influências individuais ou as associações políticas que destruiu; chama-as em seu auxílio: ninguém acorre, e geralmente se espanta ao descobrir mortas as pessoas das quais ele mesmo tirou a vida.

Nessa situação extrema, nas províncias mais pobres há intendentes que, a exemplo de Turgot, passam ilegalmente decretos para obrigar os proprietários ricos a alimentar seus meeiros até a próxima colheita. Encontrei, datadas de 1770, cartas de vários párocos sugerindo ao intendente que taxasse os grandes proprietários de suas paróquias, tanto eclesiásticos quanto laicos, "que possuem", dizem eles, "vastas propriedades nas quais não moram e das quais obtêm grandes rendimentos que vão gastar alhures".

Mesmo em períodos de normalidade, as aldeias estão infestadas de mendigos porque, como explica Letrone, os pobres são assistidos nas cidades, mas no campo, durante o inverno, a mendicância é uma necessidade absoluta.

Vez ou outra agiam contra esses infelizes de modo muito violento. Em 1767, o duque de Choiseul[49] quis erradicar subitamente a mendicância na França. A correspondência dos intendentes permite ver com que rigor se aplicou nisso. A polícia montada recebeu ordem de prender de uma só vez todos os mendigos que se encontrassem no reino; assegura-se que mais de 50 mil foram assim detidos. Os desocupados válidos deviam ser enviados às galés; quanto aos outros, mais de quarenta asilos de mendicância foram abertos para acolhê-los: teria sido melhor abrir o coração dos ricos.

Esse governo do Antigo Regime, que era, como mencionei, tão manso e às vezes tão tímido, tão amigo das formalidades, da lentidão e da deferência quando se tratava de homens situados acima do povo, é constantemente rude e sempre célere quando procede contra as classes baixas, especialmente contra os camponeses. Entre os documentos que passei em revista, não vi um único que informasse a prisão de burgueses por ordem de um intendente; mas os camponeses são detidos a todo momento, em razão da corveia, da milícia, da mendicância, da polícia e de mil outras circunstâncias. Para uns, tribunais independentes, longos debates, uma publicidade tutelar; para os outros, o preboste, que julgava sumariamente e sem recurso.

"A imensa distância que existe entre o povo e todas as outras classes", escreve Necker em 1785,

---

49. Étienne-François, duque de Choiseul (1719-1785), favorito e ministro dos Assuntos Estrangeiros de Luís XV entre 1758-1770, além de ministro da Guerra e da Marinha, foi o principal responsável por envolver a França na Guerra dos Sete Anos (1756-1763), de consequências desastrosas para o país (perda de parte do Canadá e da Índia francesa).

> ajuda a desviar os olhos da maneira como se pode conduzir a autoridade em relação a todas as pessoas perdidas na multidão. Sem a brandura e a humanidade que caracterizam os franceses e o espírito do século, esse seria um motivo contínuo de tristeza para os que sabem compadecer-se do jugo do qual estão isentos.

Mas era menos ainda pelo mal que se fazia àqueles desditosos do que pelo bem que eram impedidos de fazer a si mesmos que a opressão se manifestava. Eram livres e proprietários, e continuavam quase tão ignorantes e frequentemente mais miseráveis que os servos, seus antepassados. Permaneciam incapacitados em meio aos prodígios das técnicas e incivilizados em um mundo todo brilhante de luzes. Ainda que conservassem a inteligência e a perspicácia próprias de sua raça, não tinham aprendido a servir-se delas, tampouco podiam ser bem-sucedidos naquela que era sua única atividade, o cultivo das terras. "Tenho sob meus olhos a agricultura do século X", diz um célebre agrônomo inglês. Destacavam-se apenas no ofício das armas: ali, pelo menos, tinham um contato natural e necessário com as outras classes.

É nesse abismo de isolamento e miséria que o camponês vivia, no qual permanecia como que fechado e impenetrável. Fiquei surpreso e um pouco assustado ao perceber que, menos de vinte anos antes de o culto católico ser abolido sem resistência e as igrejas serem profanadas, o método que a administração às vezes adotava para conhecer a população de um cantão era o seguinte: os párocos indicavam o número dos que se apresentaram à comunhão na Páscoa e acrescentavam o número provável de crianças pequenas e de enfermos. A soma perfazia o total de habitantes. Porém, as ideias da época já influenciavam de todos os modos esses espíritos grosseiros; invadiam-nos por vias indiretas e subterrâneas, assumindo nesses locais estreitos e obscuros formas estranhas. Posto isso, exteriormente ainda nada parecia ter mudado. Os costumes do camponês, seus hábitos, suas crenças pareciam sempre os mesmos: ele era submisso e até mesmo feliz.

É preciso desconfiar da alegria que o francês muitas vezes demonstra em seus maiores males, a qual só comprova que, ao julgar sua má fortuna inevitável, ele procura distrair-se para não pensar nela, o que não quer dizer que não a sinta. Abram a esse homem uma saída que possa conduzi-lo para fora dessa miséria que parece afetá-lo tão pouco e ele prontamente se dirigirá para esse lado com tamanha violência que passará por cima de seus corpos sem vê-los, se estiverem em seu caminho.

Percebemos claramente essas coisas da posição em que estamos, mas os contemporâneos não as viam. É sempre com grande dificuldade que os homens das classes superiores logram discernir claramente o que se passa na alma do povo e em particular na dos camponeses. A educação e o estilo de vida dos primeiros permitem que vejam as coisas humanas de um modo típico, que permanece oculto a todos os outros. Mas, quando o pobre e o rico quase não têm mais interesses em comum, tampouco queixas e assuntos em comum, essa obscuridade que esconde o espírito de um ao espírito do outro torna-se insondável, de forma que ambos poderiam viver eternamente lado a lado sem jamais compreender um ao outro. É curioso ver em que estranha segurança viviam todos os que ocupavam os níveis superiores e intermediários do edifício social no próprio instante em que a Revolução estava começando, e ouvi-los discorrer engenhosamente entre si sobre as virtudes do povo, sobre sua brandura, sua devoção, seus prazeres inocentes, quando 1793 já está sob os seus pés: espetáculo ridículo e terrível!

Detenhamo-nos aqui antes de passar adiante e, por todos esses pequenos fatos que acabo de descrever, consideremos por um instante uma das maiores leis de Deus na condução das sociedades.

A nobreza francesa teima em permanecer apartada das outras classes: os fidalgos logram isentar-se da maioria dos encargos públicos que pesam sobre elas, na expectativa de que conservariam sua grandeza furtando-se a tais compromissos e, a princípio, parece ser assim. Mas logo uma doença interna parece ter-se aferrado à sua condição, que vai-se reduzindo pouco a pouco sem que ninguém os toque, e vão empobrecendo à medida que suas imunidades aumentam. Inversamente, a burguesia, com a qual tanto temeram confundir-se, vai se tornando mais rica e esclarecida ao lado deles, sem eles e contra eles. Por não aceitarem os burgueses como sócios nem como concidadãos, irão tê-los como rivais, brevemente como inimigos e, por fim, como senhores. Um poder alheio liberou-os da responsabilidade de conduzir, proteger e ajudar seus vassalos; mas, como simultaneamente lhes deixou seus direitos pecuniários e seus privilégios honoríficos, estimam que nada perderam. Como continuam liderando a marcha, creem que ainda comandam e, de fato, continuam cercados de homens a quem, nas escrituras públicas, designam como seus *súditos*; outros denominam-se seus vassalos, seus meeiros, seus arrendatários. Na realidade, ninguém os segue: estão sós e, quando finalmente vão se apresentar os que querem abatê-los, só lhes restará fugir.

Apesar da profunda diferença entre os destinos da nobreza e da burguesia, elas assemelharam-se em um ponto: o burguês acabou por viver tão à margem do povo quanto o próprio fidalgo. Longe de aproximar-se dos camponeses, evitara o contato com suas misérias. Em vez de unir-se estreitamente a eles para combaterem juntos a desigualdade comum, tratara apenas de criar novas injustiças em proveito próprio: mostrou-se tão ardoroso na busca de exceções quanto o fidalgo em manter os privilégios. Esses camponeses, de cujo seio haviam saído, tornaram-se para ele não apenas estranhos mas, por assim dizer, desconhecidos, e só depois de ter-lhes posto as armas nas mãos deu-se conta de que excitara paixões de que nem sequer fazia ideia e das quais, em face da impotência tanto para contê-las quanto para conduzi-las, ia tornar-se a vítima após ter sido o promotor.

As pessoas de todas as épocas ficarão espantadas ao ver as ruínas dessa grande casa de França que parecera destinada a estender-se por toda a Europa; mas os que lerem atentamente sua história compreenderão sem dificuldade sua queda. Com efeito, quase todos os vícios, quase todos os erros, quase todos os preconceitos funestos que acabo de descrever deveram, quer seu nascimento, quer sua duração, quer ainda seu desenvolvimento, à arte que a maioria de nossos reis teve em dividir os homens, a fim de governá-los mais absolutamente.

Entretanto, quando o burguês ficou assim completamente isolado do fidalgo, e o camponês do fidalgo e do burguês; quando um trabalho análogo prosseguiu-se no seio de cada classe e formaram-se no interior de cada uma delas pequenas agregações particulares quase tão isoladas uma das outras quanto as classes o eram entre si, sucedeu que o todo formava apenas uma massa homogênea cujas partes não estavam mais ligadas. Nada mais estava organizado para atrapalhar o governo e nada, tampouco, para auxiliá-lo, de tal sorte que todo o edifício da grandeza daqueles príncipes pôde desmoronar em bloco em um só momento, assim que a sociedade que lhe servia de base se agitou.

E finalmente esse povo, que parece o único a ter tirado proveito das faltas e dos erros de todos seus senhores, se realmente escapou ao império deles, não pôde subtrair-se ao jugo das ideias falsas, dos hábitos viciosos, dos maus pendores que eles lhe deram ou deixaram adquirir. Vimo-lo por vezes transportar os gostos de um escravo até mesmo no próprio exercício de sua liberdade e mostrar-se tão incapaz de conduzir a si quanto se mostrara duro para com seus preceptores.

# LIVRO III

## CAPÍTULO I

## COMO, EM MEADOS DO SÉCULO XVIII, OS HOMENS DE LETRAS TORNARAM-SE AS PRINCIPAIS FIGURAS POLÍTICAS DO PAÍS, E DOS EFEITOS QUE DISSO RESULTARAM

Abandono agora os fatos antigos e gerais que prepararam a grande Revolução que desejo retratar. Chego aos fatos particulares e mais recentes que acabaram determinando-lhe o lugar, o nascimento e o caráter.

Havia muito tempo que a França, entre todas as nações europeias, era a mais literária e, no entanto, os homens de letras nunca haviam mostrado o espírito que exibiram em meados do século XVIII, nem ocupado o lugar que então assumiram. Isso nunca se vira entre nós nem, penso eu, em nenhum outro lugar.

Não intervinham diariamente nos assuntos públicos, como na Inglaterra: ao contrário, nunca tinham vivido mais longe deles; não se revestiam de nenhuma autoridade que fosse nem desempenhavam nenhuma função pública em uma sociedade já abarrotada de funcionários.

E contudo não permaneciam, como a maior parte de seus congêneres na Alemanha, completamente alheios à política e retirados no domínio da filosofia pura e das belas-letras. Ocupavam-se continuamente das matérias relacionadas com o governo; a bem dizer, essa era mesmo sua atividade específica. Todos os dias eram ouvidos a discorrer sobre a origem das sociedades e suas formas primitivas, sobre os direitos primordiais dos cidadãos e da autoridade, sobre as relações naturais e artificiais dos homens entre si, sobre o erro ou a legitimidade do costume e sobre os próprios princípios das leis. Penetrando assim diariamente até as bases da constituição de sua época, examinavam-lhe curiosamente a estrutura e censuravam-lhe o plano geral. É bem verdade que nem todos faziam desses grandes problemas o objeto de um estudo específico e aprofundado; a maioria mesmo só os tocava de passagem e como que escarnecendo, mas todos encontravam-nos. Essa espécie de política abstrata e literária difundira-se em doses desiguais em todas as obras daquela época, e não se encontra nenhuma, do longo tratado à canção, que não contenha um pouco dela.

Quanto aos sistemas políticos desses escritores, eles variavam tanto entre si que seria impossível conciliá-los e formar uma única teoria de governo: quem o tentasse nunca concluiria semelhante trabalho.

Entretanto, quando afastamos os detalhes para chegar às ideias mestras, descobrimos facilmente que os autores desses diferentes sistemas concordam pelo menos sobre uma noção muito geral, que cada um parece ter concebido igualmente e que, em seu espírito, parece preexistir a todas as ideias particulares, sendo a fonte comum delas. Por mais separados que estejam no restante de seu percurso, todos eles se unem neste ponto de partida: pensam todos que convém substituir os costumes complicados e tradicionais que regem a sociedade de seu tempo por regras simples e elementares, extraídas da razão e da lei natural.

Se observarmos atentamente, veremos que o que se poderia chamar de filosofia política do século XVIII consiste, a rigor, nessa única noção.

Semelhante pensamento não era novo: passava e repassava sem cessar há três mil anos pela imaginação dos homens, sem nela conseguir fixar-se. O que fez com que dessa vez conseguisse apossar-se do espírito de todos os escritores? Por que, em vez de deter-se na cabeça de alguns filósofos, como já fizera muitas vezes, descera até a multidão e ali assumira a consistência e o calor de uma paixão política, a ponto de vermos as teorias gerais e abstratas sobre a natureza das sociedades tornarem-se o tema das conversas cotidianas dos ociosos e inflamarem até a imaginação das mulheres e dos camponeses? Como letrados, que não possuíam nem condição, nem honrarias, nem riquezas, nem responsabilidade, nem poder, tornaram-se efetivamente os principais homens políticos da época e até os únicos, já que, enquanto outros exerciam o governo, só eles detinham a autoridade? Queria indicá-lo em poucas palavras e mostrar que influência extraordinária e terrível esses fatos, que parecem pertencer apenas à história de nossa literatura, tiveram sobre a Revolução e até nossos dias.

Não foi por acaso que os filósofos do século XVIII conceberam geralmente noções tão opostas às que ainda serviam de base à sociedade de seu tempo; tais ideias foram-lhes naturalmente sugeridas pela contemplação dessa mesma sociedade que todos tinham diante de si. O espetáculo de tantos privilégios abusivos ou ridículos, dos quais sentiam cada vez mais o peso e percebiam cada vez menos a causa, compelia ou antes precipitava simultaneamente o espírito de cada um deles para a ideia da igualdade natural de condições. A visão de tantas instituições irregulares e bizarras, filhas de outras épocas, que ninguém tentara harmonizar entre si nem acomodar às necessidades novas, e que pareciam dever eternizar sua existência após terem perdido sua virtude, levou-os a tomar facilmente aversão pelas coisas antigas e pela tradição, e foram naturalmente levados a querer reconstruir a sociedade de seu tempo conforme um plano inteiramente novo, que cada um esboçava à única luz de sua razão.

A própria condição desses escritores preparava-os a apreciar as teorias gerais e abstratas [57] em matéria de governo e nelas confiar cegamente. No afastamento quase infinito da prática em que viviam, nenhuma experiência vinha moderar os ardores de sua natureza. Nada lhes advertia sobre os obstáculos que os fatos concretos podiam opor mesmo às reformas mais desejáveis e não faziam a menor ideia dos perigos que sempre acompanham as revoluções mais necessárias. Nem sequer os pressentiam, pois a total ausência de qualquer liberdade política tornava-lhes o mundo dos assuntos públicos não apenas pouco conhecido, mas invisível. Ali nada empreendiam e sequer podiam ver o que outros faziam. Faltava-lhes, portanto, esse conhecimento superficial que a visão de uma sociedade livre e o eco de tudo o que nela se diz conferem até mesmo aos que menos se ocupam do governo. Tornaram-se assim muito mais ousados em suas inovações, mais apaixonados por ideias gerais e por sistemas, mais detratores da sabedoria antiga e mais confiantes ainda em sua razão individual do se vê habitualmente entre os autores que escrevem livros especulativos sobre política.

A mesma ignorância entregava-lhes o ouvido e o coração da multidão. Se os franceses, como outrora, ainda participassem do governo dos Estados-gerais, se ainda continuassem a ocupar-se cotidianamente da administração do país nas assembleias de suas províncias, pode-se afirmar que eles nunca se teriam deixado inflamar, como então o fizeram, pelas ideias dos literatos: teriam conservado um certo hábito dos assuntos públicos que os preveniria contra a teoria pura.

Se, como os ingleses, tivessem podido mudar gradativamente – pela prática – o espírito de suas antigas instituições sem destruí-las, talvez não tivessem imaginado de tão bom grado outras totalmente novas. Mas cada qual se sentia diariamente prejudicado em sua fortuna, em sua pessoa, em seu bem-estar ou em seu orgulho, por alguma velha lei, algum antigo hábito político, algum destroço dos antigos poderes, e não vislumbrava a seu alcance nenhum remédio que pudesse aplicar pessoalmente a este mal particular. Parecia que fosse preciso suportar tudo ou tudo destruir na constituição do país.

No entanto, tínhamos conservado uma liberdade na ruína de todas as outras: podíamos filosofar quase sem constrangimento sobre a origem das sociedades, sobre a natureza essencial dos governos e sobre os direitos primordiais do gênero humano.

Todos aqueles que se sentiam incomodados com a prática diária da legislação apaixonaram-se prontamente por essa política literária. Essa atração chegou a penetrar até naqueles que, pela natureza ou pela condição, se afastavam mais naturalmente das especulações abstratas. Não houve contribuinte lesado pela desigual repartição das talhas que não se inflamasse ante a ideia de que todos os homens devem ser iguais; não houve pequeno proprietário devastado pelos coelhos de seu vizinho fidalgo que não apreciasse ouvir dizer que todos os privilégios eram indistintamente condenados pela razão. E assim cada paixão pública disfarçou-se de filosofia: a vida política foi violentamente rechaçada para a literatura e os escritores, tomando as rédeas da opinião, viram-se ocupando, por um momento, o lugar que os dirigentes de partido geralmente ocupam nos países livres.

Já não havia ninguém em condições de disputar-lhes esse papel.

Uma aristocracia em sua plenitude não apenas conduz os assuntos públicos como também dirige as opiniões, dá o tom aos escritores e autoridade às ideias. No século XVIII, a nobreza francesa perdera inteiramente esta parte do seu império. Seu crédito acompanhara a fortuna de seu poder: o lugar que ocupara no governo dos espíritos estava vago e permitia aos escritores invadi-lo à vontade e preenchê-lo sozinhos.

Como se não bastasse, a própria aristocracia, de quem tomavam o lugar, favorecia-lhes o empreendimento. Esquecera a tal ponto como as teorias gerais, uma vez admitidas, logram inevitavelmente se transformar em paixões políticas e em atos, que as doutrinas mais contrárias a seus direitos particulares e mesmo à sua existência lhe pareciam engenhosos jogos mentais. De bom grado participava pessoalmente deles para preencher o tempo e, gozando tranquilamente de suas imunidades e de seus privilégios, dissertava serenamente sobre o absurdo de todos os costumes estabelecidos.

Muitos se admiram ao ver a estranha cegueira com que as classes superiores do Antigo Regime contribuíram assim para sua própria ruína. Mas onde teriam encontrado suas luzes? As instituições livres não são menos necessárias aos principais cidadãos, para ensinar-lhes os riscos que correm, do que aos menores, para assegurar seus direitos. Havia mais de um século que os últimos vestígios da vida pública tinham desaparecido entre nós, sem que as pessoas mais interessadas na manutenção da antiga constituição tivessem sido alertadas, por algum abalo ou por algum ruído, sobre a decadência desse antigo edifício. Como nada mudara exteriormente, imaginavam que tudo ficara precisamente igual. Assim, seu espírito detivera-se no ponto de vista em que se colocara o de seus pais. A nobreza mostra-se tão preocupada com as usurpações do poder régio nos cadernos de 1789 quanto poderia ter sido nos do século XV. Por sua vez, o desditoso Luís XVI, pouco antes de perecer no transbordamento da democracia, continuava a ver na aristocracia a principal rival do poder régio e dela desconfiava como se ainda estivessem na época da Fronda, como assinalou corretamente Burke. Em contrapartida, a burguesia e o povo pareciam-lhe, a exemplo de seus antepassados, o apoio mais seguro do trono.

Mas o que nos parecerá mais estranho, a nós que estamos diante das ruínas de tantas revoluções, é que a própria noção de uma revolução violenta estava ausente do espírito de nossos pais. Não a discutiam e sequer chegaram a concebê-la. Os pequenos abalos que a liberdade pública imprime continuamente nas sociedades mais bem assentadas lembram diariamente a possibilidade dos desabamentos e mantêm a prudência pública vigilante; mas naquela sociedade francesa do século XVIII, que ia cair no abismo, nada advertira ainda que estavam periclitando.

Leio atentamente os cadernos que as três ordens redigiram antes de se reunirem em 1789. Refiro-me às três ordens, à nobreza, ao clero como também ao Terceiro Estado. Vejo que aqui se pede a alteração de uma lei, ali de um costume, tomo nota. Prossigo nesse imenso trabalho até o final e, quando termino de reunir todos esses anseios particulares, percebo, com uma espécie de terror, que o que se exige é a abolição simultânea e sistemática de todas as leis e de todos os costumes vigentes no país, e vejo imediatamente que se tratará de uma das mais vastas e mais perigosas revoluções que jamais surgiram no mundo. Os que amanhã serão suas vítimas nada sabem a seu respeito; acreditam que a transformação total e súbita de uma sociedade tão complicada e tão velha pode realizar-se sem abalos, com o auxílio da razão e apenas por sua eficácia. Que infelizes! Esqueceram-se até daquela máxima que quatro séculos antes seus antepassados haviam assim expressado, no francês simples e enérgico daqueles tempos: "*Par requierre de trop grande franchise et libertés chet-on en trop grande servage*" ("Por exigir franquias e liberdades em demasia, cai-se em servidão desmedida").

Que a nobreza e a burguesia, por tanto tempo excluídas de qualquer vida pública, mostrassem essa singular inexperiência, não surpreende. O mais espantoso é que mesmo aqueles que dirigiam os assuntos públicos – os ministros, os magistrados, os intendentes – praticamente não dão provas de maior antevisão, embora vários fossem pessoas muito capacitadas em sua profissão e conhecessem a fundo todos os detalhes da administração pública de seu tempo. Mas quanto a esta grande ciência do governo, que ensina a compreender o movimento geral da sociedade, a julgar o que se passa no espírito das massas e a prever os resultados, eram tão novatos quanto o próprio povo. Com efeito, somente o jogo das instituições livres é capaz de ensinar plenamente aos estadistas essa parte fundamental de sua arte.

Vê-se isso claramente no memorando que Turgot endereçou ao rei em 1775, em que lhe aconselhava, entre outras coisas, que fizesse a nação eleger livremente e reunir anualmente em torno dele, durante seis semanas, uma assembleia representativa, mas sem lhe outorgar qualquer poder efetivo. Ocupando-se somente da administração e nunca do governo, tal assembleia teria mais pareceres a dar do que vontades a exprimir, e, na verdade, seria encarregada apenas de discorrer sobre as leis, sem fazê-las. "Assim, o poder régio seria esclarecido mas não obstruído", dizia ele,

> e a opinião pública ficaria satisfeita sem perigo, pois essas assembleias não teriam nenhuma autoridade para se oporem às operações indispensáveis e, se por impossível que pareça, não se conformassem, Sua Majestade continuaria sempre no comando.

Não se poderia ignorar mais o alcance de uma medida e o espírito de seu tempo. É bem verdade que, por volta do encerramento das revoluções, muitas vezes foi possível fazer impunemente o que Turgot propunha e, sem conceder as liberdades reais, oferecer a sombra delas. Augusto tentou-o com êxito. Uma nação fatigada por longos debates consente de bom grado que a enganem, contanto que a deixem repousar, e a história nos ensina que para contentá-la basta então reunir em todo o país certo número de homens obscuros ou dependentes, e fazê-los representar diante dela, mediante salário, o papel de uma assembleia política. Houve vários exemplos disso. Porém, no início de uma revolução, tais iniciativas sempre fracassam e nunca fazem mais que inflamar o povo sem contentá-lo. O cidadão mais humilde de um país livre sabe disso; Turgot, por melhor administrador que fosse, ignorava-o.

Se pensarmos agora que essa mesma nação francesa, tão estranha às suas próprias questões e tão desprovida de experiência, tão perturbada por suas instituições e tão incapaz de corrigi-las, também era então, de todas as nações da Terra, a mais letrada e a mais apaixonada pelo belo espírito, compreenderemos facilmente como seus escritores tornaram-se um poder político e acabaram sendo o principal.

Enquanto na Inglaterra os que escreviam sobre o governo e os que governavam misturavam-se, uns introduzindo ideias novas na prática e os outros retificando e circunscrevendo as teorias por meio dos fatos, na França o mundo político permaneceu como que dividido em duas províncias separadas e sem trocas entre si. Na primeira, administrava-se; na segunda, estabeleciam-se os princípios abstratos nos quais toda administração devia fundar-se. Aqui, adotavam-se medidas particulares indicadas pela rotina; lá, proclamavam-se leis gerais, sem nunca pensar nos meios de aplicá-las: para uns, a condução dos assuntos; a outros, a direção das inteligências.

Acima da sociedade real, cuja constituição ainda era tradicional, confusa e irregular, onde as leis continuavam heterogêneas e contraditórias, as posições demarcadas, as condições fixas e os encargos desiguais, construía-se assim, pouco a pouco, uma sociedade imaginária, na qual tudo parecia simples e coordenado, uniforme, equitativo e conforme à razão.

Gradualmente, a imaginação da multidão abandonou a primeira para retirar-se na segunda. Perdeu o interesse pelo que era para sonhar com o que poderia ser, até acabar vivendo pelo espírito naquela cidade ideal edificada pelos escritores.

Atribuíram muitas vezes nossa revolução à revolução americana.[50] Realmente, esta teve muita influência sobre a Revolução Francesa que, no entanto, deveu-se menos ao que então se fez nos Estados Unidos do que ao que se pensava na França no mesmo momento. Enquanto no restante da Europa a revolução americana era apenas um fato novo e singular, na França ela só vinha tornar mais sensível e mais gritante o que já se acreditava conhecer. Lá ela espantava, aqui acabava de convencer. Os americanos pareciam apenas executar o que nossos escritores haviam concebido, como se dessem a substância de realidade àquilo que sonhávamos. Era como se Fénelon fosse visto subitamente em Salente[51].

Esta circunstância, tão nova na história, de toda a educação política de um grande povo ser inteiramente realizada por literatos, foi talvez o que mais contribuiu para dar à Revolução Francesa o seu gênio próprio e trazer à tona o que agora estamos vendo.

---

50. Isto é, anglo-americana, nos quadros da Guerra de Independência das treze colônias inglesas contra a metrópole, que culminou na Declaração de Independência dos Estados Unidos de 1776. Ademais, Tocqueville referia-se aos norte-americanos, mais especificamente aos habitantes dos Estados Unidos, apenas como "americanos", a exemplo do que fizera em *Da democracia na América* (1835-40). Ao longo dessa tradução, respeitaremos a escolha do autor.

51. Cidade ideal de *Les Aventures de Télémaque* (*As aventuras de Telêmaco*, 1699), romance didático que Fénélon (1651-1715), na condição de preceptor do duque de Borgonha, escreveu com vista a ensinar ao delfim a arte de reinar. Em Salente, além de o poder régio ser contrabalançado por conselhos, o povo era marcado pela virtude cívica, em que predominavam a igualdade e a frugalidade. A despeito de seu vínculo com a alta hierarquia da Igreja católica francesa (era arcebispo de Cambrai), Fénélon é considerado por muitos como um legítimo precursor da Ilustração francesa, em especial do pensamento republicano. Ver o que escreveram a seu respeito, por exemplo: Federico Chabod, *Alle Origini della Rivoluzione Francese* (Firenze: Passigli, 1998); e Dan Edelstein, *The Terror of Natural Right: Republicanism, the Cult of Nature, and the French Revolution* (Chicago: University of Chicago Press, 2009).

Os escritores não deram apenas suas ideias ao povo que a fez: deram-lhe também seu temperamento e seu humor. Sob sua longa disciplina, na ausência de quaisquer outros guias, em meio à profunda ignorância da prática em que se vivia, toda a nação, ao lê-los, acabou contraindo os instintos, o modo de pensar, os gostos e até os cacoetes próprios aos que escrevem, de tal maneira que, quando finalmente teve de agir, ela transportou para a política todos os hábitos da literatura.

Quando se estuda a história da nossa Revolução, vê-se que ela foi conduzida precisamente com o mesmo espírito que inspirou tantos livros abstratos sobre o governo. A mesma atração pelas teorias gerais, pelos sistemas completos de legislação e pela exata simetria nas leis; o mesmo desprezo pelos fatos existentes; a mesma confiança na teoria; o mesmo gosto pelo original, pelo engenhoso e pelo novo nas instituições; o mesmo anseio de refazer de uma só vez toda a Constituição, seguindo as regras da lógica e conforme um plano único, em vez de procurar melhorá-la nas suas partes. Um espetáculo assustador! Pois o que é uma qualidade no escritor, às vezes é um vício no estadista, e as mesmas coisas que fizeram muitas vezes belos livros podem levar a grandes revoluções.

A própria linguagem da política tomou então algo de empréstimo da fala dos autores e encheu-se de expressões gerais, de termos abstratos, de palavras ambiciosas, de floreios literários. Auxiliado pelas paixões políticas que o empregavam, esse estilo penetrou em todas as classes e desceu com uma singular facilidade até as mais baixas. Bem antes da Revolução, os éditos do rei Luís XVI falam com frequência da lei natural e dos direitos do homem. Encontro camponeses que em seus requerimentos chamam seus vizinhos de "concidadãos"; o intendente, de "um respeitável magistrado"; o pároco, de "ministro dos altares"; e o bom Deus, de "Ser Supremo", e aos quais, para se tornarem maus escritores, só falta saberem ortografia.

Essas novas qualidades incorporaram-se tão bem ao antigo fundo do caráter francês que muitas vezes se atribuiu à nossa índole o que provinha tão somente dessa educação singular. Ouvi afirmar que o gosto, ou melhor, a paixão que temos mostrado há sessenta anos pelas ideias gerais, pelos sistemas e pelas expressões solenes em matéria de política vinha de não sei qual atributo específico de nossa raça, que designavam um pouco enfaticamente como o *espírito francês*: como se esse suposto atributo pudesse ter surgido repentinamente em fins do século passado, após ter-se omitido durante todo o restante de nossa história.

O curioso é que tenhamos conservado os hábitos inspirados na literatura ao perder quase completamente nosso antigo amor pelas letras. Ao longo de minha vida pública, surpreendi-me muitas vezes ao ver pessoas que não liam os livros do século XVIII nem os de nenhuma outra época, e que dispensavam grande desprezo pelos autores, conservarem tão fielmente alguns dos principais defeitos que, antes de seu nascimento, o espírito literário exibira.

## CAPÍTULO II

## COMO A IRRELIGIOSIDADE PÔDE TORNAR-SE UMA PAIXÃO GERAL E DOMINANTE ENTRE OS FRANCESES DO SÉCULO XVIII, E QUE TIPO DE INFLUÊNCIA ISSO TEVE SOBRE O CARÁTER DA REVOLUÇÃO

Desde a grande Revolução do século XVI, em que o espírito analítico resolvera separar, entre as diversas tradições cristãs, as verdadeiras das falsas, nunca deixaram de surgir espíritos mais curiosos ou mais ousados que contestaram ou rechaçaram todas elas. O mesmo espírito que, na época de Lutero, arrancara de uma só vez do catolicismo vários milhões de católicos, todo ano impelia isoladamente alguns cristãos para fora do próprio cristianismo: à heresia sucedera a incredulidade.

Pode-se dizer de maneira geral que, no século XVIII, o cristianismo perdera em todo o continente europeu uma grande parte de sua força, apesar de ser mais abandonado do que violentamente combatido na maioria dos países: até os que o abandonavam pareciam deixá-lo como que a contragosto. A irreligião estava difundida entre os príncipes e as pessoas cultas, e ainda não penetrava muito no seio das classes médias e do povo: continuava a ser o capricho de certos espíritos e não uma opinião comum. "É um preconceito bastante generalizado na Alemanha", diz Mirabeau em 1787,

> que as províncias prussianas estão repletas de ateus. A verdade é que, se lá se encontram alguns livres-pensadores, seu povo é tão apegado à religião quanto o das regiões mais devotas, verificando-se ali até mesmo um grande número de fanáticos.

Acrescenta que é muito lamentável que Frederico II não permita o casamento dos padres católicos e, sobretudo, que se recuse a deixar os rendimentos do benefício eclesiástico aos que se casam, "medida que ousaríamos julgar digna desse grande homem", afirma. Em nenhuma parte a irreligiosidade já se tornara uma paixão geral, ardente, intolerante ou opressiva, a não ser na França.

Aqui acontecia algo que não se vira antes. Em outros tempos já haviam atacado com violência as religiões estabelecidas, mas o ardor que se mostrava contra elas nascera sempre do zelo que as novas religiões inspiravam. Mesmo as religiões falsas e detestáveis da Antiguidade só tiveram adversários numerosos e apaixonados quando o cristianismo apresentou-se para suplantá-las; até então, extinguiam-se mansa e silenciosamente na dúvida e na indiferença: é a morte senil das religiões. Na França, atacaram com uma espécie de furor a religião cristã, sem ao menos tentarem colocar outra religião em seu lugar. Trabalharam árdua e continuamente para suprimir das almas a fé que as enchera e deixaram-nas vazias. Uma multidão de homens inflamou-se neste ingrato empreendimento. A incredulidade absoluta em matéria de religião, que é tão contrária aos instintos naturais do homem e coloca sua alma em uma situação tão dolorosa, pareceu atraente à multidão. O que só produzira até então uma espécie de langor doentio engendrou desta vez o fanatismo e o espírito de propaganda.

O encontro de vários grandes escritores dispostos a negar as verdades da religião cristã não parece suficiente para explicar um acontecimento tão extraordinário, pois o que levou todos esses escritores, sem exceção, a direcionar a mente nesse sentido e não em outro? Por que não se viu entre eles um único que tenha pensado em escolher a tese contrária? E, finalmente, por que encontraram, mais que todos seus predecessores, o ouvido da multidão totalmente aberto para escutá-los e seu espírito tão propenso a dar-lhes crédito? Somente causas muito particulares à época e ao país desses escritores podem explicar sua iniciativa e, sobretudo, seu sucesso. O espírito de Voltaire pairava há muito tempo sobre o mundo, mas o próprio Voltaire só podia imperar de fato no século XVIII e na França.

Antes de mais nada, reconheçamos que entre nós a Igreja nada tinha de mais censurável do que alhures. Pelo contrário, os vícios e os abusos que lhe haviam introduzido eram menores do que na maioria dos países católicos. Era infinitamente mais tolerante do que o fora até então e que ainda o era entre outros povos. Assim, é bem menos no estado da religião do que no da sociedade que devemos buscar as causas particulares do fenômeno.

Para entendê-lo, é preciso nunca perder de vista o que afirmei no capítulo anterior, a saber, que todo o espírito de oposição política que os vícios do governo engendravam, não podendo produzir-se nos assuntos públicos, refugiara-se na literatura, e que os escritores converteram-se nos verdadeiros líderes do grande partido que tendia a derrubar todas as instituições sociais e políticas do país.

Uma vez compreendido isso, a questão muda de objeto. Já não se trata de saber em que a Igreja daquele tempo podia pecar como instituição religiosa, mas em que se opunha à revolução política que se preparava e devia torná-la particularmente incômoda para os escritores, os principais promotores dessa revolução.

A Igreja, pelos próprios princípios que a governam, opunha-se às ideias que esses escritores queriam fazer prevalecer no governo civil. Ela se apoiava principalmente na tradição: eles professavam um grande desprezo por todas as instituições fundadas no respeito pelo passado. Ela reconhecia uma autoridade superior à razão individual: eles só apelavam a essa mesma razão. Ela era fundada sobre uma hierarquia: eles tendiam a confundir as posições. Para lograr um entendimento, seria preciso que ambos os lados reconhecessem que a sociedade política e a sociedade religiosa, sendo essencialmente distintas por natureza, não podem reger-se por princípios iguais. Mas estava-se muito longe disso na época e tinha-se a impressão de que, para conseguir atacar as instituições do Estado, fosse necessário destruir as da Igreja, que lhes serviam de fundamento e de modelo.

Além disso, a própria Igreja era então o primeiro dos poderes políticos e o mais detestado de todos – embora não fosse o mais opressivo –, pois viera introduzir-se neles sem que sua vocação e sua natureza a chamassem para isso, e porque muitas vezes consagrava neles vícios que condenava em outras partes, cobrindo-os com sua inviolabilidade sagrada e querendo, aparentemente, torná-los imortais como ela mesma. Atacando-a, tinha-se a certeza de arrebatar de imediato a paixão do público.

No entanto, além dessas razões gerais, os escritores tinham outras mais particulares e, por assim dizer, pessoais, para se voltarem inicialmente contra ela. A Igreja representava precisamente aquela parte de governo que lhes era mais próxima e mais diretamente contrária. Os outros poderes, só de tempos em tempos faziam-se sentir por eles, mas este, estando especialmente incumbido de vigiar os trâmites do pensamento e de censurar os escritos, incomodava-os diariamente. Defendendo contra ela as liberdades gerais do espírito humano, lutavam em causa própria e começavam por romper o entrave que mais estreitamente os coibia.

Ademais, a Igreja parecia-lhes ser – e efetivamente era – o lado mais exposto e vulnerável de todo o vasto edifício que atacavam. [58] Sua força se enfraquecera ao mesmo tempo que o poder dos príncipes temporais se afirmava. Após ter sido a superiora e em seguida uma igual daquele poder, viu-se reduzida a tornar-se sua cliente, pois entre eles estabelecera-se uma espécie de intercâmbio: os príncipes emprestavam-lhe sua força material, ela emprestava-lhes sua autoridade moral; eles faziam cumprir os preceitos da Igreja e esta fazia a vontade dos príncipes ser respeitada. Comércio perigoso quando tempos revolucionários se aproximam, e sempre desvantajoso para um poder que não se apoia na coerção, e sim na fé.

Embora nossos reis ainda se proclamassem "filhos primogênitos da Igreja", eles eram muito negligentes no cumprimento de suas obrigações para com ela, mostrando bem menos ardor em protegê-la do que em defender seu próprio governo. É bem verdade que não permitiam que erguessem a mão contra ela, mas toleravam que a crivassem de longe com mil dardos.

Esta semicoerção que então se impunha aos inimigos da Igreja aumentava-lhes o poder em vez de reduzi-lo. Há momentos em que a opressão aos escritores consegue deter o movimento do pensamento, e outros em que os precipita, mas nunca aconteceu que uma espécie de policiamento como aquele que então se exercia sobre a imprensa não tenha centuplicado seu poder.

Os autores eram perseguidos só até o ponto que suscita queixas e não ao que faz tremer. Sofriam de um tipo de estorvo que anima a luta e não do pesado jugo que prostra. As perseguições de que eram alvo, quase todas lentas, ruidosas e vãs, pareciam menos destinadas a demovê-los de escrever do que a excitá-los a isso. Uma completa liberdade de imprensa teria sido menos perniciosa à Igreja.

Em 1768, Diderot escrevia a David Hume: "Vocês consideram nossa intolerância mais favorável ao progresso do espírito do que a liberdade ilimitada de que desfrutam; D'Holbach[52], Helvétius[53], Morellet[54] e Suard[55] não compartilham sua opinião". Era todavia o escocês que tinha razão. Habitante de um

---

52. Alemão de origem mas naturalizado francês, Paul-Henri Thiry (1723-1789), ou barão D'Holbach, notabilizou-se no interior da Ilustração francesa por seu anticlericalismo e, através de uma epistemologia materialista e fatalista, pela defesa expressa do ateísmo (sem qualquer concessão ao deísmo, como fizera Voltaire). Autor de diversos artigos da *Encyclopédie* e do controverso *Système de la Nature, ou Des Loix du Monde Physique et du Monde Moral (Sistema da natureza, ou Das leis do mundo físico e do mundo moral*, publicado em 1770), este último com grande colaboração de Diderot.

53. Claude-Adrien Schweitzer (1715-1771), ou Helvétius em sua versão latinizada, foi um franco-maçom, poeta e filósofo que, a exemplo do barão D'Holbach, destacou-se por avançar teorias do conhecimento materialistas com repercussões epistemológicas e políticas profundamente anticlericais, especialmente em suas obras *De l'Esprit* (*Do espírito*, de 1758) e *De l'Homme* (*Do homem*, 1773; póstuma). Tributário do empirismo de John Locke, exerceu grande influência sobre os ideólogos Destutt de Tracy e Cabanis, ambos frequentadores do salão literário de sua esposa e importantes figuras políticas e culturais da França do início do século XIX. Tocqueville abominava os pressupostos fatalistas e irreligiosos dessa epistemologia sensualista, segundo ele grandes aliados do despotismo.

54. Andre Morellet (1727-1819), escritor e filósofo francês, mais conhecido pelas contribuições à *Encyclopédie* e pela tradução francesa de uma das obras mais influentes da Ilustração europeia, o *Dei Delitti e Delle Pene* (*Dos delitos e das penas*), 1764 [Obra publicada em *Clássicos Edipro* (N.E.)], do jovem criminalista e filósofo milanês Cesare Beccaria.

55. Escritor e jornalista francês, Jean-Baptiste-Antoine Suard (1732-1817) foi um assíduo frequentador do salão literário do barão d'Holbach, com quem compartilhava muitas das ideias radicais a respeito da religião.

país livre, tinha experiência no assunto: Diderot avaliava-o como um homem de letras, Hume julgava-o como um político.

Interpelo o primeiro americano que encontro, seja em seu país ou em outro, e pergunto-lhe se considera a religião útil à estabilidade das leis e à boa ordem da sociedade; responde-me sem hesitar que uma sociedade civilizada, mas principalmente uma sociedade livre, não pode subsistir sem religião. A seu ver, o respeito à religião é a maior garantia de estabilidade do Estado e da segurança dos particulares. Os menos versados na ciência do governo sabem ao menos isso. Todavia, não há país no mundo em que as doutrinas mais ousadas dos filósofos do século XVIII, em matéria de política, sejam mais aplicadas do que na América; somente suas doutrinas antirreligiosas nunca puderam vingar por lá, mesmo favorecidas pela ilimitada liberdade de imprensa.

Direi o mesmo dos ingleses. [59] Nossa filosofia irreligiosa foi-lhes pregada antes mesmo que a maioria de nossos filósofos viessem ao mundo: coube a Bolingbroke[56] completar a educação de Voltaire. Durante todo o decurso do século XVIII, a incredulidade teve representantes célebres na Inglaterra. Escritores talentosos e pensadores profundos abraçaram sua causa, mas jamais conseguiram fazê-la triunfar como na França, pois todos os que tinham algo a temer nas revoluções apressaram-se a vir em socorro das crenças estabelecidas. Mesmo os que entre eles estavam mais envolvidos com a sociedade francesa daquela época, e que não julgavam as doutrinas dos nossos filósofos falsas, rechaçaram-nas como perigosas. Como sempre ocorre entre os povos livres, grandes partidos políticos fizeram questão de ligar sua causa à da Igreja, e o próprio Bolingbroke tornou-se aliado dos bispos. Animado por esses exemplos e nunca se sentindo só, o clero combatia energicamente em causa própria. Apesar do vício de sua constituição e dos abusos de toda espécie que abundavam em seu seio, a Igreja da Inglaterra suportou vitoriosamente o choque. De suas fileiras saíram escritores e oradores que se lançaram ardorosamente na defesa do cristianismo. Após terem sido discutidas e refutadas, as teorias que o

56. Henry St. John, ou visconde de Bolingbroke (1678-1751), foi um estadista e filósofo deísta inglês, célebre por suas críticas à religião cristã (sobretudo no tocante à revelação) e pela defesa de um complexo ideário político que conciliava a monarquia como forma de governo (afinal, era um eminente político *Tory* e defensor de uma nova restauração Stuart) com um *ethos* republicano. Exerceu grande influência sobre os filósofos da Ilustração francesa (mormente Voltaire e o barão D'Holbach) e sobre os revolucionários norte-americanos (principalmente em razão de suas críticas ao absolutismo governamental/ministerial). Como destacou Bernard Bailyn a respeito desse "singular político jacobita, escritor e filósofo", seu influente jornal oposicionista (*The Craftsman*, 1726-1752) circulou ininterruptamente nas 13 colônias inglesas (1726-1736), tendo sido uma das principais fontes para a formação de uma cultura republicana no que futuramente seriam os Estados Unidos. Cf. BAILYN, Bernard. *As origens ideológicas da Revolução Americana* (1967). Trad. Cleide Rapucci. Bauru: Edusc, 2003. p. 54-5.

hostilizavam foram por fim rejeitadas pelo esforço da própria sociedade, sem que o governo interviesse.

Mas por que buscar exemplos fora da França? Que francês de nossos dias pensaria em escrever os livros de Diderot ou de Helvétius? Quem desejaria lê-los e, ousaria dizer, quem conhece seus títulos? A experiência incompleta que adquirimos nos últimos sessenta anos na vida pública bastou para desafeiçoar-nos dessa perigosa literatura. Reparem como o respeito pela religião retomou gradualmente seu domínio entre as diferentes classes da nação, à medida que cada uma delas adquiria esta experiência na dura escola das revoluções. A antiga nobreza, que era a classe mais irreligiosa antes de 1789, tornou-se a mais fervorosa após 1793: a primeira a ser atingida também foi a primeira a converter-se. Assim que a própria burguesia se sentiu atingida em seu triunfo, vimo-la, por sua vez, reaproximar-se das crenças. Pouco a pouco, o respeito pela religião penetrou por toda parte onde os homens tinham algo a perder com a desordem popular, e a incredulidade desapareceu, ou pelo menos se ocultou, à proporção que o medo das revoluções se manifestava.

No final do Antigo Regime as coisas não se passavam assim. Tínhamos perdido tão completamente a prática das grandes questões humanas e ignorávamos de tal modo a parte representada pela religião no governo dos impérios, que a incredulidade se estabeleceu primeiro justamente no espírito daqueles que tinham um interesse mais pessoal e mais urgente em manter o Estado na ordem e o povo na obediência. Não apenas a acolheram como, em sua cegueira, difundiram-na aos que estavam abaixo deles. Fizeram da impiedade uma espécie de passatempo de sua vida ociosa.

A Igreja da França, até ali tão fértil em grandes oradores, sentindo-se assim abandonada por todos aqueles cujo interesse comum devia ligar à sua causa, ficou muda. Por um momento foi possível pensar que, contanto que lhe deixassem suas riquezas e sua posição, estava disposta a condenar sua crença.

Como os que negavam o cristianismo erguiam a voz e os que ainda acreditavam se calavam, ocorreu o que desde então se viu tantas vezes entre nós, não apenas em matéria de religião, mas também em qualquer outra matéria. Os homens que conservavam a antiga fé temeram ser os únicos a permanecer-lhe fiéis e, receando mais o isolamento que o erro, uniram-se à multidão sem pensar como ela. Assim, o que ainda era o sentimento de apenas uma parte da nação pareceu a opinião de todos, tornando-se irresistível justamente aos olhos dos que lhe davam essa falsa aparência.

O descrédito universal em que caíram todas as crenças religiosas no final do século passado exerceu, sem sombra de dúvidas, uma grande influência sobre toda nossa Revolução: marcou-lhe o caráter. Nada contribuiu mais para dar à sua fisionomia esta expressão terrível que nela se viu.

Quando busco distinguir os diferentes efeitos que a irreligião produziu então na França, percebo que predispôs os homens daquela época a chegar a extremos tão singulares muito mais pelo desregramento dos espíritos do que pela degradação dos corações ou mesmo pela corrupção dos costumes.

Assim que desertou as almas, a religião não as deixou, como acontece na maioria das vezes, vazias e debilitadas: foram momentaneamente preenchidas por sentimentos e ideias que a substituíram por um tempo, não lhes permitindo desmoronar logo.

Se os franceses que fizeram a Revolução eram mais incrédulos do que nós em matéria de religião, restava-lhes ao menos uma crença admirável que nos falta, a saber, acreditavam em si mesmos. Não duvidavam da perfectibilidade e do poderio humano, apaixonavam-se facilmente por sua glória e tinham fé em sua virtude. Colocavam em suas próprias forças esta confiança orgulhosa que conduz muitas vezes ao erro, mas sem a qual um povo só é capaz de servir. Tinham plena certeza de que estavam destinados a transformar a sociedade e a regenerar nossa espécie. Esses sentimentos e essas paixões tornaram-se para eles como uma espécie de religião nova que, ao produzir alguns dos grandes efeitos que vimos as religiões produzirem, arrancava-os do egoísmo individual, impelia-os ao heroísmo e à abnegação e, no mais das vezes, tornava-os como que insensíveis a todos esses pequenos bens que nos possuem.

Estudei muito a História e ouso afirmar que nela jamais encontrei uma revolução em cujo início se pudesse ver, em um número tão grande de homens, um patriotismo mais sincero, mais desprendimento e mais grandeza verdadeira. A nação mostrou na Revolução o principal defeito, mas também a principal qualidade da juventude: a inexperiência e a generosidade. No entanto, a irreligião produziu um imenso mal público.

Na maioria das grandes revoluções políticas que até ali surgiram no mundo, os que atacavam as leis estabelecidas tinham respeitado as crenças, e, na maioria das revoluções religiosas, os que atacavam a religião não haviam intentado alterar simultaneamente a natureza e a ordem de todos os poderes e abolir de cima a baixo a antiga constituição do governo. Portanto, nas maiores comoções das sociedades sempre permanecera um ponto sólido.

Na Revolução Francesa, porém, como as leis religiosas foram abolidas ao mesmo tempo que as leis civis eram derrubadas, o espírito humano perdeu completamente seu equilíbrio; não soube mais a que se agarrar nem onde se deter, e vimos surgirem revolucionários de uma espécie desconhecida, que levaram a audácia até a loucura, que nenhuma novidade pôde surpreender e nenhum escrúpulo moderar, e que nunca hesitaram diante da execução de um desígnio. E não se deve crer que esses seres novos foram a criação isolada e efêmera de um momento, destinada a desaparecer com ele. Formaram desde então uma raça que se perpetuou e se difundiu em todas as partes civilizadas da Terra, que em toda parte conservou a mesma fisionomia, as mesmas paixões, o mesmo caráter. Encontramo-la no mundo, ao nascermos, e ainda está sob nossos olhos.

## CAPÍTULO III
## COMO OS FRANCESES QUISERAM REFORMAS ANTES DE QUERER LIBERDADES

Vale a pena destacar que, entre todas as ideias e todos os sentimentos que prepararam a Revolução, a ideia e o gosto da liberdade pública propriamente dita foram os últimos a se apresentar, como foram os primeiros a desaparecer.

Há muito tempo que o velho edifício do governo começara a sofrer abalos: já estava desmoronando e ainda não se falava dessa liberdade. Voltaire raramente pensava nela: três anos de estada na Inglaterra tinham-lhe feito vê-la sem chegar a amá-la. Encantou-se com a filosofia cética pregada livremente entre os ingleses, mas suas leis políticas pouco o impressionam: destaca-lhes mais os vícios que as virtudes. Em suas *Cartas sobre a Inglaterra*[57], uma de suas obras-primas, o assunto do qual menos fala é o Parlamento. Na realidade, inveja aos ingleses sobretudo sua liberdade literária, pouco se importando com sua liberdade política, como se a primeira pudesse existir por muito tempo sem a segunda.

Em meados do século, vimos aparecer um certo número de escritores que abordam especialmente as questões de administração pública e aos quais vários princípios semelhantes valeram-lhes a designação comum de *economistas* ou *fisiocratas*. Apesar de os economistas terem brilhado menos na história do que os filósofos e provavelmente contribuído menos que eles para o advento da Revolução, creio entretanto que é sobretudo em seus escritos que se pode melhor estudar sua verdadeira índole. Os filósofos quase não saíram das ideias muito gerais e muito abstratas em matéria de governo; os economistas, sem se separar das teorias, desceram todavia mais perto dos fatos. Uns disseram o que podia ser imaginado, os outros por vezes indicaram o que devia ser feito. Todas as instituições que a Revolução devia abolir definitivamente foram objeto particular de seus ataques: nenhuma recebeu sua indulgência. Ao contrário,

57. Escritas entre 1726-1729 e publicadas em 1734, as *Lettres Philosophiques* ou *Lettres Anglaises* (*Cartas filosóficas* ou *Cartas inglesas*) reuniam 25 cartas nas quais os mais variados assuntos eram abordados (da política e comércio à religião, literatura, artes e ciências).

todas as que podem passar por autêntica obra da Revolução foram anunciadas por eles de antemão e preconizadas com ardor; mal se poderia citar uma só cujo germe não tenha sido depositado em alguns de seus escritos: neles encontra-se tudo o que há de mais substancial nela.

Mais ainda, já se reconhece em seus livros esse temperamento revolucionário e democrático que nos é tão familiar. Não se limitam a detestar certos privilégios: odeiam a própria diversidade e adorariam a igualdade até na servidão. O que se interpõe aos seus desígnios serve apenas para ser destruído. Os contratos inspiram-lhes pouco respeito; os direitos privados, nenhuma consideração, ou melhor, para eles já não existem, a bem dizer, direitos privados, mas somente uma utilidade pública. Apesar de geralmente serem homens de hábitos brandos e tranquilos, pessoas de bem, magistrados honestos, administradores competentes, deixaram-se arrastar pelo gênio específico de sua obra.

O passado é para os economistas objeto de um ilimitado desprezo. "A nação é governada por falsos princípios há séculos; tudo nela parece ter sido feito ao acaso", diz Letronne[58]. Partindo dessa ideia, põem mãos à obra: não há instituição tão antiga, e que pareça tão bem assentada em nossa história, cuja abolição não peçam, por pouco que os incomode e prejudique a simetria de seus planos. Um deles propõe a abrupta supressão de todas as antigas divisões territoriais e a mudança de todos os nomes das províncias, quarenta anos antes que a Assembleia Constituinte o faça.

As reformas sociais e administrativas que a Revolução fez já haviam sido concebidas por eles antes que a ideia das instituições livres tivesse começado a surgir em seu espírito. É bem verdade que são muito favoráveis à livre-troca de mercadorias, ao *laissez-faire* ou ao *laissez-passer* no comércio e na indústria; mas, quanto às liberdades políticas propriamente ditas, nem sequer pensam nelas e, mesmo quando se apresentam por acaso à sua imaginação, rejeitam-nas prontamente. A maioria começa mostrando-se fortemente contrária às assembleias deliberativas, aos poderes locais e secundários, e, de modo geral, a todos esses contrapesos que, em diferentes épocas, foram estabelecidos por todos os povos livres, a fim de equilibrar o poder central. "O sistema de contraforças em um governo é uma ideia funesta", diz Quesnay[59]. "As especulações a

---

58. Na verdade, tratava-se de Guillaume-François Le Trosne (1728-1780), e não Letronne. Jurista e economista francês, Le Trosne foi um dos fundadores da primeira escola em economia, a fisiocracia. Sua obra mais importante é *De l'Administration Provinciale et de la Réforme de l'Impôt* (*Da administração provincial e da reforma tributária*), 1779.

59. François Quesnay (1694-1774), renomado médico cirurgião que se interessou pela economia e se tornou um dos fundadores da fisiocracia. Autor do *Tableau économique* (*Quadro Econômico*, 1758) e das *Maximes générales du gouvernement économique d'un royaume agricole* (*Máximas gerais do governo econômico de um reino agrícola*, 1760), suas principais obras.

partir das quais se imaginou o sistema de contrapesos são quiméricas", afirma um amigo dele.

A única garantia que imaginam contra o abuso do poder é a educação pública, pois, como diz ainda Quesnay, "o despotismo é impossível se a nação for esclarecida". Outro discípulo seu sentencia:

> Vítimas dos males que os abusos da autoridade acarretam, os homens inventaram mil expedientes totalmente inúteis e negligenciaram o único verdadeiramente eficaz, que é o ensino público geral e contínuo da justiça em sua essência e da ordem natural...

É com o auxílio dessa pequena ladainha literária que pretendem suprir todas as garantias políticas.

Letronne, que deplora tão amargamente o abandono em que o governo deixa os campos, que no-los mostra sem estradas, sem indústria, sem instrução, nem sequer imagina que seus assuntos poderiam ser mais bem resolvidos se os próprios habitantes fossem encarregados de realizá-los.

O próprio Turgot, que pela grandeza de alma e pelas raras qualidades intelectuais deve ser distinguido de todos os outros, não nutre um gosto pelas liberdades políticas muito maior que o deles ou, pelo menos, o gosto só lhe chega tarde e sugerido pelo sentimento público. Para ele, como para a maioria dos economistas, a primeira garantia política é uma certa instrução pública dada pelo Estado, de acordo com certos métodos e dentro de determinado espírito. A confiança que demonstra nesta espécie de terapia intelectual, ou, como diz um de seus contemporâneos, no *mecanismo de uma educação conforme aos princípios*, é irrestrita. Em um memorial onde propõe ao rei um plano dessa espécie, diz:

> Ouso responder-vos, Sire, que daqui a dez anos a vossa nação estará irreconhecível e que, pelas luzes, pelos bons costumes, pelo zelo esclarecido a serviço vosso e da pátria, ela estará infinitamente acima de todos os outros povos. Então, as crianças que hoje têm dez anos serão homens preparados para o Estado, afeiçoados a seu país, obedientes à autoridade não por temor mas pela razão, prestativos para com seus concidadãos e acostumados a reconhecer e a respeitar a justiça.

A liberdade política estava há tanto tempo abolida na França que se tinha esquecido quase totalmente quais eram suas condições e seus efeitos. Mais do que isso, os destroços informes que dela ainda restavam e as instituições que pareciam ter sido feitas para substituí-la tornavam-na suspeita e frequentemente despertavam preconceitos contra ela. Quase todas as assembleias de estados que ainda existiam conservavam juntamente com as formas antiquadas o espírito da Idade Média e, longe de propiciar o progresso da sociedade, prejudicavam-no. Os Parlamentos, únicos encarregados de servir como corpos políticos, não podiam impedir o mal que o governo fazia e muitas vezes impediam o bem que ele desejava fazer.

Para os economistas, a ideia de realizar a revolução que imaginavam com o auxílio de todos esses velhos instrumentos parece impraticável; mesmo a ideia de confiar a execução de seus planos à nação convertida em dona de si agrada-lhes muito pouco, pois como fazer com que todo um povo adote e siga um sistema de reforma tão vasto e tão estreitamente ligado em suas partes? Parece-lhes mais fácil e mais oportuno colocar a própria administração régia a serviço de seus desígnios.

Esse poder novo não saiu das instituições medievais e não carrega o menor traço delas. No meio de seus erros, os economistas distinguem algumas tendências positivas. Assim como eles, esse poder tem um gosto natural pela igualdade das condições e pela uniformidade das regras; tanto quanto eles, nutre um ódio profundo por todos os antigos poderes que nasceram do feudalismo ou que tendem para a aristocracia. Procurar-se-ia em vão no resto da Europa uma máquina governamental tão bem montada, tão grande e tão forte, e a existência de um semelhante governo entre nós parece-lhes uma circunstância singularmente feliz, que teriam chamado de providencial se, como hoje, estivesse na moda fazer a Providência intervir em tudo. "A situação da França", diz Letronne, "é infinitamente melhor que a da Inglaterra; pois aqui é possível realizar reformas que transformam toda a situação do país num instante, ao passo que entre os ingleses tais reformas sempre podem ser entravadas pelos partidos".

Não se trata, pois, de eliminar esse poder absoluto e sim de convertê-lo. "É preciso que o Estado governe de acordo com as regras da ordem essencial", diz Mercier de la Rivière[60], "e que ele seja onipotente quando assim acontecer". "Que o Estado compreenda bem o seu dever", diz outro, "e que então o deixem livre". Podem ir de Quesnay ao abade Baudeau[61]: em todos encontrarão a mesma disposição de espírito.

60. Mercier de la Rivière (1719-1801), administrador colonial francês e conselheiro do Parlamento de Paris, célebre pela defesa dos princípios fisiocráticos em economia e do "despotismo esclarecido" ou "legal" na política. Amigo de Diderot e admirado pela imperatriz russa Catarina II, escreveu a obra *l'Ordre Naturel et Essentiel des Sociétés Politiques* (*A ordem natural e essencial das sociedades políticas*, 1767), da qual Tocqueville cita uma passagem.

61. Trata-se de Nicolas Baudeau (1730-1792), teólogo, jornalista e economista francês, diretor da publicação *Éphémérides du Citoyen* (1765-1772 e 1774-1776) e autor de uma espécie de manual explicativo dos princípios fisiocráticos, o *Première Introduction à la Philosophie Économique* (*Primeira introdução à Filosofia Econômica*, 1767). Ambos foram consultados por Tocqueville.

Para reformar a sociedade de seu tempo, os economistas não contam apenas com a administração régia, mas tomam-lhe de empréstimo, em parte, a ideia do governo futuro que almejam fundar. Foi olhando para um que formaram a imagem do outro.

O Estado, segundo os economistas[62], não deve apenas dirigir a nação, mas também moldá-la de uma certa maneira. Compete-lhe formar o espírito dos cidadãos de acordo com determinado modelo proposto de antemão e tem o dever de imbuir-lhes certas ideias e de fornecer-lhes ao coração certos sentimentos que julga necessários. Na realidade, não há limites para seus direitos nem barreiras para o que pode fazer: não reforma simplesmente os homens, transforma-os; possivelmente, dependeria só dele fazer outros! "O Estado faz dos homens o que bem entender", diz Baudeau[63]. Essa frase resume todas as suas teorias.

Este imenso poder social que os economistas imaginam não só é maior do que qualquer outro dos que têm diante de si, como também difere pela origem e pelo caráter. Impessoal, não emana diretamente de Deus nem possui qualquer vínculo com a tradição: não se denomina mais "o rei" e sim "o Estado"; não é a herança de uma família, mas o produto e o representante de todos, e deve fazer com que o direito de cada um se dobre sob a vontade de todos.

Desconhecida da Idade Média, essa forma particular da tirania denominada despotismo democrático já lhes é familiar. Não há mais hierarquia na sociedade, nem classes definidas, nem posições fixas: há um povo composto de indivíduos quase semelhantes e inteiramente iguais, essa massa confusa reconhecida como único soberano legítimo, mas cuidadosamente privada de todas as faculdades que poderiam permitir-lhe dirigir e até fiscalizar seu governo. Acima dela, um mandatário único, encarregado de fazer tudo em seu nome sem consultá-la. Para controlá-lo, uma razão pública sem órgãos; para contê-lo, revoluções e não leis: de direito, um agente subordinado; de fato, um amo.

Não encontrando ainda à sua volta nada que lhes pareça conforme a este ideal, vão procurá-lo nos confins da Ásia. Não exagero ao afirmar que não houve um só dentre eles que não tenha feito o elogio enfático da China em alguma parte de seus escritos. Temos a certeza de encontrar pelo menos isso na leitura de seus livros e, como a China é ainda muito mal conhecida, não há disparate que não nos contem a seu respeito. Esse governo imbecil e bárbaro, que um punhado de europeus domina a seu talante, parece-lhes o modelo mais perfeito a ser copiado por todas as nações do mundo. É para eles o que mais tarde a

62. Importante nunca perder de vista que os "economistas" a que Tocqueville se refere são os fisiocratas franceses do século XVIII.

63. Ver nota 61.

Inglaterra e por fim a América se tornaram para todos os franceses. Sentem-se comovidos e como que encantados à vista de um país cujo soberano absoluto, mas isento de preconceitos, lavra a terra uma vez ao ano com as próprias mãos para homenagear as artes úteis; em que todos os cargos obtêm-se por meio de concursos literários; cuja religião é somente uma filosofia e cujos aristocratas não passam de letrados.

É um erro acreditar que as teorias destrutivas que em nossos dias são designadas pelo nome de *socialismo* são de origem recente: tais teorias são contemporâneas dos primeiros economistas. Enquanto estes empregavam o governo todo-poderoso com que sonhavam para alterar as formas da sociedade, os outros apoderavam-se em imaginação do mesmo poder para solapar suas bases.

Leiam o *Código da Natureza*, de Morelly[64]: nele encontrarão, além de todas as doutrinas dos economistas sobre a onipotência e os direitos ilimitados do Estado, várias das teorias políticas que mais assustaram a França nestes últimos tempos e que pensávamos ter visto nascer: a comunidade de bens, o direito ao trabalho, a igualdade absoluta, a uniformidade em todas as coisas, a regularidade mecânica em todos os movimentos dos indivíduos, a tirania regulamentar e a absorção completa da personalidade dos cidadãos no corpo social.

"Nada na sociedade pertencerá singularmente ou em propriedade a ninguém", sentencia o primeiro artigo desse *Código*. "A propriedade é detestável e quem tentar restabelecê-la pegará prisão perpétua, na condição de louco furioso e inimigo da humanidade. Todo cidadão será sustentado, mantido e ocupado às expensas do público", diz o artigo segundo.

> Todas as produções serão armazenadas nos depósitos públicos, para serem distribuídas a todos os cidadãos e atenderem às necessidades de sua vida. As cidades serão construídas a partir de um mesmo plano e todos os edifícios destinados aos particulares serão iguais. Aos cinco anos, todas as crianças serão tiradas de sua família e educadas em comum, à custa do Estado, de modo uniforme.

Este livro, que parece ter sido escrito ontem, data de cem anos: saiu em 1755, no mesmo ano em que Quesnay fundava sua escola – a tal ponto a centralização e o socialismo são produtos do mesmo solo, sendo o relacionamento entre ambos o mesmo que existe entre o fruto cultivado e o arbusto silvestre.

---

64. Étienne-Gabriel Morelly (1717-1782), o anônimo autor do *Code de la Nature* (*Código da natureza*, de 1755), sobre cuja vida pessoal pouco se sabe, a ponto de ser apontado por alguns (como o líder revolucionário Babeuf) como um pseudônimo de Diderot. Um obscuro arrematador de impostos, o autor de *Code de la Nature* foi uma referência importante para os futuros revolucionários, dos jacobinos e *sans-culottes* parisienses a Babeuf, Proudhon e Marx, entre outros. Ver: GOLDIE, Mark; WOKLER, Robert. *The Cambridge History of Eighteenth-Century Political Thought*. Cambridge: Cambridge University Press, 2006.

De todos os homens de seu tempo, os economistas são os que pareceriam menos deslocados no nosso. Sua paixão pela igualdade é tão resoluta e seu gosto pela liberdade é tão indeciso que têm um falso ar de contemporâneos. Quando leio os discursos e os escritos dos homens que fizeram a Revolução, sinto-me subitamente transportado a um lugar e ao meio de uma sociedade que não conheço; porém, quando folheio os livros dos economistas, tenho a impressão de ter vivido com aquelas pessoas e acabado de discutir com elas.

Por volta de 1750, a nação inteira não se teria mostrado mais exigente em matéria de liberdade política do que os próprios economistas: ao perder seu uso, perdera-lhe o gosto e até a ideia. Desejava reformas mais que direitos, e, se o trono estivesse então ocupado por um príncipe da estatura e do temperamento de Frederico, o Grande, estou certo de que ele teria realizado na sociedade e no governo muitas das maiores transformações que a Revolução efetivou, não apenas sem perder sua coroa como também aumentando consideravelmente seu poder. Assegura-se que um dos ministros mais hábeis que Luís XV teve, o senhor Machault[65], entreviu essa ideia e indicou-a a seu senhor; mas empreendimentos desse porte não se aconselham: só podem ser realizados por quem teve a capacidade de concebê-los.

Vinte anos depois, o quadro já havia mudado: a imagem da liberdade política oferecera-se ao espírito dos franceses, tornando-se mais atraente a cada dia. Muitos sinais o demonstram. As províncias começam a conceber o desejo de administrar-se novamente com autonomia. A ideia de que todo o povo tem o direito de tomar parte de seu governo penetra nos espíritos e apodera-se deles. A lembrança dos antigos Estados-gerais reaviva-se. A nação, que detesta sua própria história, recorda com prazer só desta parte. A nova corrente arrasta até mesmo os economistas, obrigando-os a complicar seu sistema unitário com algumas instituições livres.

Quando, em 1771, os Parlamentos são suprimidos, o mesmo público que tantas vezes tivera de suportar seus preconceitos comove-se profundamente ao vê-los cair. Parecia que com eles caía a última barreira que ainda podia conter a arbitrariedade régia.

Essa oposição espanta e indigna Voltaire. "Quase todo o reino está em efervescência e consternação", escreve a seus amigos;

> a fermentação é tão forte nas províncias quanto na própria Paris. No entanto, o édito parece-me cheio de reformas úteis. Extinguir a venalidade dos cargos,

65. Jean-Baptiste Machault d'Arnouville (1701-1794), de origem nobre, foi o controlador-geral das finanças entre 1745-1754. Sua gestão, caracterizada pela tentativa de aumentar a participação da nobreza e do clero no âmbito tributário, enfrentou forte resistência dessas respectivas ordens. Apesar da idade avançada, foi preso durante o Terror, vindo a falecer em julho de 1794.

> prestar justiça gratuitamente, impedir que os pleiteantes venham dos confins do reino a Paris para aqui se arruinarem, encarregar o rei de pagar os encargos das justiças senhoriais, não são grandes serviços prestados à nação? Aliás, esses parlamentos não foram muitas vezes perseguidores e bárbaros? Na verdade, admira-me que os velches[66] tomem o partido desses burgueses insolentes e indóceis. Quanto a mim, creio que o rei tem razão e, já que é preciso servir, penso que mais vale fazê-lo sob um leão de boa linhagem, que nasceu muito mais forte que eu, do que sob duzentos ratos de minha espécie.

E acrescenta à guisa de desculpa: "Lembrem-se de que devo apreciar infinitamente a graça concedida pelo rei a todos os senhores de terras, ao assumir as despesas das cortes senhoriais".

Ausente de Paris após um longo período, Voltaire acreditava que o espírito público ainda se encontrava no ponto em que o deixara. Ledo engano. Os franceses já não se limitavam a desejar que seus assuntos fossem mais bem tratados; começavam a querer resolvê-los diretamente, e estava claro que a grande Revolução que se preparava ia acontecer, não somente com o assentimento do povo mas também por suas mãos.

Penso que, a partir daquele momento, essa revolução radical, que devia confundir numa mesma ruína o que o Antigo Regime continha de pior e o que encerrava de melhor, tornara-se então inevitável. Um povo tão mal preparado para agir por si mesmo não podia tentar reformar tudo de uma só vez sem tudo destruir. Um príncipe absoluto teria sido um inovador menos perigoso. De minha parte, quando considero que essa mesma revolução, que por um lado destruiu tantas instituições, ideias e hábitos contrários à liberdade, também aboliu, por outro, tantos outros dos quais a liberdade dificilmente pode prescindir, tendo a crer que, realizada por um déspota, ela talvez nos tivesse deixado menos inaptos a nos tornarmos um dia uma nação livre do que a que foi feita em nome da soberania do povo e por ele.

O precedente é algo que nunca podemos perder de vista, se quisermos compreender a história de nossa Revolução.

Assim que o amor dos franceses pela liberdade política despertou, eles já haviam concebido um certo número de noções em matéria de governo que, além de não se conciliarem facilmente com a existência das instituições livres, eram-lhes praticamente opostas.

Tinham admitido como ideal de uma sociedade um povo cuja única aristocracia seria a dos funcionários públicos e uma administração única e

66. Dialeto falado pelos franceses da região da Alsácia, caracterizado por marcante presença linguística alemã. Os alemães do além-Reno referiam-se aos franceses como *welsches*, um sinônimo para "gauleses".

todo-poderosa, reitora do Estado e tutora dos particulares. Na ânsia de ser livres, não quiseram descartar essa noção primordial: tentaram apenas conciliá-la com a de liberdade.

Decidiram então amalgamar uma centralização administrativa ilimitada e um corpo legislativo preponderante: a administração da burocracia e o governo dos eleitores. A nação em conjunto teve todos os direitos da soberania, cada cidadão em particular foi reduzido à mais estreita dependência: a uma pediram a experiência e as virtudes de um povo livre; ao outro, as qualidades de um bom servidor.

Foi este desejo de introduzir a liberdade política no meio de instituições e de ideias que lhe eram estranhas ou contrárias, mas às quais já estávamos habituados ou imaginado antecipadamente o gosto, que durante sessenta anos produziu tantos ensaios inúteis de governos livres, seguidos de revoluções tão funestas até que, por fim, cansados de tantos esforços e desencorajados por um trabalho tão penoso e tão estéril, abandonando seu desígnio secundário para retomar o primordial, muitos franceses limitaram-se a pensar que, ao fim e ao cabo, viver iguais sob um senhor ainda tinha certa doçura. É assim que nos ocorre sermos hoje infinitamente mais parecidos com os economistas de 1750 do que com nossos antepassados de 1789.

Muitas vezes me perguntei onde está a fonte dessa paixão pela liberdade política que, em todas as épocas, levou a humanidade a realizar seus maiores feitos, e em quais sentimentos ela se enraíza e se alimenta.

Vejo claramente que, quando os povos são mal dirigidos, concebem facilmente o desejo de governar a si mesmos. Porém, esta espécie de amor à independência, originada unicamente de certos males particulares e efêmeros que o despotismo acarreta, nunca é duradouro: desaparece com o acidente que o fizera nascer. Pareciam amar a liberdade, mas na verdade só odiavam o senhor. O que os povos feitos para serem livres odeiam é o próprio mal da dependência.

Tampouco creio que o verdadeiro amor à liberdade tenha algum dia nascido unicamente da visão dos bens materiais que ela oferece, pois essa visão chega frequentemente a turvar-se. É bem verdade que, com o tempo, a liberdade sempre traz, aos que sabem conservá-la, uma vida remediada, o bem-estar e, na maioria das vezes, a riqueza. Mas há períodos em que ela perturba momentaneamente o uso de semelhantes bens e outros em que somente o despotismo pode proporcionar seu gozo passageiro. Os homens que nela só apreciam esses bens nunca a conservaram por muito tempo.

O que, em todas as épocas, ligou tão fortemente o coração de certos homens à liberdade são seus próprios atrativos, seu próprio encanto, independentemente de seus benefícios: é o prazer de poder falar, agir, respirar sem constrangimento, sob o único governo de Deus e das leis. Quem procura na liberdade outra coisa além dela, foi feito para servir.

Certos povos perseguem-na obstinadamente por meio de toda sorte de perigos e misérias. O que amam nela, então, não são os bens materiais que lhes proporciona: consideram-na em si mesma como um bem tão precioso e tão necessário, que nenhum outro poderia consolá-los de sua perda e, desfrutando-a, obtêm consolo para tudo. Outros se cansam dela em meio às suas riquezas, deixando-a ser arrancada de suas mãos sem resistência, com medo de comprometerem, por um esforço, este mesmo bem-estar que lhe devem. O que falta a esses homens para seguir sendo livres? O quê? O próprio gosto de sê-lo. Não me peçam para analisar este gosto sublime, é preciso experimentá-lo. Entra por si só nos grandes corações que Deus preparou para recebê-lo: ele os preenche, os inflama. É inútil tentar explicá-lo às almas medíocres que jamais o sentiram.

## CAPÍTULO IV
## QUE O REINADO DE LUÍS XVI FOI A ÉPOCA MAIS PRÓSPERA DA ANTIGA MONARQUIA E COMO ESSA MESMA PROSPERIDADE PRECIPITOU A REVOLUÇÃO

Não se poderia duvidar de que o esgotamento do reino sob Luís XIV tenha começado na mesma época em que este príncipe ainda triunfava sobre toda a Europa. Os primeiros indícios disso se encontram nos anos mais gloriosos do reinado. A França estava arruinada muito antes de que tivesse cessado de vencer. Quem não leu aquele assustador ensaio de estatística administrativa que Vauban[67] nos legou? Nos memorandos que enviam ao duque de Borgonha no final do século XVII e antes mesmo que a infeliz Guerra da Sucessão[68]

67. Sébastien Le Pestre (1633-1707), marquês de Vauban e marechal da França, célebre por seus conhecimentos estatísticos, militares, urbanísticos e agronômicos, exerceu grande influência sobre os autores da Ilustração, da qual é visto como um precursor.

68. Guerra da Sucessão Espanhola (1701-1714), a última grande guerra do reinado de Luís XIV e responsável, entre outras coisas, por instalar uma dinastia Bourbon na Espanha, em detrimento do pretendente Habsburgo austríaco (Carlos VI). De consequências desastrosas para as finanças da monarquia francesa, seu efeito mais importante consistiu na fortalecimento da Inglaterra como potência econômica (obteve, por exemplo, o direito de "asiento" sobre o comércio de escravos nas colônias espanholas), diplomática e marítima mundial. Cf. CASTEX, Jean-Claude. *Histoire des Relations Diplomatiques Franco-anglaises durant la Guerre de Succession d'Espagne*. Ottawa: Les Éditions du Phare-Ouest, 2010. p. 50.

tenha começado, os intendentes são unânimes em aludir a essa decadência crescente da nação e não a mencionam como um fato muito recente. A população diminuiu muito nessa generalidade de uns anos para cá, diz um; esta cidade, outrora rica e florescente, está hoje sem indústria, diz outro. E este: encontrávamos manufaturas na província, mas atualmente estão abandonadas. Aquele: outrora os habitantes extraíam muito mais de suas terras do que agora, a agricultura era infinitamente mais florescente há vinte anos. Por volta da mesma época, um intendente de Orléans dizia que a população e a produção diminuíram de um quinto de trinta anos para cá. Deveríamos aconselhar a leitura desses memorandos aos particulares que estimam o governo absoluto e aos príncipes que amam a guerra.

Como essas misérias procediam principalmente dos vícios da constituição, a morte de Luís XIV e mesmo a paz não conseguiram devolver a prosperidade pública. Na primeira metade do século XVIII, todos os que escrevem sobre a administração ou sobre a economia social compartilham a opinião de que as províncias não conseguem se restabelecer, e muitos chegam a pensar que continuam a arruinar-se. Afirmam que somente Paris cresce e enriquece. A esse respeito, intendentes, ex-ministros e homens de negócios concordam com os literatos.

De minha parte, confesso não acreditar nesta decadência contínua da França durante a primeira metade do século XVIII, apesar de uma opinião tão geral, compartilhada por pessoas tão bem informadas, provar que pelo menos não havia então qualquer progresso visível. Com efeito, todos os documentos administrativos que me chegaram às mãos, relativos a essa época de nossa história, denotam uma espécie de letargia na sociedade. O governo não faz mais que girar no círculo das velhas rotinas, sem criar nada de novo; as cidades não fazem praticamente nenhum esforço para tornar mais cômoda e mais saudável a condição de seus habitantes; mesmo os particulares não se dedicam a nenhum empreendimento considerável.

Cerca de trinta ou quarenta anos antes de a Revolução eclodir, o panorama começa a mudar. Acreditamos discernir, em todas as partes do corpo social, uma espécie de sobressalto interior que não se notara até então. Só um exame muito atento pode detectá-lo de início, mas pouco a pouco se torna mais característico e mais discernível. Cada ano esse movimento amplia-se e acelera-se, e, finalmente, a nação inteira agita-se e parece renascer. Mas atenção! O que se reanima não é sua antiga vida: o espírito que move esse grande corpo é um espírito novo, que só o reanima por um instante para em seguida dissolvê-lo.

Cada qual se inquieta, agita-se e esforça-se para sair de sua condição: a busca do melhor é universal, mas é uma busca impaciente e melancólica, que faz maldizer o passado e imaginar um estado de coisas totalmente contrário ao que se tem sob os olhos.

Esse espírito invade prontamente até o seio do próprio governo, transformando-o por dentro sem nada alterar por fora: as leis não se modificam, mas aplicam-se de outro modo.

Afirmei em outro momento que o controlador-geral e o intendente de 1740 em nada se pareciam com o intendente e o controlador-geral de 1780. A correspondência administrativa demonstra essa verdade nos detalhes. O intendente de 1780 tem, contudo, os mesmos poderes, os mesmos agentes, a mesma arbitrariedade que seu predecessor, mas não as mesmas metas: um praticamente só se preocupava em manter sua província na obediência, recrutar a milícia e, sobretudo, recolher a talha; o outro tem preocupações bem distintas: sua cabeça está cheia de mil projetos que visam a aumentar a riqueza pública. As estradas, os canais, as manufaturas, o comércio são os principais objetos de seu pensamento, sendo a agricultura o alvo principal de sua atenção. Sully[69] torna-se então moda entre os administradores.

É nessa época que começam a se formar as sociedades de agricultura das quais já falei, que estabelecem concursos e distribuem prêmios. Há circulares do controlador-geral que mais parecem tratados sobre a arte agrícola do que documentos oficiais.

É principalmente na arrecadação de todos os impostos que melhor apreciamos a mudança que se operou no espírito dos governantes. A legislação continua a ser tão desigual, tão arbitrária e tão dura quanto no passado, mas todos seus vícios temperam-se durante a execução.

"Quando comecei a estudar as leis fiscais", diz Mollien em suas *Memórias*,[70]

> assustei-me com o que encontrei: multas, encarceramentos, castigos corporais colocados à disposição de tribunais especiais para simples omissões; arrematadores de impostos que mantinham quase todas as propriedades e as pessoas à mercê de seus juramentos etc. Felizmente, não me limitei à simples leitura desse código e logo tive de reconhecer que, entre o texto e sua aplicação, havia a mesma diferença que entre os costumes dos antigos financistas e dos novos. Os jurisconsultos estavam sempre inclinados a atenuar os delitos e a moderar as penas.

---

69. Maximilien de Béthune (1559-1641), duque de Sully, marechal protestante e principal conselheiro político e econômico do reinado de Henrique IV. Um dos arquitetos da conversão do huguenote Henrique de Navarra ao catolicismo.

70. Nicolas François Mollien (1758-1850), procurador da Fazenda Real entre 1781 e 1791, quando foi destituído pela Revolução. Sobrevivente ao período do Terror (chegou a estar preso), torna-se conselheiro de Estado do império napoleônico. Tocqueville refere-se às suas *Mémoires d'un Ministre du Trésor Public* (*Memórias de um ministro do Tesouro Público*), de 1845.

"Quantos abusos e vexações podem surgir da cobrança de impostos!", diz a assembleia provincial da baixa Normandia em 1787. "Contudo, devemos fazer justiça à brandura e às precauções em uso nesses últimos anos."

O exame dos documentos justifica plenamente essa asserção. O respeito pela liberdade e pela vida dos homens mostra-se com frequência neles, e percebemos sobretudo uma autêntica preocupação com os males dos pobres, que até então teríamos procurado em vão. As violências do fisco para com os miseráveis tornam-se raras, os adiamentos e as reduções de impostos são mais frequentes, os auxílios mais numerosos. O rei aumenta todos os fundos destinados a criar oficinas de caridade nos campos ou a socorrer os indigentes, e muitas vezes cria novos fomentos. Só na generalidade da Alta Guyenne, descubro que o Estado distribuiu mais de 80 mil libras dessa maneira em 1779, ante as 40 mil libras na de Tours, em 1784, e as 48 mil na da Normandia, em 1787. Luís XVI não queria deixar apenas aos seus ministros esta parte do governo e, às vezes, encarregava-se dela pessoalmente. Quando, em 1776, um decreto do conselho fixou as indenizações devidas aos camponeses cujos campos foram devastados pela caça real nos arredores das capitanias, e indicou meios simples e seguros de recebê-las, o rei em pessoa redigiu os termos. Turgot conta-nos que esse bom e infeliz príncipe entregou-lhe o decreto escrito de seu próprio punho, dizendo: "Como podem ver, de minha parte também trabalho". Quem retratasse o Antigo Regime tal como era nos últimos anos de sua existência, faria um retrato muito lisonjeiro e pouco fiel do objeto.

À medida que essas mutações se operam no espírito dos governados e dos governantes, a prosperidade pública desenvolve-se com uma rapidez até então sem precedentes. Todos os sinais a anunciam: a população aumenta e as riquezas crescem em um ritmo ainda mais rápido. A guerra norte-americana não freou este impulso: o Estado endivida-se com ela, mas os particulares seguem enriquecendo, tornam-se mais industriosos, mais empreendedores, mais inventivos.

"Desde 1774", diz um administrador da época, "o desenvolvimento dos diversos tipos de indústria tinha elevado a importância de todas as taxas de consumo". De fato, quando comparamos os tratados concluídos, nas diferentes épocas do reinado de Luís XVI, entre o Estado e as companhias financeiras encarregadas da cobrança de impostos, vemos que o valor dos arrendamentos aumenta incessantemente a cada renovação, com uma rapidez crescente. O contrato de 1786 supera em 14 milhões de libras o de 1780. "Pode-se contar com um aumento de dois milhões por ano no produto de todos os direitos de consumo", diz Necker no relatório de 1781.

Arthur Young assegura que, em 1788, as transações comerciais de Bordeaux superavam as de Liverpool, e acrescenta: "Ultimamente, os avanços do comércio marítimo foram mais rápidos na França do que na própria Inglaterra, tendo duplicado nos últimos vinte anos".

Se quisermos prestar atenção à diferença dos tempos, nos convenceremos de que em nenhuma das épocas que se seguiram à Revolução a prosperidade pública se desenvolveu mais rapidamente do que durante os vinte anos que a precederam. Sob esse prisma, os trinta e sete anos de monarquia constitucional, que foram para nós tempos de paz e de progressos rápidos, [60] são os únicos comparáveis com o reinado de Luís XVI.

A visão dessa prosperidade já tão grande e tão crescente chega a espantar, se pensarmos em todos os vícios que ainda acometiam o governo e em todos os entraves que a indústria ainda enfrentava. É até possível que, por não poderem explicá-lo, muitos políticos neguem o fato, julgando, como o médico de Molière, que um doente não poderia curar-se contrariando as normas. Realmente, como acreditar que a França pudesse prosperar e enriquecer com a desigualdade de encargos, a diversidade de costumes, as alfândegas internas, os direitos feudais, as jurandas, os cargos venais etc.? A despeito de tudo isso, ela começava a enriquecer e a desenvolver-se de todos os lados, pois fora de todas estas engrenagens mal construídas e mal ajustadas, que pareciam destinar-se mais a retardar a máquina social do que a impulsioná-la, escondiam-se duas molas muito simples e muito fortes, que já bastavam para manter tudo coeso e fazer tudo caminhar no sentido da prosperidade pública: um governo que permanecera muito poderoso ao deixar de ser despótico, mantendo a ordem em toda a parte; uma nação cujas classes superiores já eram as mais esclarecidas e as mais livres do continente, e na qual cada um podia enriquecer à vontade e preservar sua fortuna após adquiri-la.

O rei continuava a falar como amo, mas ele mesmo obedecia, na realidade, a uma opinião pública, que o inspirava ou o arrastava diariamente e que consultava, temia e lisonjeava de modo incessante: absoluto pela letra das leis, limitado por sua prática. Desde 1784, Necker anunciava em um documento público, como fato inconteste:

> A maioria dos estrangeiros tem dificuldade em imaginar a autoridade que a opinião pública exerce hoje na França: dificilmente compreendem o que é esse poder invisível que manda até no palácio real. Entretanto, as coisas se passam assim.

Nada é mais superficial do que atribuir a grandeza e a força de um povo ao único mecanismo de suas leis; pois, nesta matéria, o produto deve-se mais à potência dos motores do que à perfeição do instrumento. Vejam a Inglaterra:

a que ponto suas leis administrativas parecem ainda hoje mais complicadas, mais diversas, mais irregulares [61] que as nossas! Haverá entretanto um único país na Europa em que a fortuna pública seja maior, a propriedade privada mais ampla, mais garantida e mais variada, a sociedade mais sólida e mais rica? Isso não é fruto da bondade de tais leis em particular, mas do espírito que anima a legislação inglesa em sua totalidade. A imperfeição de certos órgãos nada impede, pois a vida é pujante.

Contudo, à medida que se desenvolve na França a prosperidade que acabo de descrever, os espíritos parecem mais instáveis e mais inquietos: o descontentamento público exaspera-se e o ódio contra todas as instituições antigas vai aumentando. A nação marcha visivelmente para uma revolução.

Há mais: as regiões da França que deviam ser o principal foco dessa revolução são precisamente aquelas em que os avanços são mais patentes. Quem estudar o que sobrou dos arquivos da antiga generalidade de Île-de-France verá facilmente que o Antigo Regime reformou-se mais cedo e mais profundamente nas regiões vizinhas de Paris. Ali, a liberdade e a riqueza dos camponeses já estão mais bem garantidas do que em qualquer outro *país de eleição*. A corveia pessoal desapareceu muito antes de 1789. A cobrança da talha tornou-se mais regular, mais moderada, mais equitativa do que no restante da França. É preciso ler o regulamento que a melhora, em 1772, se quisermos compreender o que um intendente podia fazer para o bem-estar ou para a miséria de uma província inteira. Visto deste regulamento, o imposto já assume outra feição. Comissários do governo visitam todos os anos cada paróquia: a comunidade reúne-se em sua presença, o valor dos bens é calculado publicamente e as atribuições de cada um são reconhecidas na presença das partes. Por fim, a talha é fixada com a participação de todos os que devem pagá-la. Já não há arbitrariedade do síndico nem violências inúteis. [62] Independentemente do sistema de cobrança, a talha certamente conserva os vícios que lhe são inerentes: recai apenas sobre uma classe de contribuintes, atingindo tanto a indústria como a propriedade, embora difira profundamente em todo o resto do que ainda leva seu nome nas circunscrições vizinhas.

Inversamente, em nenhum lugar o Antigo Regime conservara-se melhor do que ao longo do Loire, no sentido de sua foz, nos pântanos de Poitou e nas charnecas da Bretanha. Foi precisamente aí que se acendeu e se alimentou o fogo da guerra civil e que se resistiu mais violenta e obstinadamente à Revolução; de tal modo que se diria que os franceses julgaram sua condição tanto mais insuportável quanto melhor ela se tornava.

Tal visão espanta, mas a História está repleta de espetáculos semelhantes.

Não é sempre indo de mal a pior que se cai em revolução. Acontece, na maioria das vezes, que um povo que suportara sem se queixar, e como se não as sentisse, as leis mais opressivas, rejeite-as violentamente assim que seu peso diminui. O regime que uma revolução destrói é quase sempre melhor do que aquele que o antecedera imediatamente, e a experiência ensina que o momento mais perigoso para um mau governo é geralmente aquele em que começa a se reformar. Só um grande gênio poderia salvar um príncipe decidido a aliviar seus súditos após um longo período de opressão. O mal que aguentavam pacientemente como inevitável parece insuportável assim que concebem a hipótese de suprimi-lo. Os abusos que se vão eliminando parecem deixar mais explícito o que resta deles, tornando a consciência sobre eles mais aguda: o mal diminuiu, é verdade, mas a sensibilidade está mais viva. O feudalismo em toda sua força não havia inspirado aos franceses tanto ódio quanto no momento em que ia desaparecer. Os menores golpes da arbitrariedade de Luís XVI pareciam mais difíceis de suportar do que todo o despotismo de Luís XIV. A breve prisão de Beaumarchais[71] suscitou mais comoção em Paris do que as Dragonadas[72].

Em 1780, ninguém mais afirma que a França está em decadência. Ao contrário, diriam que naquele momento não há mais limites para seus avanços. É então que nasce a teoria da perfectibilidade contínua e indefinida do homem. Vinte anos antes, não se esperava nada do futuro; agora, nada se teme dele. A imaginação, ao apoderar-se de antemão dessa próxima e inaudita felicidade, torna-se indiferente aos bens que já se possui e lança-se para as coisas novas.

Independentemente dessas razões de ordem geral, há outras mais particulares e não menos poderosas para o fenômeno. Apesar de ter sido aperfeiçoada como todo o restante, a administração das finanças conservava os vícios típicos do governo absoluto. Como era secreta e sem garantia, seguia ainda algumas das piores práticas vigentes nas épocas de Luís XIV e Luís XV. O próprio esforço feito pelo governo para desenvolver a prosperidade pública, os auxílios e os incentivos que distribuía, as obras públicas que mandava executar, tudo isso aumentava diariamente as despesas sem elevar, na mesma proporção, as receitas, o que colocava o rei em dificuldades ainda maiores que as de seus predecessores. Como estes, constantemente deixava seus credores

71. Pierre-Augustin Caron de Beaumarchais (1732-1799), diplomata e dramaturgo francês, cujas peças encontraram forte resistência das autoridades francesas, entre elas o próprio Luís XVI. Criador do célebre personagem *Fígaro*, presente na trilogia *O barbeiro de Sevilha* (1775), *As bodas de Fígaro* (1784) e *A mãe culpada* (1792). O breve aprisionamento do dramaturgo foi retratado pelo cineasta francês Édouard Molinaro em seu filme *Beaumarchais, l'Insolent* (no Brasil, intitulado como *O insolente*), lançado em 1996.

72. Perseguições exercidas por Luís XIV contra os protestantes antes e depois do Édito de Nantes.

apreensivos; como eles, tomava emprestado de toda parte, sem publicidade e sem concorrência, e seus credores nunca tinham a certeza de serem pagos, além de seu próprio capital sempre estar exclusivamente à mercê da boa vontade do príncipe.

Uma testemunha digna de confiança, pois vira com os próprios olhos e estava mais bem capacitada do que qualquer um para ver com clareza, declarou nessa ocasião:

> Nesta época, os franceses só encontravam incertezas nas relações com seu próprio governo. Caso aplicassem seus capitais nos empréstimos ao governo, nunca podiam contar com o pagamento dos juros em uma data fixa. Construíram os navios, reparavam as estradas e vestiram os soldados do governo? Permaneciam sem garantias de seus adiantamentos, sem prazo para o reembolso, reduzidos a calcular as possibilidades de um contrato com os ministros, como os de um empréstimo de alto risco.

E acrescenta com muita lucidez:

> Nessa época em que a indústria, tomando mais impulso, desenvolvera em um maior número de homens o amor à propriedade, o gosto e a necessidade do bem-estar, os que haviam confiado uma parte de sua fortuna ao Estado suportavam com mais impaciência a violação da lei dos contratos por aquele de seus devedores que mais deveria respeitá-la.

Com efeito, os abusos denunciados aqui contra a administração francesa não eram absolutamente novos: o que havia de novo era a impressão que causavam. Os vícios do sistema financeiro foram até muito mais gritantes nos períodos anteriores, mas ocorreram, desde então, mudanças no governo e na sociedade que os tornavam infinitamente mais sensíveis que antes.

O governo, que nos últimos vinte anos se tornara mais ativo e se entregava a toda sorte de empreendimentos nos quais não pensara até então, tornou-se o maior consumidor de produtos da indústria e o maior empreiteiro de obras que existiu no reino. O número dos que mantinham relações financeiras com ele, que estavam interessados em seus empréstimos, viviam de seus salários e especulavam em seus mercados, crescera prodigiosamente. Nunca o tesouro público e a fortuna privada estiveram tão entrelaçados. A má gestão das finanças, que durante muito tempo fora apenas um mal público, tornou-se então, para uma multidão de famílias, uma calamidade privada. Assim, em 1789 o Estado devia cerca de 600 milhões a seus credores. Por sua vez, estes eram quase todos devedores, os quais, nas palavras de um financista da época, associavam às suas queixas contra o governo todas as vítimas da inexatidão governamental. E notem que, à medida que os descontentes desta espécie se tornavam mais numerosos, tornavam-se também mais irritados; pois a vontade de especular, a ânsia de enriquecer, o gosto pelo bem-estar, expandindo-se e crescendo com os negócios, faziam tais males parecerem intoleráveis a quem os teria provavelmente suportado trinta anos antes sem reclamar.

Eis por que os rentistas, os comerciantes, os industriais e outros homens de negócios e de finanças, que normalmente formam a classe mais avessa às novidades políticas, a mais amiga do governo existente, seja ele qual for, e a mais submissa às mesmas leis que desdenha ou detesta, mostrou-se dessa vez a mais impaciente e a mais resoluta em matéria de reformas. Reivindicava em altos brados principalmente uma revolução completa em todo o sistema financeiro, sem imaginar que revolver profundamente esta parte do governo levaria à queda de todo o resto.

Como se poderia ter evitado uma catástrofe? De um lado, uma nação em cujo seio o desejo de enriquecer vai se generalizando dia a dia; do outro, um governo que excita continuamente esta nova paixão e a perturba sem cessar, que a inflama e a desespera, impelindo assim os dois lados para sua própria ruína.

## CAPÍTULO V
## COMO SUBLEVARAM O POVO AO QUERER ALIVIÁ-LO

Como o povo não aparecera um instante sequer na cena pública nos últimos cento e quarenta anos, deixaram totalmente de acreditar que algum dia pudesse mostrar-se novamente; vendo-o tão impassível, julgavam-no surdo, de modo que, quando começaram a demonstrar interesse por sua sorte, puseram-se a falar dele em sua presença como se ali não estivesse. Era como se devessem ser ouvidos somente pelos que estavam acima dele e que o único perigo a temer fosse o de serem mal interpretados por eles.

As pessoas que mais deviam temer sua cólera conversavam em voz alta na sua presença acerca das cruéis injustiças de que sempre fora vítima; mostravam uns aos outros os monstruosos vícios presentes nas instituições que mais o oprimiam; empregavam sua retórica para descrever as misérias e o trabalho mal remunerado desse povo que cumulavam de furor ao tentar aliviá-lo. Não estou me referindo aos escritores e sim ao governo, a seus principais agentes e aos próprios privilegiados.

Quando o rei, treze anos antes da Revolução, tenta abolir a corveia, sentencia no seu preâmbulo:

> À exceção de um pequeno número de províncias (os *pays d'états*), quase todas as estradas do reino foram feitas gratuitamente pela parte mais pobre de nossos súditos. Portanto, todo o peso recaiu sobre os que dispõem apenas

de seus braços e só muito secundariamente estão interessados nas estradas. Os verdadeiros interessados são os proprietários, quase todos privilegiados, cujos bens aumentam de valor com a criação das estradas. Forçando o pobre a repará-las sozinho, obrigando-o a doar seu tempo e seu trabalho sem remuneração, tiram-lhe o único recurso que possui contra a miséria e a fome, para fazê-lo trabalhar em proveito dos ricos.

Na mesma época, quando tentam extinguir os entraves que o sistema de corporações industriais impunha aos operários, proclamam, em nome do rei,

> que o direito ao trabalho é a mais sagrada de todas as propriedades; que toda lei que o prejudique viola o direito natural e deve ser considerada nula; que as corporações existentes são, ademais, instituições bizarras e tirânicas, frutos do egoísmo, da cupidez e da violência.

Se palavras como essas eram perigosas, mais perigoso ainda era pronunciá-las em vão. Alguns meses mais tarde, restabeleciam-se as corporações e a corveia.

Dizem que foi Turgot quem introduziu semelhante linguagem na boca do rei, mas a maioria de seus sucessores não o fez falar de outra forma. Quando, em 1780, o rei anuncia a seus súditos que dali em diante os aumentos da talha serão submetidos à publicidade do registro, tem o cuidado de acrescentar à guisa de comentário:

> Já atormentados pelas vexações de sua cobrança, os sujeitos à talha ainda estavam expostos, até o presente, a aumentos inesperados, de tal sorte que o tributo da parte mais pobre de nossos súditos aumentou numa proporção bem superior à de todos os outros.

Quando o rei, não ousando ainda igualar todos os encargos, decide pelo menos estabelecer a igualdade de cobrança dos que já são comuns, afirma:

> Sua Majestade espera que as pessoas ricas não se sintam prejudicadas ao serem reconduzidas ao nível comum, pois só cumprirão uma obrigação que há muito tempo deveriam ter compartilhado de maneira mais equitativa.

Mas é principalmente nos períodos de escassez que se parece ter mais interesse em inflamar as paixões do povo do que em atender às suas necessidades. Para estimular a caridade dos ricos, um intendente passa a falar

> da injustiça e da insensibilidade desses proprietários que devem ao trabalho do pobre tudo o que possuem e que, no momento em que ele se esgota, o deixam morrer de fome ao valorizar-lhes os bens.

O rei, por sua vez, declara em uma ocasião análoga:

> Sua Majestade quer defender o povo contra as manobras que o expõem à falta do alimento de primeira necessidade e forçam-no a trabalhar em troca de qualquer salário que os ricos lhe resolvam dar. O rei não admitirá que uma parte dos homens fique entregue à avidez da outra.

Até o final da monarquia, o conflito que opunha os diferentes poderes administrativos cedia espaço às mais diversas manifestações dessa espécie: ambos os contendores acusavam-se voluntária e mutuamente pelas misérias do povo. Isso ficou especialmente evidente na disputa que, em 1772, surgiu entre o parlamento de Toulouse e o rei, a propósito da circulação dos cereais: "O governo, com as suas falsas medidas, arrisca-se a fazer o pobre morrer de fome", diz esse parlamento. "A ambição do parlamento e a avidez dos ricos causam a aflição pública", replica o rei. Os dois lados trabalham assim para introduzir no espírito do povo a ideia de que ele sempre deve culpar os superiores por seus males.

Esses fatos não se observam em correspondências secretas, mas em documentos públicos que o governo e o parlamento tiveram o cuidado de mandar imprimir e publicar aos milhares. De passagem, o rei dirige a seus predecessores e a si mesmo verdades muito duras. "O tesouro do Estado foi lesado pelas prodigalidades de vários reinados. Muitos de nossos domínios inalienáveis foram cedidos a preço vil", afirmou certa vez. "As corporações industriais", declara em outra ocasião, com mais razão do que prudência, "são, antes de mais nada, um produto da avidez fiscal dos reis". E mais adiante observa:

> Se houve muitas vezes despesas inúteis e se a talha aumentou desmesuradamente, isso se deu porque a administração da Fazenda, considerando o aumento da talha o recurso mais fácil pela ausência de publicidade, serviu-se dele, apesar de existirem vários outros expedientes que teriam sido menos onerosos aos nossos súditos. [63]

Tudo isso era destinado à parte esclarecida da nação, para convencê-la da utilidade de certas medidas que interesses particulares condenavam. Quanto ao povo, estava subentendido que escutava tudo sem nada compreender.

É preciso reconhecer que essa benevolência ainda continha um grande fundo de desprezo para com estes miseráveis cujos males queriam tão sinceramente aliviar. Isso lembra um pouco o sentimento da madame Duchâtelet[73], que, como nos conta o secretário de Voltaire, não se importava em despir-se diante de seus criados, pois não considerava cabalmente demonstrado que lacaios fossem homens.

E sob hipótese alguma creiam que apenas Luís XVI ou seus ministros empregassem a perigosa linguagem que acabo de reproduzir. Esses privilegiados,

---

73. Gabrielle Émilie Le Tonnelier de Breteuil (1706-1749), marquesa de Châtelet, aristocrata francesa que se notabilizou por seus estudos e comentários nas áreas da física e da matemática. Entre suas obras mais importantes, destacam-se a tradução do *Principia Mathematica* (1687) de Newton (publicada postumamente, em 1756) e o ensaio deísta, igualmente póstumo, *Doutes sur les Religions Révélées* (*Dúvidas sobre as religiões reveladas*), de 1792, dedicado a Voltaire, de quem fora amante.

que são o objeto mais próximo da cólera popular, não se expressam diante dele de outra maneira. Deve-se reconhecer que as classes superiores da sociedade francesa começaram a se preocupar com a sorte do pobre antes que este lhes inspirasse temor; interessaram-se por ele num período em que ainda não acreditavam que de seus males pudesse surgir sua própria ruína. Isso ficou evidente sobretudo durante os dez anos que antecedem 1789: então, frequentemente tomam as dores dos camponeses e falam deles a todo momento, investigam as medidas que poderiam aliviá-los, destacam os principais abusos de que padecem e censuram as leis fiscais que mais os prejudicam particularmente, mas geralmente são tão imprevidentes na expressão dessa nova simpatia quanto o foram em sua longa insensibilidade.

Leiam as atas das assembleias provinciais que se reuniram em algumas partes da França em 1779 e mais tarde em todo o reino, estudem os outros documentos públicos que nos restam delas, e ficarão comovidos com os bons sentimentos que expressam e surpresos com a linguagem singularmente imprudente que empregam.

"Temos visto com demasiada frequência", diz a assembleia provincial da baixa Normandia, em 1787,

> o dinheiro que o rei consagra às estradas servir exclusivamente ao bem-estar do rico sem ser útil ao povo. Empregaram-no muitas vezes para tornar mais agradável o acesso a um castelo, em vez utilizá-lo para facilitar a entrada em um povoado ou em uma aldeia.

Nessa mesma assembleia, as ordens da nobreza e do clero, após terem descrito os vícios da corveia, oferecem-se espontaneamente a destinar, sozinhas, 50 mil libras para o melhoramento dos caminhos, a fim de que, dizem elas, as estradas da província se tornem transitáveis sem que isso custe mais nada ao povo. Para esses privilegiados, talvez tivesse sido menos oneroso substituir a corveia por uma taxa geral e pagar a parte que lhes coubesse; mas, ao cederem de bom grado o benefício da desigualdade do imposto, faziam questão de conservar-lhe a aparência. Abandonando a parte útil de seu direito, retinham cuidadosamente a parte odiosa.

Outras assembleias, compostas integralmente de proprietários isentos da talha e que pretendiam continuar a sê-lo, não deixaram por menos e tingiram com as cores mais escuras os males que essa talha infligia aos pobres. Compunham de todos esses abusos um quadro tenebroso, do qual tinham o cuidado de multiplicar infinitamente as cópias. Mas o curioso é que, a esses testemunhos eloquentes do interesse que o povo lhes inspirava, acresciam ocasionalmente expressões públicas de desprezo. O povo já se tornara objeto de sua simpatia sem deixar ainda de ser alvo de seu desdém.

A assembleia provincial da alta Guyenne, falando desses camponeses cuja causa defende calorosamente, chama-os de *seres ignorantes e grosseiros, seres turbulentos e caracteres rudes e indóceis.* Turgot, que tanto fez pelo povo, praticamente não se expressa de outra maneira. [64]

Essas duras expressões encontram-se em atas destinadas à maior publicidade e feitas para serem vistas pelos próprios camponeses. Parecia que se vivesse naquelas regiões da Europa, tais como a Galícia[74], onde as classes superiores, falando uma linguagem distinta das classes inferiores, não podem ser compreendidas por elas. Os feudistas do século XVIII, que frequentemente mostram, para com os censitários e outros devedores de direitos feudais, um espírito brando, moderado e justo pouco conhecido de seus antecessores, em certos lugares ainda falam dos *vis camponeses.* Parece que essas injúrias deviam-se ao estilo, como dizem os tabeliães.

À medida que 1789 se aproxima, essa simpatia pelas misérias do povo vai se tornando mais viva e mais imprudente. Tive em minhas mãos circulares que, nos primeiros dias de 1788, várias assembleias provinciais dirigiam aos habitantes das diversas paróquias, a fim de saber deles mesmos, com detalhes, todos os eventuais motivos de queixas.

Uma dessas circulares é assinada por um abade, um grande senhor, três fidalgos e um burguês, todos membros da assembleia e agindo em seu nome. Esta comissão ordena ao síndico de cada paróquia que reúna todos os camponeses e lhes pergunte o que têm a dizer contra a maneira em que se estabelecem e se cobram os diversos impostos que pagam. "De modo geral, sabemos que a maioria dos impostos, especialmente a gabela e a talha, tem consequências desastrosas para o cultivador, mas fazemos questão de conhecer, além disso, cada abuso em particular", diz a circular. A curiosidade da assembleia provincial não termina aí: quer saber o número de pessoas que gozam de algum privilégio fiscal na paróquia, sejam nobres, clérigos ou plebeus, e quais são precisamente esses privilégios; qual é o valor patrimonial desses isentos; se residem ou não em suas terras; se existem ali muitos bens eclesiásticos ou, como se dizia então, fundos de mão-morta, que estejam fora do mercado, e o seu valor. Tudo isso ainda não basta para satisfazê-la: é preciso dizer-lhe a quanto chegaria a parcela de impostos, a talha, a capitação, a corveia e os acessórios que os privilegiados deveriam pagar, se houvesse igualdade fiscal.

Assim procedendo, inflamavam cada homem individualmente com a descrição de suas misérias; apontavam-lhe os responsáveis cujo número reduzido

---

74. A Galícia em questão compreendia a região histórica e geográfica da Europa oriental cujo território, situado entre as fronteiras da Ucrânia e da Polônia, estava dividido entre os impérios austríaco e russo.

insuflava-os e penetravam até o fundo de seu coração para ali acender a cupidez, a inveja e o ódio. Parecia que tivessem esquecido por completo a *Jacquerie*[75], os *Maillotins*[76] e os *Dezesseis*[77], e ignorassem que os franceses, o povo mais manso e mesmo o mais benevolente do mundo enquanto permanece tranquilo em sua natureza, tornam-se o mais bárbaro quando violentas paixões os arrancam dela.

Infelizmente, não pude examinar todas as circulares que foram enviadas pelos camponeses em resposta a essas questões mortíferas, embora tenha encontrado algumas que me bastaram para conhecer o espírito geral que as ditou.

Nesses memoriais, o nome de cada privilegiado, nobre ou burguês, é cuidadosamente indicado e seu modo de vida é por vezes descrito e sempre criticado. Investigam minuciosamente o valor de seus bens; alongam-se sobre o número e a natureza de seus privilégios, e, principalmente, os prejuízos que causam a todos os outros habitantes da aldeia. Enumeram os alqueires de trigo que é preciso dar-lhe em prestação e computam seus rendimentos com inveja, dizendo que ninguém tira proveito deles. O pé de altar do pároco, *seu salário*, como já o chamam, é excessivo: observam com azedume que tudo na Igreja é pago e que o pobre não conseguiria sequer fazer-se enterrar gratuitamente. Quanto aos impostos, são todos mal calculados e opressivos; não se encontra um único que ganhe sua indulgência e falam de todos numa linguagem exaltada que deixa transparecer o furor.

"Os impostos indiretos são odiosos", dizem eles,

> não há residência que o arrematador das companhias não venha remexer; nada é sagrado para seus olhos nem para suas mãos. Os direitos de registro são esmagadores. O cobrador das talhas é um tirano cuja cupidez se serve de todos os meios para oprimir os pobres. Os oficiais de justiça não valem mais que ele:

75. Insurreição camponesa ocorrida em meados do século XIV, no norte da França, entre os críticos anos da Guerra dos Cem Anos, da epidemia da Peste Negra e do vazio de poder. Recebeu essa designação pejorativa de cronistas medievais (como Jean Froissart), os quais atribuíam a liderança daquelas revoltas (representadas sobretudo por pilhagens de castelos e pela destruição de propriedades do clero e da nobreza) a um certo "Jacques Bonhomme". A partir de então, o termo "jacquerie" tornou-se sinônimo de revolta camponesa tanto na França como na Inglaterra.

76. Em meio às inúmeras revoltas populares verificadas na França do século XIV contra a miséria e as medidas fiscais opressivas dos monarcas, destacou-se a cólera dos populares parisienses que, em 1382, empregaram malhos de guerra (*maillotins*) em ataques contra os coletores de impostos, então identificados como os beneficiários e responsáveis por seus males.

77. No quadro das guerras de religião que, na segunda metade do século XVI, opuseram católicos e protestantes de todas as ordens e condições sociais na França, foi uma revolta de elementos populares parisienses, então favoráveis ao partido católico, contra a entrada das tropas suíças na capital – a qual fora determinada pelo rei Henrique III, em 13 de maio de 1588. Os populares de Paris reuniram-se em torno de um Comitê (composto de dezesseis membros, um para cada bairro) e ergueram barricadas em apoio ao duque de Guise, líder da Liga Católica.

nenhum cultivador honesto está a salvo de sua ferocidade. Os coletores são obrigados a arruinar seus vizinhos para não se exporem eles mesmos à voracidade desses déspotas.

Neste inquérito, a Revolução não apenas anuncia sua proximidade como nele já está presente, fala sua linguagem própria e mostra plenamente sua face.

De todas as diferenças que se encontram entre a revolução religiosa do século XVI e a Revolução Francesa, há uma que impressiona: no século XVI, a maioria dos grandes lançou-se na mudança de religião por cálculo de ambição ou por cupidez; o povo, ao contrário, abraçou-a por convicção e sem esperar nenhuma vantagem. No século XVIII, o quadro muda de aspecto: foram crenças desinteressadas e simpatias generosas que então comoveram e revoltaram as classes esclarecidas, ao passo que o sentimento amargo de suas queixas e a ânsia de mudar sua posição agitavam o povo. O entusiasmo das primeiras acabou por acender e armar a ira e a avidez do segundo.

## CAPÍTULO VI

## DE ALGUMAS PRÁTICAS COM AS QUAIS O GOVERNO CONCLUIU A EDUCAÇÃO REVOLUCIONÁRIA DO POVO

Já havia muito tempo que o próprio governo trabalhava para introduzir e arraigar no espírito do povo várias ideias que a partir de então foram chamadas de revolucionárias – ideias hostis ao indivíduo, contrárias aos direitos particulares e simpáticas à violência.

O rei foi o primeiro a mostrar com que desprezo era possível tratar as instituições mais antigas e aparentemente mais bem estabelecidas. Luís XV abalou a monarquia e apressou a Revolução tanto por suas inovações e sua energia como por seus vícios e sua frouxidão. Quando o povo viu cair e desaparecer aquele parlamento quase contemporâneo da realeza, e que até então parecera tão inabalável quanto ela, compreendeu vagamente que se aproximavam aqueles tempos de violência e de risco em que tudo se torna possível, em que não há muitas coisas tão antigas que sejam respeitáveis nem tão novas que não possam ser tentadas.

Em todo o decurso de seu reinado, Luís XVI só falou em reformas a serem feitas. Há poucas instituições cuja ruína próxima não deixara entrever, antes que a Revolução viesse efetivamente deitá-las todas por terra. Após ter suprimido da legislação várias das piores, restabeleceu-as logo em seguida: era como se quisesse apenas desenraizá-las, deixando a outros o cuidado de abatê-las.

Entre as reformas de sua própria autoria, algumas mudaram, bruscamente e sem preparos suficientes, hábitos antigos e respeitados, violentando às vezes direitos adquiridos. Assim foram preparando a Revolução, não tanto abatendo o que a obstaculizava quanto mostrando ao povo o que se requeria para realizá-la. O que agravou o mal foi precisamente a intenção pura e desinteressada que inspirava a ação do rei e de seus ministros, pois não há exemplo mais perigoso que o da violência exercida para o bem e por pessoas de bem.

Muito tempo antes, Luís XIV ensinara publicamente em seus éditos a teoria de que todas as terras do reino foram originalmente concedidas em caráter condicional pelo Estado, que se tornava assim o único proprietário verdadeiro, enquanto todos os outros eram apenas posseiros com título contestável e direito imperfeito. Esta doutrina tivera origem na legislação feudal, mas só foi professada na França na época em que o feudalismo estava morrendo, pois os tribunais de justiça nunca a admitiram. E é curioso ver como essa ideia-mãe do socialismo deitou raízes primeiramente no despotismo régio.

Durante os reinados subsequentes ao desse príncipe, a administração ensinou diariamente ao povo, de maneira mais prática e mais didática, o desprezo que convinha ter pela propriedade privada. Na segunda metade do século XVIII, quando o gosto pelas obras públicas e especialmente pelas estradas começou a expandir-se, o governo não hesitou em apossar-se de todas as terras de que necessitava para seus empreendimentos e em derrubar as casas que o atrapalhavam. [65] A direção da viação e obras públicas já estava tão apaixonada pelas belezas geométricas da linha reta quanto se mostrou em seguida: evitava escrupulosamente seguir os caminhos existentes, por menos que lhe parecessem um pouco sinuosos, e, ao invés de fazer um ligeiro desvio, cortava através de mil propriedades. Os bens assim devastados ou destruídos eram sempre arbitrária e tardiamente pagos, e muitas vezes simplesmente não o eram. [66]

Quando a assembleia provincial da Baixa Normandia tirou a administração das mãos do intendente, constatou que ainda se devia o valor de todas as terras tomadas à força nos últimos vinte anos para a abertura de estradas. A dívida assim contraída e ainda não saldada pelo Estado naquele pequeno canto da França elevava-se a 250 mil libras. Enquanto o número de grandes proprietários afetados desse modo era pequeno, o de pequenos proprietários lesados era grande, pois a terra já estava dividida. Cada um deles aprendera por experiência própria a pouca consideração que o direito do indivíduo merece quando o interesse público requer sua violação, doutrina que cuidou de não esquecer quando se tratou de aplicá-la a outros em seu proveito.

Existiram outrora, em um grande número de paróquias, instituições de caridade que, na intenção de seus criadores, estavam destinadas a socorrer os habitantes em certos casos e de uma certa maneira que o testamento indicava. Nos últimos tempos da monarquia, a maioria dessas instituições foi suprimida ou desviada de sua meta primitiva por simples decretos do conselho, ou seja, por pura arbitrariedade governamental. Geralmente retiravam os fundos que foram concedidos às aldeias para aplicá-los nos hospitais e asilos vizinhos. Por sua vez, a propriedade desses hospitais e asilos foi alterada na mesma época conforme um ponto de vista que o fundador não tivera e que certamente não teria adotado. Um édito de 1780 autorizou todos esses estabelecimentos a vender os bens que lhes foram deixados em outros tempos, sob a condição de terem seu usufruto perpétuo, e permitiu-lhes repassar o valor recebido ao Estado, que devia pagar-lhes juros. Dizia-se que isso era fazer da caridade dos antepassados um melhor uso do que eles mesmos fizeram. Esquecia-se de que o melhor meio de ensinar os homens a violar os direitos individuais dos vivos é não ter qualquer consideração pela vontade dos mortos. O desprezo que a administração do Antigo Regime demonstrava por eles não foi superado por nenhum dos poderes que a sucederam. Acima de tudo, ela nunca mostrou esse escrúpulo um tanto meticuloso que leva os ingleses a emprestar a cada cidadão, para ajudá-lo a garantir a execução de suas últimas vontades, toda a força do corpo social, e a testemunhar ainda mais respeito à sua memória do que a ele mesmo.

As requisições, a venda obrigatória dos víveres e a promulgação do máximo[78] são medidas governamentais que tiveram precedentes sob o Antigo Regime. Nos tempos de escassez, vi administradores fixarem de antemão o preço dos gêneros trazidos pelos camponeses ao mercado, mas como estes, temendo ser pressionados, não se apresentavam, emitiram ordens para obrigá-los sob pena de multa.

Mas não houve um ensinamento mais pernicioso do que certas formas adotadas pela justiça criminal quando se tratava do povo. O pobre já estava muito mais protegido do que se imagina contra os ataques de um cidadão mais

78. Referência aos decretos revolucionários promulgados pela Convenção Nacional em maio e setembro de 1793. Confrontados com a constante crise de abastecimento (agravada com a guerra civil que se espalhou por diversos departamentos e cidades importantes no início de 1793), os deputados da Convenção, sob forte pressão dos *sans-culottes* parisienses, aprovam dois decretos: o de 4 de maio, estabelecendo um preço máximo em todo o país para os cereais e os grãos, e o de 11 de setembro, que estendia esse "tabelamento" compulsório a todos os artigos de primeira necessidade, dos cereais e grãos ao sabão, sal, óleos etc., daí a denominação de "máximo geral". A lei ameaçava os infratores com confisco de bens e até a sentença de morte.

rico ou poderoso do que ele; porém, quando tinha de tratar com o Estado, só encontrava, como indiquei em outra passagem, tribunais de exceção, juízes tendenciosos, um processo célere ou ilusório, uma sentença executória provisória e sem apelação.

> Encarrega o preboste da polícia montada e seu tenente de tomarem conhecimento das emoções e dos tumultos que poderiam surgir por ocasião dos grãos; ordena que o processo seja conduzido e levado a cabo por eles, cabendo ao preboste julgá-lo em última instância; Sua Majestade proíbe a todos os tribunais de justiça tomarem ciência dele.

Este decreto do conselho vigorou como jurisprudência durante todo o século XVIII. Vê-se pelos autos policiais que, nessas circunstâncias, cercavam as aldeias suspeitas de noite, entravam nas casas antes do amanhecer e detinham os camponeses indiciados, sem que houvesse necessidade de mandato. Na maioria dos casos, o homem assim detido permanecia muito tempo preso antes de poder falar com seu juiz, apesar de os éditos ordenarem que todo acusado fosse interrogado dentro de 24 horas. Essa determinação não era nem menos formal nem mais respeitada do que em nossos dias.

E foi assim que um governo moderado e bem assentado ensinava diariamente ao povo o código de instrução criminal mais apropriado aos tempos de revolução e mais cômodo para a tirania. Mantinha sua escola sempre aberta. O Antigo Regime ofereceu até o fim essa perigosa educação às classes baixas. A esse respeito, não houve quem não imitasse fielmente seus predecessores, inclusive Turgot. Quando, em 1775, sua nova legislação sobre os cereais provocou resistências no parlamento e motins nos campos, ele obteve do rei um decreto que, anulando a competência dos tribunais, entregou os revoltosos à jurisdição prebostal, "destinada principalmente a reprimir as agitações populares, quando é útil dar exemplos com celeridade". Há mais: todos os camponeses que se afastavam de suas paróquias sem terem um atestado assinado pelo pároco e pelo síndico deviam ser perseguidos, detidos e julgados prebostalmente como vagabundos.

É bem verdade que, nessa monarquia do século XVIII, as formas eram assustadoras, mas a pena era quase sempre moderada. Preferiam causar medo a fazer mal; ou melhor, eram arbitrários e violentos por hábito e por indiferença, e brandos por temperamento. Mas o gosto por essa justiça sumária só aumentava. Quanto mais leve era a pena, mais facilmente esqueciam o modo como era pronunciada. A brandura da sentença encobria o horror dos trâmites.

Ousaria dizer, pois tenho em mãos as provas, que um grande número de procedimentos empregados pelo governo revolucionário teve precedentes e exemplos nas medidas adotadas contra a arraia-miúda durante os últimos dois séculos da monarquia. O Antigo Regime forneceu várias de suas formas à Revolução, que só lhes acrescentou a atrocidade de seu gênio.

## CAPÍTULO VII

### COMO UMA GRANDE REVOLUÇÃO ADMINISTRATIVA PRECEDERA A REVOLUÇÃO POLÍTICA E AS CONSEQUÊNCIAS DAÍ ADVINDAS

A forma de governo ainda não mudara em nada, e a maioria das leis secundárias que regulamentam a condição das pessoas e a administração dos negócios já estavam abolidas ou alteradas.

A supressão das jurandas e seu restabelecimento parcial e incompleto tinham alterado profundamente todas as antigas relações entre o operário e o mestre. Essas relações tornaram-se não apenas diferentes mas também incertas e constrangedoras. A polícia senhorial estava em ruínas; a tutela ainda era pouco estável e o artesão, posto em uma situação incômoda e indecisa, entre o governo e o patrão, não sabia muito bem qual dos dois podia protegê-lo ou devia reprimi-lo. Esse estado de mal-estar e de anarquia, no qual colocaram de uma só vez toda a classe baixa das cidades, teve grandes consequências assim que o povo começou a reaparecer no cenário político.

Um ano antes da Revolução, um édito régio subvertera todas as partes da ordem judicial: criaram-se várias jurisdições novas, aboliu-se uma multidão de outras, modificaram-se todas as regras da competência. Ora, na França, como já o destacara anteriormente, o número dos que se ocupavam seja em julgar, seja em executar as sentenças dos juízes era imenso. Na verdade, toda a burguesia estava em maior ou menor medida ligada aos tribunais. O efeito da lei foi então o de perturbar repentinamente milhares de famílias em sua posição e em seus bens, deixando-as em uma situação nova e precária. O édito não incomodara menos os litigantes, que, no meio dessa revolução judiciária, tinham dificuldade em encontrar a lei que lhes era aplicável e o tribunal que devia julgá-los.

Todavia, foi sobretudo a reforma radical que a administração propriamente dita teve de sofrer em 1787, que, após trazer a desordem nos assuntos públicos, veio perturbar cada cidadão até mesmo em sua vida privada.

Já afirmei que nos *países de eleição*, isto é, em cerca de três quartos da França, toda a administração da generalidade estava entregue a um único homem, o intendente, que atuava não apenas sem supervisão, mas também sem conselho.

Em 1787, colocaram ao lado desse intendente uma assembleia provincial que se tornou a verdadeira administradora da região. Em cada aldeia, um corpo municipal eleito assumiu igualmente o lugar das antigas assembleias paroquiais e, na maioria dos casos, do síndico.

Uma legislação tão contrária à que a precedera, e que alterava tão completamente não apenas a ordem dos negócios, mas também a posição relativa dos homens, teve de ser aplicada em toda parte ao mesmo tempo e praticamente da mesma forma, sem nenhuma consideração pelos usos anteriores nem pela situação particular das províncias, a tal ponto o gênio unitário da Revolução já possuía esse velho governo que a Revolução ia derrubar.

Viu-se então claramente a participação que o hábito assume no jogo das instituições políticas e como os homens solucionam mais facilmente seus assuntos por meio de leis obscuras e complicadas, mas das quais têm uma longa experiência, do que por meio de uma legislação mais simples que lhes é nova.

Na França do Antigo Regime havia toda espécie de poderes, que variavam infinitamente conforme as províncias e nenhum dos quais tinha limites fixos e bem conhecidos, de tal sorte que o campo de ação de cada um deles era sempre comum a vários outros. No entanto, acabaram estabelecendo uma ordem regular e bastante fácil nos assuntos públicos; ao passo que os novos poderes, menos numerosos, cuidadosamente limitados e semelhantes entre si, chocaram-se e enredaram-se prontamente em meio à maior confusão e, muitas vezes, reduziram-se mutuamente à impotência.

Ademais, a nova lei encerrava um grande vício, que por si só teria bastado, principalmente no início, para dificultar sua execução: todos os poderes que criava eram coletivos. [67]

Sob a antiga monarquia, conheciam-se apenas duas formas de administrar. Nos locais em que a administração era confiada a um só homem, este agia sem o concurso de nenhuma assembleia. Onde havia assembleias, como nos *países de estados* ou nas cidades, o poder executivo não era entregue a ninguém em particular: a assembleia não apenas governava e fiscalizava a administração, mas também administrava por si mesma ou por meio de comissões temporárias que nomeava.

Como só conheciam essas duas maneiras de agir, assim que abandonaram uma, adotaram a outra. É bastante estranho que, no seio de uma sociedade tão esclarecida e onde a administração pública há muito tempo já desempenhava um papel tão grande, nunca se lembraram de reunir os dois sistemas e de distinguir, sem desagregá-los, o poder que deve executar do que deve fiscalizar e prescrever. Esta ideia aparentemente tão simples não surgiu: só foi encontrada neste século. É, por assim dizer, a única grande descoberta em matéria de administração pública que nos é própria. Veremos a consequência que teve a prática contrária quando, transportando para a política os hábitos administrativos e obedecendo à tradição do Antigo Regime mesmo detestando-o, aplicou-se na Convenção Nacional o sistema que os estados provinciais e as pequenas municipalidades das cidades haviam seguido, e como o que até então fora apenas uma causa de complicação nos negócios gerou subitamente o Terror.

As assembleias provinciais de 1787 receberam, portanto, o direito de administrar a si mesmas na maioria das circunstâncias em que até então o intendente agira só. Sob a autoridade do governo central, foram encarregadas de fixar o valor e fiscalizar a arrecadação da talha, e de decidir quais as obras públicas seriam realizadas e ordenar sua execução. Tiveram sob suas ordens imediatas todos os agentes do corpo de viação e obras públicas, do inspetor ao capataz. Era sua obrigação indicar-lhes o que julgavam conveniente, prestar contas do serviço desses agentes ao ministro e sugerir a este último as gratificações que mereciam. A tutela das comunas foi quase inteiramente entregue a essas assembleias, as quais tiveram de julgar em primeira instância a maior parte dos litígios que até então eram encaminhados ao intendente etc. Várias dessas funções eram inadequadas a um poder coletivo e irresponsável exercido por pessoas que administravam pela primeira vez.

O que acabou por confundir tudo foi que, assim reduzindo o intendente à impotência, deixaram-no entretanto subsistir. Após tirar-lhe o direito absoluto de fazer tudo, impuseram-lhe o dever de auxiliar a assembleia e de supervisionar o que ela fizesse, como se um funcionário desacreditado jamais pudesse entrar no espírito da legislação que o destituiu e facilitar-lhe a execução!

O que fizeram com o intendente também foi feito com seu subdelegado. A seu lado e no lugar que vinha ocupando, colocaram uma assembleia distrital que teve de agir sob a direção da assembleia provincial e segundo princípios análogos. [68]

Tudo o que se conhece dos atos das assembleias provinciais, criadas em 1787, e suas próprias atas demonstram que logo após nascerem elas entraram em guerra surda e muitas vezes aberta com os intendentes, que empregavam a experiência superior que haviam adquirido unicamente para estorvar os movimentos de seus sucessores. Aqui, é uma assembleia que se queixa de que só com muito esforço consegue arrancar das mãos do intendente os documentos que lhe são mais necessários. Ali, é o intendente que acusa os membros da assembleia de querer usurpar as atribuições que, segundo ele, os éditos lhe deixaram. Apela ao ministro, que na maioria das vezes nada responde ou fica em dúvida, pois a matéria lhe é tão nova e obscura quanto para todos os outros. Em algumas ocasiões a assembleia delibera que o intendente não administrou bem, que as estradas que mandou construir estão mal projetadas ou mal conservadas, que deixou em ruínas as comunidades que estavam sob sua tutela. Muitas vezes essas assembleias hesitam em meio às obscuridades de uma legislação tão pouco conhecida; consultam-se mutuamente a distância e intercambiam pareceres a todo momento. O intendente de Auch julga que pode se opor à vontade da assembleia provincial, que autorizara uma comuna a fixar seus próprios tributos; a assembleia afirma que, sobre esse assunto, o intendente, de agora em diante, só tem pareceres e não ordens a dar, e solicita à assembleia provincial de Île-de-France sua opinião sobre o assunto.

Em meio a essas recriminações e consultas, a marcha da administração sofre com constantes atrasos e às vezes se interrompe, ficando então a vida pública como que suspensa. "A estagnação dos negócios é completa", declara a assembleia provincial de Lorraine, que simplesmente faz eco a várias outras e acrescenta que "todos os bons cidadãos afligem-se com essa situação".

Outras vezes, essas administrações pecam por excesso de atividade e de autoconfiança; estão totalmente imbuídas de um zelo inquieto e perturbador que as leva a querer mudar abruptamente os antigos métodos e a corrigir às pressas os abusos mais remotos. Sob o pretexto de que lhes cabe doravante exercer a tutela das cidades, tentam gerir diretamente os assuntos comunais: em resumo, acabam por confundir tudo na ânsia de tudo melhorar.

Se quisermos considerar agora o imenso lugar ocupado há muito tempo pela administração pública na França, a infinidade de interesses com os quais se envolvia diariamente, tudo o que dependia dela ou necessitava de sua intervenção; se pensarmos que os particulares já contavam mais com ela do que consigo mesmos para obter êxito em seus negócios pessoais, desenvolver sua indústria, garantir seu sustento, abrir e conservar suas estradas, preservar sua tranquilidade e garantir seu bem-estar, teremos uma ideia do número infinito de indivíduos que se viram pessoalmente atingidos pelo mal do qual ela sofria.

Mas foi principalmente nas aldeias que os vícios da nova organização fizeram-se sentir. Ali, ela não só perturbou a ordem dos poderes como também mudou bruscamente a posição relativa dos homens, pondo frente a frente e em atrito todas as classes.

Quando, em 1775, Turgot propôs ao rei a reforma administrativa dos campos, o maior obstáculo que encontrou, conforme ele mesmo nos informa, proveio da desigual repartição dos impostos; pois como fazer agir e deliberar conjuntamente sobre questões paroquiais, das quais as principais são o cálculo, a cobrança e o emprego dos tributos, pessoas que não estão todas obrigadas a pagá-los do mesmo modo, sendo algumas totalmente isentas desses encargos? Cada paróquia compreendia fidalgos e clérigos que não pagavam qualquer talha, camponeses que estavam parcial ou completamente isentos e outros que a pagavam integralmente. Era como se fossem três paróquias distintas, cada uma das quais demandasse uma administração à parte. A dificuldade era insolúvel.

Com efeito, em lugar algum a distinção de impostos era mais visível do que nos campos; em parte alguma a população estava mais dividida em grupos distintos e muitas vezes inimigos uns dos outros. Para conseguir dar às aldeias uma administração coletiva e um pequeno governo livre, teria sido necessário primeiramente sujeitar todo mundo aos mesmos impostos e reduzir a distância que separava as classes.

Não se procedeu assim quando finalmente se empreendeu essa reforma, em 1787. No interior da paróquia, manteve-se a antiga separação das ordens e a desigualdade tributária, que era sua marca principal e, mesmo assim, entregou-se toda a administração a corpos eletivos. Isso levou imediatamente às consequências mais singulares.

Em se tratando da assembleia eleitoral que devia escolher os oficiais municipais, nela não puderam comparecer nem o pároco nem senhor, pois, como era dito, pertenciam às ordens da nobreza e do clero, quando, neste caso, era principalmente o Terceiro Estado que tinha de eleger seus representantes.

Uma vez eleito o conselho municipal, o pároco e o senhor eram, ao contrário, membros de direito, pois não ficaria bem tornar completamente alheios ao governo da paróquia dois habitantes tão notáveis. O senhor chegava até a presidir esses conselheiros municipais que não ajudara a eleger, mas não tinha por que intervir na maioria de seus atos. Quando discutiam a base de cálculo e a distribuição da talha, o pároco e o senhor, por exemplo, não podiam votar. Não estavam ambos isentos desse imposto? Por sua vez, o conselho municipal nada tinha a ver com a capitação deles, que continuava a ser regulamentada pelo intendente de acordo com formas específicas.

Com receio de que este presidente, assim isolado do corpo que supostamente dirigia, ainda exercesse indiretamente uma influência contrária ao interesse da ordem à qual não pertencia, pediu-se que os votos de seus arrendatários não contassem; e as assembleias provinciais, quando consultadas a esse respeito, acharam tal exigência bastante justa e totalmente de acordo com os princípios. Os outros fidalgos que habitavam a paróquia não podiam ingressar nesse mesmo corpo municipal plebeu, a menos que fossem eleitos pelos camponeses e, nesse caso, como o regulamento trata de destacar, só tinham o direito de representar o Terceiro Estado.

Portanto, o senhor comparecia ali somente para submeter-se totalmente a seus antigos súditos, que subitamente tornaram-se seus senhores, sendo antes prisioneiro do que chefe deles. [69] Ao reunir os homens dessa maneira, parecia que a intenção fosse menos a de aproximá-los do que lhes mostrar mais claramente suas diferenças e quão opostos eram seus interesses.

O síndico ainda era esse funcionário desacreditado, cujas funções alguém só exercia por coação, ou sua condição teria melhorado com a da comunidade da qual ainda era o principal agente? Ninguém sabia ao certo. Encontro, datada de 1788, a carta de um certo meirinho de aldeia que se indigna porque o elegeram para desempenhar as funções de síndico. "Isso é contrário a todos os privilégios de seu cargo", diz ele. O controlador-geral responde que é preciso corrigir as ideias desse indivíduo,

> e fazê-lo entender que deveria sentir-se honrado ao ser escolhido por seus concidadãos, e que, além de não terem nenhuma semelhança com os funcionários que até então levavam o mesmo nome, os novos síndicos serão objeto de maior atenção da parte do governo.

Por outro lado, vemos os habitantes importantes da paróquia, e mesmo os fidalgos, aproximarem-se repentinamente dos camponeses quando estes se tornam uma força. Nos arredores de Paris, o senhor encarregado da alta justiça queixa-se de que o édito o impede de participar, mesmo como *simples habitante*, dos atos da assembleia paroquial. Outros consentem, "por dedicação ao bem público, em cumprir mesmo as funções de síndico", dizem eles.

Era tarde demais. À medida que os homens das classes ricas se aproximam assim do povo dos campos e tentam misturar-se com ele, este se retira no isolamento que lhe impuseram e ali se defende. Há assembleias municipais de paróquias que se recusam a receber em seu seio o senhor; outras apelam a toda espécie de chicanas antes de admitir os próprios plebeus, quando são ricos. "Estamos cientes", diz a assembleia provincial da Baixa Normandia,

> de que várias assembleias municipais recusaram-se a admitir em seu seio os proprietários plebeus da paróquia que não estão domiciliados nela, apesar de não haver dúvida de que têm o direito de pertencer a este corpo. Outras recusaram-se a admitir até mesmo os arrendatários que não tinham propriedades em seu território.

Assim, pois, tudo já era novidade, obscuridade e conflito nas leis secundárias, antes mesmo que se tivesse tocado nas leis principais que regulamentavam o governo do Estado. O que permanecia em pé estava abalado e já não havia, por assim dizer, um único regulamento cuja abolição ou alteração iminente o próprio poder central não tivesse anunciado.

Essa súbita e imensa renovação de todas as regras e de todos os hábitos administrativos, que precedeu em nosso país a revolução política e hoje é raramente mencionada, já era entretanto uma das maiores comoções jamais verificadas na história de um grande povo. Essa primeira revolução exerceu uma influência prodigiosa sobre a segunda e fez dela um acontecimento inédito.

A primeira Revolução Inglesa,[79] que subverteu toda a constituição política daquele país e aboliu até a realeza, afetou muito superficialmente as leis secundárias e mudou quase nada nos costumes e nos usos. A justiça e a administração conservaram suas formas e seguiram os mesmos trâmites que no passado. Conta-se que, no auge da guerra civil, os 12 juízes da Inglaterra continuaram a fazer, duas vezes ao ano, a visita de inspeção aos tribunais criminais. Portanto, nem tudo foi agitado ao mesmo tempo. A revolução viu-se circunscrita em seus efeitos e a sociedade inglesa, embora sacudida no topo, permaneceu firme em sua base.

A partir de 1789, nós mesmos assistimos a diversas revoluções que mudaram de alto a baixo a estrutura governamental na França. A maioria foi muito abrupta e realizou-se por meio da força, flagrantemente em violação às leis existentes. No entanto, a desordem que provocaram nunca foi geral nem duradoura: a maior parte da nação pouco as sentiu e às vezes passaram quase inadvertidas.

Isso porque, desde 1789, a constituição administrativa ficou sempre em pé entre as ruínas das constituições políticas. Mudava-se a pessoa do príncipe ou as formas do poder central, mas não se interrompia nem se perturbava o andamento cotidiano dos negócios. Cada qual continuava subordinado, nas pequenas questões que o interessavam individualmente, às regras e aos usos que conhecia; dependia dos poderes secundários aos quais sempre tivera o hábito de dirigir-se, e geralmente tinha de lidar com os mesmos agentes; pois, se cada revolução decapitava a administração, seu corpo continuava intacto e vivo; os mesmos funcionários exerciam as mesmas funções e transportavam, pela diversidade das leis políticas, seu espírito e sua prática. Julgavam e administravam em nome do rei, mais tarde em nome da república, por fim em nome do imperador. Depois que a roda da fortuna completava outra volta,

79. Também conhecida como Guerra Civil inglesa (1642-1651) ou Revolução Puritana, que culminou numa breve experiência republicana (de 1649, ano em que Carlos I foi executado, a 1653) e na ditadura (Protetorado) de Cromwell (1653-1658). Pode-se dizer que a Revolução Inglesa propriamente dita se estendeu entre os anos de 1640-1660. Para mais detalhes, consulte-se HILL, Christopher. *O século das Revoluções* (1961). Trad. Alzira Vieira Allegro. São Paulo: Editora Unesp, 2012.

recomeçavam a administrar e a julgar para o rei, para a república e para o imperador, sempre os mesmos e da mesma forma, pois que lhes importava o nome do amo? Mais do que o título de bons cidadãos, interessava-lhes ser bons administradores e bons juízes. Uma vez findo o primeiro abalo, parecia então que nada havia mudado no país.

No momento em que a Revolução eclodiu, esta parte do governo que, apesar de subordinada, afeta diariamente cada cidadão e influi da forma mais contínua e mais eficaz sobre seu bem-estar, acabava de ser completamente subvertida: a administração pública trocara bruscamente todos os seus agentes e renovara todos os seus preceitos. De início, o Estado não parecera receber um grande choque dessa imensa reforma, embora todos os franceses tivessem sentido uma pequena comoção particular. Cada qual se viu abalado em sua condição, perturbado em seus hábitos ou prejudicado em sua indústria. Uma certa ordem regular continuava a reinar nos assuntos mais importantes e mais gerais, mas já ninguém sabia a quem obedecer, nem a quem se dirigir, nem como se conduzir nas questões menores e particulares que constituem o andamento diário da vida social.

Uma vez que a nação já não mantinha em equilíbrio nenhuma de suas partes, um último golpe bastou para sacudi-la por inteiro e produzir a mais vasta convulsão e a mais terrível confusão jamais vistas.

# CAPÍTULO VIII

## COMO A REVOLUÇÃO SURGIU NATURALMENTE DO QUE PRECEDE

Para encerrar, quero reunir alguns dos traços que já descrevi separadamente e, desse Antigo Regime cujo retrato acabo de fazer, ver a Revolução surgir como que naturalmente.

Se considerarmos que foi entre nós que o sistema feudal, sem alterar o que nele podia prejudicar ou irritar, melhor perdera tudo o que podia proteger ou servir, ficaremos menos surpresos pelo fato de a Revolução, que devia abolir violentamente essa velha constituição da Europa, ter rebentado na França e não em outro lugar.

Se ponderarmos que a nobreza, após ter perdido seus antigos direitos políticos e deixado, mais do que se vira em qualquer outro país da Europa feudal, de administrar e de guiar os habitantes, mesmo assim não apenas conservara mas aumentara consideravelmente suas imunidades pecuniárias e as vantagens das quais seus membros gozavam individualmente; que, ao se tornar uma classe subordinada, permanecera uma classe privilegiada e fechada – como já indiquei em outra parte, cada vez menos uma aristocracia e cada vez mais uma casta –, não será de espantar que seus privilégios tenham parecido tão injustificáveis e tão detestáveis aos franceses, e que ao observá-los o anseio democrático tenha acendido em seus corações uma chama tão intensa que arde até hoje.

Se pensarmos finalmente que essa nobreza – separada da classe média, que repelira de seu seio, e do povo, cujo coração deixara escapar – estava totalmente isolada no meio da nação, aparentando ser a cabeça de um exército quando, na realidade, era apenas um corpo de oficiais sem soldados, compreenderemos como, após manter-se mil anos em pé, pôde ser derrubada no espaço de uma noite.[80]

Mostrei como o governo do rei, tendo abolido as liberdades provinciais e ocupado o lugar de todos os poderes locais em três quartos da França, atraíra para si todos os assuntos, dos menores aos maiores. Por outro lado, indiquei como, por uma consequência necessária, Paris tornara-se a senhora do país do qual só fora até então a capital, ou melhor, converteu-se no país inteiro. Peculiares à França, esses dois fatos já bastariam para explicar por que um motim pôde destruir de cima a baixo uma monarquia que por séculos a fio suportara choques tão violentos e que, na véspera de sua queda, ainda parecia inabalável àqueles que iam derrubá-la.

Por ser a França um dos países da Europa onde toda a vida política estava há mais tempo e mais completamente extinta, onde os particulares mais haviam perdido a prática dos assuntos públicos, o hábito de interpretar os fatos, a experiência dos movimentos populares e quase a noção de povo, é fácil imaginar como todos os franceses puderam cair simultaneamente numa revolução terrível sem avistá-la, com os mais ameaçados por ela marchando na primeira fila, encarregando-se de abrir e ampliar a via que a ela conduzia.

Como já não havia instituições livres e, portanto, nem classes políticas, nem corpos políticos vivos, nem partidos organizados e dirigidos, e como, na ausência de todas essas forças regulares, a direção da opinião pública, quando

---

80. Alusão à sessão de 4 de agosto de 1789 da Assembleia Nacional, a qual, em resposta às agitações populares nas cidades e principalmente nos campos (decorrentes do receio de um complô aristocrático, mas também das precárias condições de vida para as classes baixas), determinou a abolição dos direitos e privilégios feudais. Sobre o contexto revolucionário por trás dessa decisão da Assembleia Nacional, leia-se a clássica obra de LEFEBVRE, Georges. *O grande medo de 1789*: os camponeses e a Revolução Francesa (1932). Trad. Carlos Eduardo de Castro Leal. Rio de Janeiro: Campus, 1979.

esta renasceu, coube unicamente aos filósofos, era de se esperar que a Revolução fosse conduzida menos em vista de certos fatos particulares do que segundo princípios abstratos e teorias muito gerais; podia-se antecipar que, em vez de atacar separadamente as más leis, ela se voltaria contra todas as leis e desejaria substituir a antiga constituição francesa por um sistema de governo completamente novo que esses escritores conceberam.

Como a Igreja estava naturalmente imbricada em todas as velhas instituições que se tratava de destruir, não havia dúvida de que essa revolução deveria abalar a religião ao mesmo tempo que derrubava o poder civil. De então em diante, era impossível dizer a quais temeridades inauditas podia arrastar-se o espírito dos inovadores, libertos simultaneamente de todos os óbices que a religião, os costumes e as leis impõem à imaginação humana.

Quem tivesse estudado a fundo a situação do país teria facilmente previsto que não havia temeridade, por mais inconcebível que fosse, que não pudesse ser tentada nem violência que não se devesse sofrer.

"Ora essa!", exclama Burke em um de seus eloquentes panfletos,

> não se avista um só homem que possa responder pelo menor distrito; mais ainda, não se vê uma única alma que possa responder por outra. Prendem qualquer um em sua residência sem que haja resistência, quer se trate de monarquismo, de moderantismo ou de qualquer outra coisa.

Mal sabia Burke em que condições essa monarquia, cuja perda lamentava, entregara-nos aos nossos novos senhores. A administração do Antigo Regime tirara de antemão aos franceses a possibilidade e o desejo de se ajudarem reciprocamente. Quando a Revolução sobreveio, em vão se procuraria na maior parte da França por dez homens habituados a agir em comum de um modo regular e de zelar pessoalmente por sua própria defesa. Isso devia ficar ao encargo do poder central, de tal modo que este, ao cair das mãos da administração régia para o domínio de uma assembleia irresponsável e soberana, e que passara de benevolente a terrível, não encontrou diante de si nada que pudesse detê-lo ou sequer retardá-lo por um instante. A mesma causa que derrubara tão facilmente a monarquia tornara tudo possível após sua queda.

Nunca a tolerância em matéria de religião, a moderação no comando, a humanidade e até mesmo a benevolência haviam sido mais preconizadas e, parecia, mais bem aceitas do que no século XVIII: o próprio direito de guerra, que é como o último asilo da violência, restringira-se e abrandara-se. E apesar de a revolução mais desumana ter saído do seio de costumes tão brandos, todo esse abrandamento dos costumes não era um simulacro, pois, assim que o furor revolucionário arrefeceu, viu-se essa mesma brandura espalhar-se prontamente em todas as leis e penetrar em todos os hábitos políticos.

O contraste entre a benignidade das teorias e a violência dos atos, que foi uma das características mais estranhas da Revolução Francesa, não surpreenderá ninguém que leve em conta que essa revolução foi preparada pelas classes mais civilizadas da nação e executada pelas mais incultas e mais rudes. Como entre os homens das primeiras não havia nenhum laço preexistente, nenhum hábito de entendimento e nenhuma ascendência sobre o povo, este se tornou quase de imediato o poder dirigente, tão logo os antigos poderes foram destruídos. Onde não governou diretamente, infundiu pelo menos seu espírito ao governo. Se, por outro lado, pensarmos na maneira como esse povo vivera sob o Antigo Regime, não teremos dificuldade em imaginar o que haveria de ser.

As próprias particularidades de sua condição deram-lhe inúmeras virtudes raras. Emancipado cedo e há muito tempo proprietário de uma parte do solo, mais isolado do que dependente, o povo mostrava-se sóbrio e altivo: acostumado ao sofrimento, indiferente às delicadezas da vida, resignado nos maiores males e firme no perigo, trata-se de uma raça simples e viril que vai guarnecer aqueles poderosos exércitos sob cujo esforço a Europa se curvará. Mas a mesma causa transformava-o em um perigoso senhor. Como durante séculos suportara quase sozinho todo o fardo dos abusos e vivera à parte, alimentando-se em silêncio de seus preconceitos, de suas invejas e de seus ódios, calejara-se nesses rigores de seu destino e tornara-se capaz ao mesmo tempo de tudo suportar e tudo infligir.

Foi nesse estado que, apoderando-se do governo, tratou de completar pessoalmente a obra da Revolução. Os livros tinham fornecido a teoria; ele se encarregou da prática e ajustou as ideias dos escritores a seus próprios furores.

Aqueles que, lendo este livro, estudaram atentamente a França do século XVIII, puderam observar o nascimento e o desenvolvimento, em seu seio, de duas paixões principais, que não foram contemporâneas, nem sempre tenderam para o mesmo fim.

Uma, mais profunda e mais antiga, é o ódio violento e inextinguível à desigualdade. Nascera e nutrira-se da visão dessa própria desigualdade, impelindo desde muito tempo os franceses, com uma força contínua e irresistível, a querer destruir até em seus fundamentos tudo o que restava das instituições medievais e, uma vez desbastado o terreno, erigir nele uma sociedade em que os homens fossem tão iguais quanto a humanidade o permite.

A outra, mais recente e menos enraizada, levava-os a querer viver não apenas iguais mas também livres.

No final do Antigo Regime, ambas paixões são tão sinceras e tanto uma quanto a outra parecem igualmente vivas. Às portas da Revolução encontram-se: então, misturam-se e confundem-se por um momento, aquecem-se mutuamente pelo contato e, por fim, inflamam ao mesmo tempo o coração da França inteira. Isto é 1789, tempo de inexperiência, sem dúvida, mas de generosidade, entusiasmo, virilidade e grandeza, tempo de imortal memória, para o qual se voltarão com admiração e respeito os olhares dos homens, quando os que o presenciaram e nós mesmos tivermos desaparecido há muito. Então os franceses foram suficientemente orgulhosos de sua causa e de si mesmos para acreditar que podiam ser iguais na liberdade. Assim, enxertaram em toda parte instituições livres no meio das instituições democráticas. Não apenas reduziram a pó aquela legislação antiquada que dividia os homens em castas, em corporações, em classes e tornava seus direitos ainda mais desiguais que suas condições, como também romperam de um só golpe aquelas outras leis, obras mais recentes do poder régio, que haviam privado a nação da livre determinação de seu destino e colocado ao lado de cada francês o governo, para ser seu preceptor, seu tutor, e, se necessário, seu opressor. A centralização caiu juntamente com o governo absoluto.

Mas quando essa geração vigorosa, que iniciara a Revolução, foi destruída ou enfraquecida, como geralmente acontece a toda geração que empreende tais iniciativas; quando, seguindo o curso natural dos acontecimentos dessa espécie, o amor à liberdade esmoreceu e desfaleceu em meio à anarquia e à ditadura popular, e a nação desnorteada começou a procurar como que às cegas seu senhor, o governo absoluto encontrou para renascer e estabelecer-se facilidades prodigiosas, descobertas sem dificuldade pelo gênio daquele que ia ser, ao mesmo tempo, o continuador e o destruidor da Revolução.

Com efeito, o Antigo Regime comportara todo um conjunto de instituições recentes que, não sendo remotamente hostis à igualdade, podiam facilmente ocupar um lugar na sociedade nova, embora oferecessem facilidades extraordinárias ao despotismo. Procuraram-nas entre os destroços de todas as outras e encontraram-nas. Outrora essas instituições engendraram hábitos, paixões, ideias que tendiam a manter os homens divididos e obedientes: ressuscitaram-nas e valeram-se delas. Resgataram a centralização de suas ruínas e restauraram-na; e como, ao mesmo tempo que ela se reerguia, tudo o que pudera anteriormente limitá-la permanecia destruído, das próprias entranhas de uma nação que acabava de derrubar a realeza viu-se sair subitamente um poder mais extenso, detalhista e absoluto que o exercido por qualquer um de nossos reis. O empreendimento pareceu de uma extraordinária temeridade e seu êxito foi incrível, pois só se pensava no que se via, esquecendo-se do que se tinha visto. O dominador caiu, mas o que havia de mais substancial em sua obra ficou de pé; seu governo morreu, mas sua administração continuou a viver e, desde então, todas as vezes que se quis abater o poder absoluto, não se fez mais que colocar a cabeça da Liberdade sobre um corpo servil.

Reiteradas vezes, desde que a Revolução começou até nossos dias, vimos a paixão pela liberdade extinguir-se e depois renascer sucessivamente, e assim o fará por muito tempo, sempre inexperiente e desregrada, fácil de desencorajar, de assustar e de vencer, superficial e passageira. Durante esse mesmo período a paixão pela igualdade sempre ocupa o fundo dos corações dos quais foi a primeira a apoderar-se e onde se agarra aos sentimentos que nos são mais caros: enquanto uma muda incessantemente de aspecto e diminui, cresce, fortifica-se e debilita-se segundo os acontecimentos, a outra continua a mesma, sempre empenhada em alcançar o mesmo objetivo com o mesmo ardor obstinado e frequentemente cego, pronta a tudo sacrificar aos que lhe permitem satisfazer-se e a fornecer ao governo que quiser favorecê-la e lisonjeá-la os hábitos, as ideias e as leis de que o despotismo necessita para reinar.

A Revolução Francesa não será mais que trevas para os que quiserem olhar só para ela: é nos tempos que a precedem que se deve buscar a única luz capaz de iluminá-la. Sem uma visão nítida da antiga sociedade, de suas leis, de seus vícios, de seus preconceitos, de suas misérias, de sua grandeza, jamais se compreenderá o que os franceses fizeram no decurso dos sessenta anos posteriores à sua queda; mas essa visão ainda não bastaria se não se penetrasse até o próprio cerne de nossa nação.

Quando considero esta nação em si mesma, acho-a mais extraordinária do que qualquer um dos acontecimentos de sua história. Terá jamais surgido na Terra uma única que fosse tão cheia de contrastes e tão extrema em cada um de seus atos, guiada mais por sensações do que por princípios; fazendo assim sempre pior ou melhor do que dela se esperava, ora abaixo, ora muito acima do nível comum da humanidade; um povo tão inalterável em seus principais instintos que ainda é reconhecível nos retratos feitos dele há dois ou três mil anos, e ao mesmo tempo tão volúvel em seus pensamentos cotidianos e em seus gostos que acaba se tornando um espetáculo inesperado para si mesmo, ficando muitas vezes tão surpreso quanto os estrangeiros ao ver o que acaba de fazer; o mais caseiro e o mais rotineiro de todos quando entregue a si e, uma vez arrancado a contragosto de sua morada e de seus hábitos, disposto a avançar até o fim do mundo e a tudo ousar; indócil por temperamento e, no entanto, adaptando-se melhor ao império arbitrário e mesmo violento de um príncipe do que ao governo regular e livre dos principais cidadãos; hoje inimigo declarado de qualquer obediência, amanhã servindo com uma espécie de paixão que as nações mais dotadas para a servidão não podem alcançar; conduzido por um fio enquanto ninguém resiste, ingovernável assim que o exemplo de resistência é dado em algum lugar; enganando sempre desse modo seus dirigentes, que o temem excessivamente ou demasiado pouco; nunca tão livre que se deva desesperar para dominá-lo nem tão dominado que não possa vir a quebrar o jugo; apto a tudo, mas sobressaindo-se apenas na guerra; adorador do risco, da força, do sucesso, do brilho e do alarde mais que da verdadeira glória; mais capaz de heroísmo que de virtude, de genialidade que de bom senso, mais inclinado a conceber imensos desígnios do que a concluir grandes empreendimentos; a mais brilhante e mais perigosa entre as nações da Europa, e a mais propensa a tornar-se sucessivamente um objeto de admiração, de ódio, de piedade, de terror, mas nunca de indiferença?

Somente ela podia gerar uma revolução tão súbita, tão radical, tão impetuosa em seu curso e, no entanto, tão repleta de reviravoltas, de fatos contraditórios e de exemplos contrários. Sem as razões que mencionei, os franceses nunca a teriam feito; mas é forçoso reconhecer que todas essas razões juntas não teriam logrado explicar uma revolução como esta em outro lugar que não a França.

Eis-me chegado ao limiar dessa revolução memorável. Dessa vez não adentrarei nela; talvez possa fazê-lo em breve. Então não a considerarei mais em suas causas, mas em si mesma, e ousarei enfim julgar a sociedade que dela saiu.

# APÊNDICE

## DOS *PAYS D'ÉTATS*[81] E DO LANGUEDOC EM PARTICULAR

Não tenciono de modo algum investigar detalhadamente aqui como as coisas transcorriam em cada um dos *países de estados* que ainda existiam na época da Revolução.

Quero tão somente indicar o número, apontar aqueles cuja vida local ainda era ativa, mostrar as relações que mantinham com a administração régia, em que aspectos afastavam-se das regras comuns que expus anteriormente, em quais se enquadravam nelas e, finalmente, mostrar pelo exemplo de um deles o que todos poderiam facilmente ter sido.

Existiram estados na maioria das províncias da França, ou seja, cada uma delas fora administrada, sob o governo do rei, por *agentes dos três estados*, como se dizia então, o que se deve entender como uma assembleia composta por representantes do clero, da nobreza e da burguesia. Como as demais instituições políticas da Idade Média, esta organização provincial tinha as mesmas características em quase todas as partes civilizadas da Europa, pelo menos em todas onde os costumes e as ideias germânicas haviam penetrado. Em muitas províncias alemãs os estados subsistiram até a Revolução Francesa e só desapareceram, naquelas em que foram suprimidos, no decurso dos séculos XVII e XVIII. Nos últimos dois séculos, em toda parte os príncipes fizeram-lhe uma guerra ora surda ora aberta, mas ininterrupta. Em lugar algum tentaram melhorar a instituição de acordo com os avanços do tempo, mas apenas destruí-la ou deformá-la quando a ocasião o propiciara. Nada poderiam ter feito de pior.

Na França, em 1789, não havia mais estados a não ser em cinco províncias de certa extensão e em alguns pequenos distritos insignificantes. Na verdade, a liberdade provincial só existia em duas, na Bretanha e no Languedoc. Em

81. *Países de estados*. Sobre sua definição, ver nota 12 (p. 55).

todos os outros lugares a instituição perdera completamente sua virilidade e nada mais era que uma vã aparência.

Destacarei aqui o Lanquedoc e farei dele o objeto de um exame particular.

O Lanquedoc era o mais vasto e o mais populoso de todos os *países de estados*; continha mais de duas mil comunas ou, como se dizia então, *comunidades*, e possuía cerca de dois milhões de habitantes. Além disso, era o mais bem ordenado e o mais próspero de todos esses países, assim como o maior. Portanto, o Lanquedoc é uma boa escolha para mostrar o que podia ser a liberdade provincial sob o Antigo Regime e a que ponto achava-se subordinada ao poder régio, mesmo nas regiões em que aparentava mais força.

No Languedoc, os estados só podiam reunir-se mediante ordem expressa do rei e após uma carta convocatória que cada ano ele endereçava individualmente a todos os membros que deviam compô-los, o que suscitou o seguinte comentário de um crítico da época:

> Dos três corpos que compõem nossos estados, um, o clero, depende da nomeação régia, pois este nomeia os bispados e os benefícios, e os outros dois estão supostamente presentes, visto que uma ordem da Corte pode impedir o comparecimento de qualquer membro que lhe aprouver, sem que para isso seja preciso exilá-lo ou processá-lo. Basta não convocá-lo.

Os estados deviam não apenas se reunir como também se separar em certos dias indicados pelo rei. A duração ordinária de sua sessão fora fixada em 40 dias por um decreto do conselho. O rei era representado na assembleia por comissários que nela podiam entrar sempre que o solicitavam e que se encarregavam de expor as vontades do governo. Além disso, os estados eram mantidos sob rigorosa tutela. Não podiam tomar decisões de alguma importância nem adotar uma medida financeira qualquer sem que sua deliberação fosse autorizada por um decreto do conselho; precisavam da permissão expressa do monarca para qualquer imposto, empréstimo ou processo. Todos os seus regulamentos gerais, até o relativo à realização das sessões, deviam ser autorizados antes de entrarem em vigor. O total de suas receitas e despesas, o seu orçamento, como diríamos hoje, era submetido anualmente ao mesmo controle.

Ademais, o poder central exercia no Lanquedoc os mesmos direitos políticos que lhe eram reconhecidos em todos os outros lugares; as leis que lhe convinha promulgar, os regulamentos gerais que ditava continuamente, as medidas gerais que adotava lá eram aplicáveis como nos *países de eleição*. Exercia também todas as funções naturais do governo: tinha a mesma polícia, os mesmos agentes e vez ou outra criava, como em toda parte, uma infinidade de novos funcionários cujos cargos a província fora obrigada a comprar a um elevado preço.

A exemplo das outras províncias, o Lanquedoc era governado por um intendente. Este tinha subdelegados em cada distrito, que se correspondiam com os chefes das comunidades e as dirigiam. O intendente exercia a tutela administrativa precisamente como nos *países de eleição*. A menor aldeia perdida nos desfiladeiros das Cevenas não podia fazer a menor despesa sem ter sido autorizada de Paris por um decreto do conselho régio. Esta parte da justiça, que hoje denominamos contencioso administrativo, não era menos extensa que no resto da França e chegava a ser até mesmo mais. O intendente decidia em primeira instância todas as questões viárias, arbitrava todos os processos em matéria de caminhos e, em geral, pronunciava-se sobre todas as questões nas quais o governo estava ou se considerava interessado. Tanto quanto em outros lugares, o último protegia todos seus agentes contra as perseguições indiscretas dos cidadãos prejudicados por eles.

O que tinha então o Languedoc de especial que o distinguia das outras províncias, sendo-lhes um motivo de inveja? Três coisas que bastavam para torná-lo completamente diferente do restante da França:

1) Uma assembleia composta de homens notáveis, acreditada entre a população e respeitada pelo poder monárquico, da qual nenhum funcionário do governo central ou, na terminologia da época, *nenhum oficial do rei* podia fazer parte, e onde todo ano se discutiam livre e seriamente os interesses específicos da província. Bastava que a administração real estivesse colocada ao lado deste foco de luz para que exercesse seus privilégios de modo totalmente distinto e, com os mesmos agentes e os mesmos instintos, deixasse de parecer com o que era em todos os outros lugares.
2) Havia no Languedoc muitas obras públicas executadas às expensas do rei e por seus agentes; havia outras em que o governo central fornecia uma parte dos fundos e cuja execução dirigia em grande medida; mas em sua grande maioria ficavam exclusivamente a cargo da província. Depois de o rei ter aprovado o projeto e autorizado as despesas, as obras eram executadas por funcionários escolhidos pelos estados e sob inspeção de comissários designados entre eles.
3) Finalmente, a província tinha o direito de arrecadar para si mesma, e segundo o método de sua preferência, uma parte dos impostos régios e todos aqueles que lhe permitiam estabelecer para suprir às suas próprias necessidades.

Vejamos agora o proveito que Languedoc soube tirar desses privilégios, algo que merece ser observado de perto.

O que mais surpreende nos *países de eleição* é a ausência quase absoluta de encargos locais; os impostos gerais são muitas vezes opressivos, mas a província não gasta praticamente nada consigo mesma. No Languedoc, pelo contrário, é enorme o custo anual das obras públicas à província: em 1780, o montante ultrapassava dois milhões de libras por ano.

O governo central inquieta-se às vezes diante de uma despesa tão grande: receia que a província, esgotada por um esforço desse gênero, não possa quitar a parte dos impostos que lhe pertence e censura os estados por não se moderarem. Li um memorial no qual a assembleia respondia a essas críticas. O que vou citar textualmente dele retratará melhor do que tudo o que eu poderia dizer o espírito que animava este pequeno governo.

O memorial reconhece efetivamente que a província empreendeu e segue realizando inúmeras obras, mas longe de desculpar-se, anuncia que, se o rei não se opuser, prosseguirá cada vez mais nessa via. Já melhorou ou corrigiu o curso dos principais rios que atravessam seu território e está empenhada em acrescentar ao canal de Languedoc, construído sob Luís XIV mas então insuficiente, prolongamentos que, atravessando o baixo Languedoc, deverão levar, por Cette e Agde, até o Ródano. Tornou o porto de Cette acessível ao comércio a um alto custo de manutenção. O documento destaca o caráter mais nacional que provincial dessas despesas e, não obstante ter sido mais beneficiada do que qualquer outra, a província encarregou-se da obra. Apesar de também estar drenando e tornando aráveis os pântanos de Aigues-Mortes, o centro de sua atenção recaiu sobre as estradas: abriu ou deixou em bom estado todas as que a atravessam e a comunicam com o restante do reino, reparando até mesmo as que só interligam as cidades e os povoados do Languedoc. Excelentes em sua totalidade (inclusive no inverno), essas diferentes estradas fazem um perfeito contraste com os caminhos duros, irregulares e mal conservados que se encontram na maioria das províncias vizinhas, o Dauphiné, o Quercy, a região de Bordeaux (*país de eleição*, observa-se). A esse respeito, baseia-se na opinião do comércio e dos viajantes; e não se equivoca, pois Arthur Young, percorrendo a região dez anos depois, escreve em suas notas: "Languedoc, *país de estado*: boas estradas, feitas sem corveias."

Se o rei houver por bem autorizá-lo, prossegue o memorial, os estados não se limitarão a isso; passarão a melhorar os caminhos vicinais das comunidades, que não são menos importantes que os outros. "Pois, se os gêneros não podem sair dos celeiros do proprietário para chegarem ao mercado", observa, "o que importa que possam ser transportados para longe?" E acrescenta: "A doutrina dos estados em matéria de obras públicas sempre foi a de que se deve observar a utilidade e não a magnitude dos empreendimentos". Rios, canais e estradas que valorizam todos os produtos do solo e da indústria, permitindo transportá-los em qualquer época e a custo baixo para onde for necessário, e pelos quais o comércio pode penetrar em todas as partes da província, enriquecem a região, embora lhe custem caro. Ademais, executadas ao mesmo tempo com planejamento e de um modo mais ou menos uniforme, semelhantes obras sustentam por toda parte o valor dos salários e redundam em benefício dos pobres. "Em Languedoc, o rei não precisa financiar oficinas de caridade à sua custa, como fez no restante da França", sentencia a província com certo orgulho, para concluir: "Dispensamos em absoluto esse favor; as obras de utilidade que anualmente nós mesmos empreendemos substituem essa ajuda e oferecem a todos um trabalho produtivo".

Quanto mais estudo os regulamentos gerais estabelecidos pelos estados do Languedoc com a permissão do rei, mas geralmente sem sua iniciativa, nessa parte da administração pública que lhes deixavam, mais admiro a sabedoria, a equidade e a brandura que demonstram, e mais observo o quão superiores são os procedimentos do governo local a tudo o que acabo de ver nas regiões que o rei administrava sozinho.

A província está dividida em *comunidades* (cidades ou aldeias), em distritos administrativos que se denominam dioceses e, por fim, em três grandes departamentos que se chamam *senescalias*. Cada uma dessas divisões tem uma representação distinta e um pequeno governo particular que funciona sob a direção dos estados ou do rei. Quando se trata de obras públicas que visam ao interesse de um desses pequenos corpos políticos, só podem ser empreendidas a pedido desta junta governamental. Se o trabalho de uma comunidade pode ser útil para a diocese, esta deve contribuir em certa medida com os encargos. Se, por sua vez, a senescalia estiver interessada, ela deve oferecer uma ajuda. Enfim, a diocese, a senescalia e a província devem auxiliar a comunidade, mesmo quando se trata apenas do interesse particular desta última, contanto que a obra lhe seja necessária e ultrapasse suas forças, pois, como dizem constantemente os estados: "O princípio fundamental de nossa constituição estipula que todas as partes do Languedoc são inteiramente solidárias umas às outras e todas devem se ajudar sucessivamente".

As obras executadas pela província devem ser planejadas com muita antecedência e submetidas anteriormente ao exame de todos os corpos secundários que tomarão parte delas. Sendo a corveia desconhecida, só podem ser executadas mediante pagamento em dinheiro. Já afirmei que nos *países de eleição* os terrenos tomados dos proprietários para serviços públicos eram sempre mal ou tardiamente pagos e muitas vezes nem sequer o eram. Esta foi uma das grandes queixas levantadas pelas assembleias provinciais quando elas se reuniram em 1787. Vi algumas destacarem que lhes fora tirada até a faculdade de pagar as dívidas contraídas dessa maneira, pois o objeto expropriado fora destruído ou desnaturado antes que o avaliassem. No Languedoc, cada parcela de terra tomada do proprietário deve ser cuidadosamente avaliada antes do início das obras *e paga durante o primeiro ano da execução.*

O regulamento dos estados relativo às diferentes obras públicas, do qual extraí esses detalhes, pareceu tão bem elaborado ao governo central que, sem imitá-lo, expressou sua admiração. O conselho do rei, após autorizar sua entrada em vigor, mandou a Imprensa Real reproduzi-lo e ordenou que fosse distribuído a todos os intendentes como obra de consulta.

O que disse das obras públicas aplica-se com mais razão ainda a essa outra parte não menos importante da administração provincial, ligada à arrecadação dos impostos. É principalmente nesta área que, depois de passar do reino à província, tem-se dificuldade em acreditar que ainda se esteja no mesmo império.

Tive a oportunidade de dizer em outra passagem como os procedimentos que Languedoc adotou para estabelecer e receber as talhas eram, em parte, os que nós mesmos seguimos hoje para a cobrança dos impostos. Não retomarei aqui tal assunto; acrescentarei apenas que a província aproveitava tão bem a superioridade de seus métodos nessa matéria que, todas as vezes que o rei criou novas taxações, os estados nunca hesitaram em obter por elevadíssimo preço o direito de arrecadá-las ao seu modo e unicamente por meio de seus agentes.

Não obstante todas as despesas que enumerei em sequência, os negócios públicos do Languedoc estavam em tão boa ordem e seu crédito tão bem estabelecido, que o governo central constantemente recorria a ele e tomava emprestado em nome da província um dinheiro que a ele mesmo não teria disponibilizado em condições tão vantajosas. Descubro que o Languedoc tomou emprestadas, sob sua própria garantia mas para a conta do rei, 73,2 milhões de libras nos últimos tempos.

Contudo, o governo e seus ministros viam com muito descontentamento essas liberdades particulares. Richelieu começou por mutilá-las e aboliu-as depois. O fraco e indolente Luís XIII, que não gostava de nada, detestava-as; tinha tanto horror a todos os privilégios das províncias, relata Boulainvilliers[82], que bastava pronunciar-lhes o nome para que sua cólera fosse acesa. Nunca se sabe quanta energia as almas fracas têm para odiar o que as obriga a fazer um esforço.

82. Anne Gabriel Henri Bernard, conde de Boulainvilliers (1658-1722), foi um aristocrata e historiador que se notabilizou pelas críticas ao absolutismo e pela defesa das prerrogativas políticas da aristocracia. Entre suas obras, destaca-se a *Histoire de l'Ancien Gouvernement de la France. Avec XIV Lettres Historiques sur les Parlements ou États-Généraux* (*História do Antigo Governo da França, seguida de XIV Cartas históricas sobre os Parlamentos ou Estados-gerais*, 1727, 3 tomos).

É nisso que empregam tudo o que lhes resta de virilidade e quase sempre se mostram fortes nesse ponto, por mais débeis que o sejam em todos os outros. Quis a boa sorte que a antiga constituição do Languedoc fosse restaurada durante a infância de Luís XIV: vendo-a como sua obra, ele a respeitou. Luís XV suspendeu sua aplicação durante dois anos, mas depois deixou-a renascer.

A criação dos ofícios municipais colocou-a sob riscos menos diretos, mas não menores. Essa detestável instituição não só levava a destruir a constituição das cidades como tendia também a desnaturar a das províncias. Não sei se os deputados do Terceiro Estado nas assembleias provinciais jamais chegaram a ser eleitos para a ocasião, mas há muito tempo que não o eram mais: os oficiais municipais das cidades eram de direito os únicos representantes da burguesia e do povo.

Esta ausência de um mandato especial e concedido em acordo com os interesses momentâneos pouco se fez notar enquanto as próprias cidades elegeram livremente, por voto universal e geralmente por um período muito curto, seus magistrados. Então, o prefeito, o cônsul ou o síndico representavam tão fielmente nos estados as vontades da população em cujo nome falavam quanto se tivessem sido expressamente escolhidos por ela. É compreensível que não acontecesse o mesmo com aquele que havia adquirido mediante pagamento o direito de administrar seus concidadãos. Este só representava a si mesmo ou, quando muito, os interesses mesquinhos ou as paixões rasteiras de seu círculo. Todavia, foi mantido a esse magistrado adjudicatário de seus poderes o direito que os magistrados eleitos possuíram. Isso mudou imediatamente todo o caráter da instituição. A nobreza e o clero, em vez de terem a seu lado e diante de si os representantes do povo na assembleia provincial, depararam-se apenas com alguns burgueses isolados, tímidos e impotentes, e o Terceiro Estado tornou-se cada vez mais subordinado ao governo no próprio instante em que se tornava cada dia mais rico e mais forte na sociedade. Não ocorreu o mesmo no Languedoc, pois a província sempre teve o cuidado de comprar do rei os cargos à medida que ele os criava. Só no ano de 1773, o empréstimo contraído por ela com esse objetivo elevou-se a mais de quatro milhões de libras.

Outras causas mais poderosas contribuíram para infundir o espírito novo nessas velhas instituições e davam aos estados do Languedoc uma superioridade inconteste sobre todos os demais.

Nessa província, como em uma grande parte do sul da França, a talha era real e não pessoal, ou seja, regulava-se pelo valor da propriedade e não pela condição do proprietário. É bem verdade que existiam certas terras que gozavam do privilégio da isenção, terras que outrora pertenceram à nobreza mas que, com o avanço do tempo e da indústria, terminaram parcialmente nas mãos dos plebeus; em contrapartida, os nobres tornaram-se proprietários de muitos bens sujeitos à talha. Transferido assim das pessoas para as coisas, o privilégio era decerto mais absurdo, porém bem menos sentido, porque, a despeito de ainda perturbar, deixara de ser humilhante. Como já não estava ligado de modo indissolúvel à ideia de classe, nem criava para nenhuma delas interesses absolutamente alheios ou contrários aos das outras, já não se opunha que todas juntas se ocupassem do governo. Mais do que em qualquer outro lugar, no Languedoc elas realmente se misturavam e encontravam-se em pé de absoluta igualdade.

Na Bretanha, os fidalgos tinham o direito de comparecer todos individualmente aos estados, o que frequentemente fez destes últimos espécies de dietas polacas. No Languedoc, os nobres só figuravam nos estados por meio de representantes: 23 deles ocupavam o lugar de todos os outros. O clero comparecia na pessoa dos 23 bispos da província e, o que é mais digno de nota, as cidades tinham tanta voz quanto as duas primeiras ordens.

Como a assembleia era única e não se deliberava por ordem mas por pessoa, o Terceiro Estado adquiriu naturalmente uma grande importância nela, logrando imbuir pouco a pouco o seu espírito particular em todo o corpo. Mais ainda, os três magistrados que, sob o nome de síndicos gerais, se encarregavam em nome dos estados da condução ordinária dos assuntos eram sempre homens da lei, ou seja, plebeus. A nobreza, forte o bastante para manter a sua condição, já não o era o suficiente para reinar sozinha. O clero, por sua vez, apesar de composto majoritariamente de fidalgos, viveu em perfeita harmonia com o Terceiro Estado; associou-se com ardor à maioria de seus projetos, trabalhou em conjunto com ele para elevar a prosperidade material de todos os cidadãos e favorecer seu comércio e sua indústria, frequentemente pondo assim a seu serviço o grande conhecimento que tinha dos homens e a rara destreza na condução dos assuntos. Era quase sempre um eclesiástico que escolhiam para ir a Versalhes debater com os ministros as questões litigiosas que punham em conflito a autoridade régia e os estados. Pode-se dizer que, durante todo o século passado, o Languedoc foi administrado por burgueses supervisionados por nobres e auxiliados por bispos.

Graças a essa constituição singular ao Languedoc, o espírito dos novos tempos pôde penetrar calmamente nesta velha instituição e tudo modificar-lhe sem nada destruir.

Poderia ter sido assim em toda França. Uma parte da perseverança e do esforço despendidos pelos príncipes para abolir ou deformar os estados provinciais teria bastado para aperfeiçoá-los desse modo e para adaptá-los, sem exceção, às necessidades da civilização moderna, se alguma vez esses príncipes tivessem desejado outra coisa que não fosse tornar-se e permanecer os senhores.

# NOTAS DO AUTOR

[Os números de páginas indicados no início de cada nota remetem à localização da nota no corpo do texto.]

[1] (p. 59)

PODER DO DIREITO ROMANO NA ALEMANHA. O MODO COMO ELE SUBSTITUÍRA O DIREITO GERMÂNICO.

No fim da Idade Média, o direito romano tornou-se o principal e quase o único estudo dos jurisconsultos alemães. Naquela época, a maioria deles era educada fora da Alemanha, nas universidades italianas. Esses jurisconsultos, que não dominavam a sociedade política mas estavam encarregados de explicar e aplicar suas leis, se não puderam abolir o direito germânico, lograram ao menos deformá-lo de modo a enquadrá-lo à força no direito romano. Aplicaram as leis romanas a tudo que, nas instituições germânicas, parecia ter alguma analogia remota com o código de Justiniano, introduzindo assim um novo espírito, novos hábitos na legislação nacional que, pouco a pouco, foi tão transformada que ficou irreconhecível, a ponto de no século XVII, por exemplo, já ser praticamente desconhecida. Fora substituída por algo que ainda era germânico pelo nome, mas romano de fato.

Tenho razões para crer que, nesse trabalho dos jurisconsultos, muitas das condições da antiga sociedade germânica pioraram, principalmente a dos camponeses. Muitos dos que até então tinham conseguido manter totalmente ou em parte suas liberdades ou suas possessões perderam-nas então por sábias assimilações à condição dos escravos ou dos enfiteutas romanos.

Essa transformação gradual do direito nacional e os esforços inúteis empregados para resistir-lhe mostram-se claramente na história do Wurtemberg.

Desde o nascimento do condado desse nome, em 1250, até a criação do ducado, em 1494, a legislação é inteiramente nativa: compõe-se de costumes, leis locais feitas pelas cidades ou pelas cortes senhoriais, estatutos promulgados pelos estados; somente os assuntos eclesiásticos são regulamentados por um direito estrangeiro, o direito canônico.

A partir de 1495, o caráter da legislação muda: o direito romano começa a penetrar; os *doutores* – como eram chamados os que estudaram direito nas universidades estrangeiras – entram no governo e apoderam-se das cortes supremas. Durante todo o início e até meados do século XV, vê-se a sociedade política travar contra eles a mesma luta que ocorria na mesma época na Inglaterra, mas com um desfecho totalmente distinto. Na dieta de Tübingen, em 1514, e nas que a sucederam, os representantes do feudalismo e os deputados das cidades fazem toda espécie de representações contra o que está em curso; atacam os jurisconsultos, que irrompem em todos os tribunais e modificam o espírito ou a letra de todos os costumes e de todas as leis. Inicialmente parecem levar vantagem; obtêm do governo a promessa de que doravante as cortes superiores serão ocupadas por pessoas honradas e esclarecidas, oriundas da nobreza e dos estados do ducado, e não doutores, e que uma comissão composta de agentes do governo e de representantes dos estados redigirá o projeto de um código que possa servir de regra em todo o país. Esforços inúteis! Em breve o direito romano logrou expulsar inteiramente o direito nacional de uma grande parte da legislação e deitar suas raízes até mesmo no terreno onde deixou essa legislação subsistir.

Esse triunfo do direito estrangeiro sobre o direito nativo é atribuído por diversos historiadores alemães a duas causas. Primeiramente, ao movimento que então atraía todos os espíritos para as línguas e as literaturas da Antiguidade, bem como ao desprezo que isso suscitava pelos produtos intelectuais do gênio nacional. Em segundo lugar, à ideia – que sempre preocupara toda a Idade Média alemã e que transparece até mesmo na legislação da época – de que o Sacro Império é a continuação do Império Romano e de que sua legislação é uma herança daquele.

Mas tais causas não bastam para explicar o motivo pelo qual esse mesmo direito fora introduzido na mesma época e simultaneamente em todo o continente europeu. Creio que isso se deveu ao fato de que, pela mesma época, o poder absoluto dos príncipes se estabelecia solidamente em toda parte sobre as ruínas das velhas liberdades da Europa, e porque o direito romano, direito de servidão, encaixava-se maravilhosamente nos seus desígnios.

O direito romano, que em toda parte aperfeiçoou a sociedade civil, tendeu a degradar por toda parte a sociedade política, por ter sido principalmente obra de um povo muito civilizado e muito subjugado. Por isso os reis adotaram-no com ardor e estabeleceram-no em todos os seus domínios. Em toda Europa, os intérpretes desse direito tornaram-se seus ministros ou seus principais agentes. Sempre que necessário, os jurisconsultos forneceram-lhes o apoio do direito contra o próprio direito. Assim agiram muitas vezes desde então. Junto a um príncipe que violava as leis, era raro que não aparecesse um jurisconsulto garantindo que nada era mais legítimo e provando doutamente que a violência era justa e que o oprimido estava errado.

## [2] (p. 60)
## PASSAGEM DA MONARQUIA FEUDAL PARA A MONARQUIA DEMOCRÁTICA.

Visto que todas as monarquias se tornaram absolutas mais ou menos na mesma época, não há o menor indício de que essa mudança constitucional se devesse a alguma circunstância particular ocorrida fortuita e simultaneamente em cada Estado, e somos levados a crer que todos esses acontecimentos semelhantes e contemporâneos tenham sido provocados por uma causa geral que agiu igualmente em toda parte ao mesmo tempo.

Essa causa geral era a passagem de um estado social a outro, da desigualdade feudal à igualdade democrática. Os nobres já estavam abatidos e o povo ainda não se erguera, achando-se uns muito baixos e o outro insuficientemente alto para obstar os movimentos do poder. Decorreram assim cento e cinquenta anos, que foram como a idade de ouro dos príncipes, durante os quais tiveram ao mesmo tempo estabilidade e onipotência, coisas que geralmente se excluem: eram tão sagrados quanto os chefes hereditários de uma monarquia feudal e tão absolutos quanto o senhor de uma sociedade democrática.

## [3] (p. 61) DECADÊNCIA DAS CIDADES LIVRES NA ALEMANHA. CIDADES IMPERIAIS (REICHSSTÄDTE).

Segundo os historiadores alemães, o maior esplendor dessas cidades foi nos séculos XIV e XV. Eram então o asilo da riqueza, das artes, dos conhecimentos, as senhoras do comércio europeu, os mais poderosos centros da civilização. Com os nobres que as rodeavam, acabaram formando, principalmente no norte e no sul da Alemanha, confederações independentes parecidas com aquelas que as cidades suíças estabeleceram com os camponeses.

No século XVI ainda conservavam sua prosperidade, mas a época da decadência chegara. A Guerra dos Trinta Anos acabou precipitando sua ruína, não havendo quase nenhuma que não tenha sido destruída ou arruinada nesse período.

Contudo, o tratado de Vestfália nomeia-as positivamente e conserva-lhes a qualidade de estados imediatos, isto é, que só dependem do imperador. Mas, de um lado, os soberanos que as cercam e, do outro, o próprio imperador – cujo poder, desde a Guerra dos Trinta Anos, só podia ser exercido sobre esses pequenos vassalos do Império –, encerram sua soberania em limites muito estreitos a cada dia que passa. No século XVIII, ainda totalizam 51 cidades que ocupam duas bancadas na dieta e possuem uma voz distinta, mas na realidade nada mais podem na condução dos assuntos gerais.

Internamente estão todas sobrecarregadas de dívidas, seja pelo fato de os impostos imperiais continuarem a ser-lhes cobrados de acordo com seu antigo esplendor, seja porque são pessimamente administradas. E o mais notável é que essa má administração parece depender de uma doença secreta comum a todas, independentemente da forma de sua constituição: aristocrática ou democrática, suscita queixas que, se não são parecidas, pelo menos são igualmente veementes. Se aristocrático, o governo transformou-se, segundo dizem, na camarilha de um pequeno número de famílias, na qual o favor e os interesses particulares decidem tudo. Se democrático, a intriga e a venalidade aparecem em toda parte. Em ambos os casos, queixam-se da falta de honestidade e do desinteresse por parte dos governos. O imperador é obrigado a intervir constantemente em seus assuntos para tentar restabelecer a ordem. As cidades despovoam-se e caem na miséria. Já não são os núcleos da civilização germânica; as artes deixam-nas para irem brilhar nas cidades novas, criações dos soberanos, e que representam o mundo novo. O comércio afasta-se delas; sua antiga energia e seu vigor patriótico desaparecem; Hamburgo é quase a única cidade a permanecer um grande centro de riqueza e de cultura, mas por razões que lhe são próprias.

## [4] (p. 65)
## DATA DA ABOLIÇÃO DA SERVIDÃO NA ALEMANHA.

Como veremos pelo quadro a seguir, a abolição da servidão na maioria das regiões da Alemanha é um fato bastante recente. A servidão só foi abolida:

1. Na região de Baden, em 1783;
2. Nos domínios dos Hohenzollern, em 1789;
3. Nos ducados de Schleswig e Holstein, em 1804;
4. No ducado de Nassau, em 1808;
5. Na Prússia, Frederico-Guilherme I abolira, a partir de 1717, a servidão de seus domínios. O singular código de Frederico o Grande, como vimos em outra passagem, visava a suprimi-la em todo o reino, muito embora, na verdade, extinguisse apenas sua forma mais dura, a *leibeigenschaft*. Conservou-a em sua forma moderada (*erbunterthaenigkeit*) até a abolição completa, que ocorreu apenas em 1809;
6. Na Baviera, em 1808;
7. No grão-ducado de Berg e em vários outros pequenos territórios, tais como Erfurt, Baireuth etc., foi abolida por meio de um decreto napoleônico expedido em Madri, no ano de 1808;
8. No reinado da Vestfália, sua destruição data de 1808 e 1809;
9. No principado de Lippe-Detmolt, em 1809;
10. Em Schaumburg-Lippe, no ano de 1810;
11. Na Pomerânia sueca, igualmente em 1810;
12. No condado de Hesse-Darmstadt, entre 1809 e 1811;
13. No território de Wurtemberg, em 1817;
14. Na região de Mecklemburg, em 1820;
15. Na cidade de Oldenburg, em 1814;
16. No ducado de Saxe, na alta Lusace, em 1832;
17. No principado de Hohenzollern-Sigmaringen, somente em 1833;
18. Na Áustria, em 1811. José II abolira o *leibeigenschaft* desde 1782, mas a servidão perdurou sob sua forma moderada (*erbunterthaenigkeit*) até 1811.

Há uma série de regiões hoje pertencentes à Alemanha – tais como Brandemburgo, a antiga Prússia e a Silésia – que, originalmente povoadas por eslavos, foram conquistadas e parcialmente ocupadas pelos alemães. Nessas regiões, a servidão sempre assumiu uma feição ainda mais rude do que na Alemanha e conservava traços ainda mais marcantes no final do século XVIII.

## [5] (p. 66) CÓDIGO DE FREDERICO, O GRANDE.

Entre as obras de Frederico, o Grande, a menos conhecida, mesmo em seu país, e a menos brilhante é o código redigido sob suas ordens e promulgado por seu sucessor. Não sei, entretanto, se existe alguma que lance mais luz sobre o homem em si e sobre seu tempo, evidenciando melhor a influência recíproca de um sobre o outro.

Esse código é uma verdadeira constituição, no sentido que se atribui ao vocábulo. Tem como objetivo não apenas regular as relações dos cidadãos entre si, mas também as relações entre os cidadãos e o Estado: é ao mesmo tempo um código civil, um código criminal e uma Carta.

Apoia-se, ou antes parece apoiar-se, em certo número de princípios gerais expressos de maneira muito filosófica e muito abstrata que, sob muitos aspectos, se assemelham aos que integram a Declaração dos Direitos do Homem na constituição de 1791.

Nele proclama-se que o bem do Estado e de seus habitantes constitui o objetivo da sociedade e o limite da lei; que as leis só podem restringir a liberdade e os direitos dos cidadãos quando visam à utilidade comum; que cada membro do Estado deve trabalhar para o bem geral na proporção de sua posição e de sua fortuna; que os direitos individuais devem subordinar-se ao bem geral.

Em nenhuma parte menciona o direito hereditário do príncipe, de sua família e tampouco um direito particular que fosse distinto do direito de Estado. O nome do Estado já é o único empregado para designar o poder real.

Em contrapartida, fala-se do direito geral dos homens: os direitos gerais dos homens baseiam-se na liberdade natural de fazer seu próprio bem sem lesar o direito de outrem. Todas as ações que não são proibidas pela lei natural ou por uma lei positiva do Estado são permitidas. Cada habitante do Estado pode exigir que este defenda sua pessoa e sua propriedade, e tem o direito a defender-se pela força se o Estado não vier em seu auxílio.

Após expor esses princípios fundamentais, o legislador, em vez de deduzir deles, como na constituição de 1791, o dogma da soberania do povo e a organização de um governo popular em uma sociedade livre, detém-se e passa a uma outra consequência igualmente democrática, mas não liberal: considera o príncipe como o único representante do Estado e confere-lhe todos os direitos que acaba de reconhecer para a sociedade. Nesse código, o soberano já não é o representante de Deus, mas tão somente o representante da sociedade, seu agente, seu servidor, como Frederico imprimiu textualmente em suas obras; no entanto, representa-a sozinho e exerce com exclusividade todos os seus poderes. O chefe do Estado, diz a introdução, a quem se impõe o dever de produzir o bem geral, que é a única meta da sociedade, está autorizado a dirigir e regulamentar todos os atos dos indivíduos com essa finalidade.

Entre os principais deveres desse agente onipotente da sociedade, encontro os seguintes: internamente, manter a paz e a segurança públicas e garantir todos contra a violência. Externamente, compete-lhe fazer a paz e a guerra; apenas ele pode ditar leis e promulgar regulamentos gerais de polícia; só ele possui o direito de indultar e anular os processos criminais.

Todas as associações existentes no Estado e todos os estabelecimentos públicos estão sob seu controle e sua direção, no interesse da paz e da segurança gerais. Para que o chefe de Estado possa cumprir suas obrigações, é preciso que tenha certos rendimentos e direitos úteis; tem, portanto, o poder de lançar impostos sobre as fortunas privadas, sobre as pessoas e suas profissões, comércio, produção e consumo. As ordens dos funcionários públicos que agem em seu nome devem ser acatadas como vindas dele em tudo o que estiver situado nos limites de suas funções.

Sob esta cabeça totalmente moderna, veremos surgir agora um corpo inteiramente gótico. Frederico não fez mais que remover o que podia obstruir a ação de seu próprio poder, mas o conjunto vai formar um ser monstruoso que parece uma transição de uma para outra criação. Nessa estranha produção, Frederico mostra tanto desprezo pela lógica quanto zelo por seu poder e desejo de não criar dificuldades inúteis ao atacar o que ainda tinha força para se defender.

Os habitantes dos campos, à exceção de alguns distritos e de algumas localidades, estão submetidos a uma servidão hereditária que não se restringe apenas a corveias e serviços que são inerentes à posse de certas terras, mas estende-se, como já vimos, até a pessoa do possuidor.

A maioria dos privilégios dos proprietários do solo são novamente consagrados pelo código; pode-se mesmo dizer que o são a despeito do código já que, nos casos de conflito entre o costume local e a nova legislação, deve-se seguir o primeiro. Declara formalmente que o Estado não pode destruir nenhum desses privilégios, a não ser resgatando-os e seguindo as formalidades legais.

É bem verdade que o código assegura a abolição da servidão propriamente dita (*Leibeigenschaft*), na medida em que estabelece a servidão pessoal, mas a sujeição hereditária que a substitui (*Esbunterthänigkeit*) é ainda uma espécie de servidão, como foi possível julgar pela leitura do texto.

No mesmo código, o burguês permanece cuidadosamente separado do camponês. Entre a burguesia e a nobreza, observa-se uma espécie de classe intermediária composta de altos funcionários que não são nobres, isto é, os eclesiásticos, os professores das escolas eruditas, dos ginásios e das universidades.

Mesmo separados do restante da burguesia, esses burgueses não eram confundidos com os nobres, perante os quais permaneciam, ao contrário, em um estado de inferioridade. Em geral, não podiam adquirir bens equestres nem obter os postos mais avançados no serviço civil. Tampouco eram *hoffähig*, ou seja, só podiam apresentar-se na corte em casos raros e nunca com suas famílias. A exemplo da França, essa inferioridade feria ainda mais porque todos os dias essa classe se tornava mais esclarecida e influente, e porque os funcionários burgueses do Estado, se não ocupavam os cargos mais ilustres, já exerciam aqueles em que havia mais coisas (e coisas mais úteis) a fazer. A irritação contra os privilégios da nobreza que, entre nós, contribuiria tanto para a Revolução, preparava na Alemanha a aprovação com que ela foi inicialmente recebida. Em que pese o principal redator do código ser um burguês, ele indubitavelmente obedecia às ordens de seu mestre.

A velha constituição da Europa não está suficientemente arruinada nessa parte da Alemanha para que Frederico imagine, não obstante o desprezo que ela lhe inspira, que ainda dê tempo de fazer desaparecer seus destroços. Em geral, limita-se a privar os nobres do direito de reunir-se e administrar em corpo, deixando a cada um, individualmente, seus privilégios; não faz mais que restringir e regulamentar seu uso. Conclui-se, portanto, que esse código, redigido sob as ordens de um aluno dos nossos filósofos e aplicado depois que a Revolução Francesa eclodiu, é o documento legislativo mais autêntico e mais recente a dar um fundamento legal a essas mesmas desigualdades feudais que a Revolução ia abolir em toda a Europa.

O código declara que a nobreza é o principal corpo do Estado; diz que os fidalgos devem ter preferência na nomeação para todos os cargos honoríficos sempre que forem capazes de ocupá-los. Só eles podem possuir bens nobres, criar substituições, desfrutar dos direitos de caça e de justiça inerentes aos bens nobres como também dos direitos de patronato sobre as igrejas; só eles podem adotar o nome da terra que possuem. Os burgueses autorizados por exceção expressa a possuir bens nobres só podem gozar nos limites exatos dessa permissão dos direitos e das honrarias ligados à posse de tais bens. O burguês que possuir um bem nobre não pode deixá-lo a um herdeiro burguês, a não ser que esse herdeiro seja de primeiro grau. Na ausência de tais herdeiros ou de outros herdeiros nobres, o bem devia ser leiloado.

Uma das partes mais características do código de Frederico é o direito penal em matéria política que lhe foi anexado.

O sucessor de Frederico, o Grande, Frederico-Guilherme II, que, malgrado a parte feudal e absolutista da legislação que acabo de resumir, acreditava ver nessa obra de seu tio tendências revolucionárias e mandou suspender sua publicação até 1794, só se tranquilizava, segundo dizem, ao pensar nos excelentes dispositivos penais com os quais esse código corrigia os maus princípios que continha. Com efeito, nunca se viu, mesmo depois, nada mais completo nesse gênero. Não apenas pune com extremo rigor as revoltas e as conspirações como também reprime severamente as críticas desrespeitosas aos atos governamentais. Proíbe cuidadosamente a compra e a distribuição de escritos perigosos: o impressor, o editor e o distribuidor são responsáveis pelos delitos do autor. Os bailes, as mascaradas e outros divertimentos são declarados reuniões públicas e devem ser autorizados pela polícia, assim como as refeições em locais públicos. A liberdade de imprensa e de expressão está estritamente sujeita a um controle arbitrário. O porte de armas de fogo é proibido.

Ao longo dessa obra, metade da qual foi tomada de empréstimo da Idade Média, aparecem por fim disposições cujo extremo espírito centralizado beira o socialismo. Assim, declara que cabe ao Estado cuidar da alimentação, do emprego e do salário de todos aqueles que não podem manter-se sozinhos e que não têm direito nem aos auxílios do senhor nem ao socorro da comuna: é preciso garantir-lhes trabalho de acordo com suas forças e capacidade. Além de obrigado a fundar estabelecimentos destinados a socorrer a pobreza dos cidadãos, o Estado está autorizado a extinguir as fundações que tendem a estimular a preguiça e a distribuir ele mesmo aos pobres o dinheiro de que esses estabelecimentos dispunham.

As ousadias, as novidades teóricas, a timidez na prática que caracterizam essa obra de Frederico, o Grande, encontram-se em toda parte. Por um lado, proclama o princípio fundamental da sociedade moderna, de que todos devem ser igualmente sujeitos ao imposto; por outro, permite que sobrevivam as leis provinciais contendo exceções a essa regra. Afirma que todo processo entre um súdito e o soberano será julgado segundo as normas e de acordo com as prescrições indicadas para todos os demais litígios; na verdade, essa regra nunca foi obedecida quando se opunha aos interesses ou às paixões do rei. Mostrou com grande alarde o moinho de Sans-Souci[83], enquanto vergava discretamente a justiça em outras inúmeras circunstâncias.

O que demonstra o quanto esse código era tão inovador na aparência e quase nada na prática, e o que torna seu estudo tão interessante para se conhecer bem o verdadeiro estado da sociedade nessa parte da Alemanha no final do século XVIII, é que a nação prussiana mal pareceu se dar conta de sua publicação. Os jurisconsultos foram os únicos que o estudaram e ainda hoje há um grande número de pessoas esclarecidas que nunca o leram.

## [6] (p. 68)
## BENS DOS CAMPONESES ALEMÃES.

Era comum encontrar entre os camponeses famílias que não apenas eram livres, mas também cujos bens constituíam uma espécie de morgado perpétuo. A terra possuída por eles era indivisível e um só filho a herdava: geralmente, era o filho mais novo, como em certos costumes ingleses. Este tinha apenas que pagar um dote a seus irmãos e irmãs.

Os *erbgüter* dos camponeses estavam mais ou menos disseminados em toda Alemanha, pois em nenhum outro lugar a terra achava-se totalmente englobada no sistema feudal. Na Silésia, onde a nobreza conservou até hoje domínios imensos que abrangiam a maioria das aldeias, havia entretanto aldeias possuídas

83. Palácio que abrigou Voltaire durante sua permanência na Prússia.

integralmente pelos habitantes e completamente livres. Em algumas localidades da Alemanha, como o Tirol e a Frísia, predominava o fato de que os camponeses possuíam a terra por *erbgüter.*

Todavia, na grande maioria das regiões da Alemanha, esse gênero de propriedade era apenas uma exceção mais ou menos frequente. Nas aldeias em que se fazia presente, os pequenos proprietários desse tipo formavam uma espécie de aristocracia entre os camponeses.

## [7] (p. 68) POSIÇÃO DA NOBREZA E DIVISÃO DA TERRA AO LONGO DO RENO.

Anotações recolhidas dos lugares e junto às pessoas que viveram sob o Antigo Regime revelaram que, no eleitorado de Colônia, por exemplo, havia um grande número de aldeias sem senhores e administradas pelos agentes do príncipe; que, nos locais em que a nobreza existia, seus poderes administrativos eram muito restritos; que sua posição expressava mais brilho do que poder (ao menos individualmente); que ela detinha inúmeras honrarias, integrava o alto funcionalismo do príncipe, mas não exercia diretamente sobre o povo nenhum poder efetivo. Por sua vez, estou certo de que a propriedade estava profundamente dividida e que havia uma quantidade imensa de camponeses que eram proprietários naquele mesmo eleitorado, o que se deve ao singular estado de precariedade e de semimiséria que há muito tempo já afligia uma grande parte das famílias nobres, precariedade que levava estas últimas a alienar constantemente algumas parcelas de suas terras, que os camponeses adquiriam mediante arrendamento ou pela compra em dinheiro. Consultei um levantamento populacional do bispado de Colônia, do início do século XVIII, que me mostrou a distribuição das terras naquela época; vi que desde aqueles tempos um terço do solo pertencia aos camponeses. Esse fato dava origem a um conjunto de sentimentos e de ideias que deixavam essas populações muito mais vulneráveis às revoluções do que os habitantes de outras partes da Alemanha, onde tais particularidades ainda não eram vistas.

## [8] (p. 68) COMO A LEI SOBRE O EMPRÉSTIMO A JUROS ACELEROU A DIVISÃO DO SOLO.

A lei que proibia o empréstimo a juros, qualquer que fosse o juro, ainda vigorava no final do século XVIII. Turgot inclusive nos informa de que, em 1769, ela era observada em muitos locais. Essas leis subsistem, não obstante sua frequente violação, diz o estadista. Os juízes consulares admitem os juros estipulados sem alienação de capital, ao passo que os tribunais comuns os condenam. Ainda é possível encontrar devedores de má-fé processando criminalmente seus devedores por ter-lhes emprestado dinheiro sem alienação do capital.

Independentemente dos inevitáveis efeitos dessa legislação sobre o comércio e, de forma geral, sobre os costumes da nação, ela tinha um grande impacto sobre a divisão e a posse das terras, multiplicando ao infinito as rendas perpétuas, fossem fundiárias ou não fundiárias. Isso fez com que os antigos proprietários do solo, em vez de emprestar a quantia necessária, vendessem pequenas parcelas de seus domínios mediante um preço (parte em capital, parte em renda perpétua), o que por um lado contribuiu decisivamente para dividir o solo e, por outro, a sobrecarregar a pequena propriedade com uma infinidade de pendências perpétuas.

## [9] (p. 71)

### EXEMPLO DAS PAIXÕES QUE O DÍZIMO JÁ SUSCITA UMA DÉCADA ANTES DA REVOLUÇÃO.

Em 1779, um insignificante advogado de Lucé reclama, em um estilo muito amargo no qual já se pressente a Revolução, que os párocos e outros grandes dizimistas vendem aos cultivadores, a um preço exorbitante, a palha que obtiveram por meio do dízimo e da qual os últimos têm absoluta necessidade para a adubação do solo.

### EXEMPLO DE COMO O CLERO AFASTAVA DE SI O POVO PELO EXERCÍCIO DE SEUS PRIVILÉGIOS.

Em 1780, o superior e os cônegos do priorado de Laval lamentam que pretendam submetê-los ao pagamento dos direitos tarifários para os artigos de consumo e para os materiais necessários à restauração de seus edifícios. Entendem que, pelo fato de tais direitos serem representativos da talha da qual estavam isentos, nada devem. O ministro encaminhou o caso à arbitragem do tribunal de ajudas.

## [10] (p. 71)

### DIREITOS FEUDAIS POSSUÍDOS PELOS PADRES. UM EXEMPLO ENTRE MILHARES. ABADIA DE CHERBOURG (1753).

Essa abadia possuía então rendas senhoriais, recebíveis em dinheiro ou em produtos do solo, em quase todas as paróquias dos arredores de Cherbourg; uma única devia-lhe 306 alqueires de frumento. Detinha a baronia de Sainte-Geneviève, a baronia e o moinho senhorial de Bas-du-Roule e a baronia de Neuville-au-Plein, localizado a 10 léguas de distância, pelo menos. Além disso, recebia os dízimos de doze paróquias da península, várias das quais estavam localizadas a grande distância dela.

[11] (p. 72)
IRRITAÇÃO QUE OS DIREITOS FEUDAIS CAUSAVAM AOS CAMPONESES, ESPECIALMENTE OS DIREITOS FEUDAIS DOS PADRES.

Carta redigida pouco antes da Revolução por um cultivador ao intendente em pessoa. Em que pese a ausência de elementos que comprovem a exatidão dos fatos ali contidos, ela indica perfeitamente o estado de ânimo da classe a que pertencia o autor da carta.

"Apesar de termos poucos nobres nessa região", diz o autor, "não se deve acreditar que os bens fundiários estão menos onerados pelas taxas; ao contrário, quase todos os domínios pertencem à catedral, ao arcebispado, ao colegiado de Saint-Martin, aos beneditinos de Noirmoutiers, de Saint-Julien e outros eclesiásticos, para os quais as rendas não prescrevem jamais e de onde surgem incessantemente velhos pergaminhos bolorentos cuja procedência só Deus sabe!"

"A região está totalmente infectada pelas taxas. A maior parte das terras deve anualmente um sétimo de trigo por acre, outras de vinho; este deve um quarto dos frutos colhidos à senhoria, aquele, a quinta parte etc. O dízimo é sempre coletado; este paga o duodécimo, aquele o décimo terceiro. Todos esses direitos são tão singulares que deles conheço da quarta à quadragésima parte dos rendimentos."

"O que pensar de todas essas rendas sobre a totalidade das espécies de grãos, de legumes, de dinheiro, de aves, de corveias, de madeira, de frutas e de velas? Conheço alguns foros singulares cobrados sobre o pão, a cera, os ovos, os leitões, as coroas de rosas, os buquês de violetas, os esporões dourados etc. Há ainda uma incontável multidão de outros direitos senhoriais. Por que não se libertou a França de todas essas cobranças extravagantes? Enfim, a nação começa a abrir os olhos e vê com muita esperança a sabedoria do atual governo, que protegerá com pulso firme essas pobres vítimas das exações do antigo regime fiscal, denominadas direitos senhoriais, que jamais deveriam ser alienados ou vendidos por quem quer que seja."

"O que pensar ainda dos tirânicos laudêmios? Um comprador arruína-se para fazer uma aquisição, pois está obrigado a pagar grandes somas na adjudicação e nos contratos, na tomada de posse, nas atas, nos registros e publicações, no centésimo, nos oito sous por libra etc; e, além disso tudo, é preciso que ele mostre o contrato ao seu senhor, que o fará pagar as taxas de transferência do capital adquirido: em algumas, a duodécima parte, para outras, a décima. Algumas estabelecem a cobrança do quinto; outras, o quinto acrescido de 20% de seu valor. Enfim, há taxas de todos os valores e até conheço algumas que cobram o terço da soma principal. Não, as nações mais ferozes e mais bárbaras do mundo que conhecemos jamais inventaram semelhantes exações, e em um número tão grande, quanto as que nossos tiranos acumularam sobre a cabeça de nossos pais." (Esse discurso filosófico e literário é absolutamente falho na ortografia.)

"Como? O falecido rei teria permitido o reembolso das rendas fundiárias atribuídas às heranças localizadas nas cidades, mas não daquelas situadas nos campos? Impunha-se começar pelas últimas! Por que não permitir que os pobres cultivadores rompam seus grilhões, que sejam reembolsados e libertos dos incontáveis foros senhoriais e fundiários que causam tanto prejuízo aos vassalos e tão pouco lucro aos senhores? Não devia existir distinção para os reembolsos das cidades e dos campos, entre os senhores e os particulares."

"A cada mudança, os intendentes dos titulares dos bens eclesiásticos pilham e taxam todos os proprietários. Temos um exemplo bastante recente disso. Em sua chegada, o intendente de nosso novo arcebispo ordenou que todos os rendeiros de M. de Fleury fossem notificados da mudança, declarando nulos todos os arrendamentos que haviam contratado com seu predecessor e despejando todos os que se negaram a dobrar o valor de suas concessões ou a pagar enormes subornos – que já tinham dado ao intendente anterior. Foram assim privados dos sete ou oito anos que lhes restavam do legítimo usufruto de seus arrendamentos e obrigados a abandonar imediatamente as terras, às vésperas do Natal – a época mais crítica do ano, em virtude da dificuldade que então se encontra para alimentar os animais –, sem ter onde morar. O rei da Prússia não teria feito pior."

De fato, tudo indica que, no tocante aos bens do clero, os contratos do titular precedente não instauravam uma obrigação legal para o sucessor. Ao destacar anteriormente que as rendas feudais eram resgatáveis nas cidades, apesar de não o serem nos campos, o autor da carta anuncia um fato totalmente verídico: nova evidência do abandono em que vivia o camponês e, em contrapartida, da maneira pela qual todos os que estavam colocados acima dele buscavam um meio de levar vantagem em tudo.

Toda instituição que logrou exercer um longo domínio, após ter se estabelecido em sua esfera natural, extrapola seu âmbito e acaba exercendo uma grande influência até sobre a parte da legislação em que não imperava. O feudalismo, em que pese pertencer principalmente ao direito político, transformara por completo o direito civil, mudando profundamente as condições das pessoas e dos bens em tudo o que se relaciona com a vida privada. Ele interveio nas sucessões pela desigualdade das partilhas, cujo princípio alcançou, em determinadas províncias, até a classe média (prova-o a Normandia). Envolveu, por assim dizer, toda a propriedade fundiária, pois quase não havia terras completamente alheias a seu raio de ação ou cujos donos não recebessem um contragolpe de suas leis. Afetava não apenas a propriedade dos indivíduos, mas também a das comunas. Contrariava a indústria pelos pagamentos que impunha a ela; prejudicava os ganhos pela desigualdade dos encargos e, de modo geral, lesava o interesse pecuniário dos indivíduos em quase todos os negócios: dos proprietários, pelos censos, foros e corveia; do cultivador, de mil maneiras, pelas banalidades[84], pelas rendas fundiárias, pelos laudêmios, entre outros; dos negociantes, pelos direitos comerciais; dos comerciantes,

84. Originada no século XI, a banalidade consistia na obrigação de o camponês moer sua farinha no moinho do senhor, bem como de pagar a este último certo valor para poder vender sua colheita no mercado.

pelos direitos alfandegários etc. Ao completar sua derrubada, a Revolução fez-se notar, tocando simultaneamente, por assim dizer, em todos os pontos sensíveis do interesse particular.

### [12] (p. 80)
### CARIDADE PÚBLICA FEITA PELO ESTADO. FAVORITISMO.

Em 1748, o rei concede 20 mil libras de arroz (foi um ano de grande miséria e de escassez, como outros tantos do século XVIII). O arcebispo de Tours considera-se o beneficiário do auxílio e o único responsável por sua distribuição na diocese. O intendente afirma que o auxílio foi concedido para toda a generalidade, devendo ser distribuído por ele a todas as paróquias. Após uma disputa que se arrasta por muito tempo, o rei, conciliador em todas as matérias, dobra a quantidade do arroz que destinava à generalidade, a fim de que o intendente e o arcebispo pudessem distribuí-lo igualmente pela metade. Além disso, ambos concordam que a distribuição fique a cargo dos párocos. Não há problemas com os senhores ou com os síndicos. A correspondência do intendente com o controlador-geral menciona que, de acordo com o primeiro, o arcebispo queria doar o arroz apenas a seus protegidos, distribuindo sua maior parte principalmente às paróquias pertencentes à duquesa de Rochechouart. Por sua vez, nessa pilha de cartas encontramos grandes senhores que fazem solicitações especiais para suas paróquias, bem como cartas do controlador-geral indicando as paróquias de determinadas pessoas.

A caridade legal abre espaço aos abusos, qualquer que seja o sistema; mas ela é impraticável, exercida assim a distância e sem transparência, pelo governo central.

### [13] (p. 80)
### EXEMPLO DE COMO ESSA CARIDADE LEGAL ERA REALIZADA.

Lê-se o seguinte num relatório encaminhado à assembleia provincial da Alta Guyenne, em 1780: "Sobre o montante de 385 mil libras que totalizam os fundos concedidos por Sua Majestade a esta generalidade de 1773 – época do estabelecimento dos trabalhos de caridade – a 1779 inclusive, só a eleição de Montauban, capital e residência do monsenhor intendente, recebeu 240 mil libras, sendo a maior parte dessa quantia investida na própria comunidade de Montauban".

### [14] (p. 80)
### PODERES DO INTENDENTE PARA REGULAMENTAR A INDÚSTRIA.

Os arquivos dos intendentes estão repletos de dossiês relativos a essa regulamentação da indústria.

A indústria não estava submetida tão somente aos entraves que lhe impunham as corporações, as mestrias etc., mas estava também cada vez mais entregue a todos os caprichos do governo, representado o mais das vezes nos ordenamentos gerais ditados pelo conselho régio e nas aplicações particulares dos intendentes. Vemos que estes se ocupam ininterruptamente do comprimento das cortinas, da escolha dos tecidos, dos métodos a seguir, dos erros a evitar na fabricação. Tinham sob suas ordens, além dos subdelegados, os inspetores industriais locais. Neste particular, a centralização chegava ainda mais longe do que em nossos dias: mais caprichosa e mais arbitrária, produzia um formigamento de funcionários públicos e engendrava toda espécie de hábitos subordinados e servis.

Observem como tais hábitos eram adotados principalmente pelas classes burguesas: mais entre os que iriam triunfar, os negociantes e os comerciantes, do que entre os que seriam vencidos. Portanto, em vez de destruí-los, a Revolução devia torná-los preponderantes e disseminá-los.

Todas as observações precedentes são sugeridas pela leitura de inúmeras correspondências e obras intituladas: *Manufaturas e fábricas, cortinados, drogaria*; encontram-se nos papéis remanescentes dos arquivos da intendência de Île-de-France. Ali também se encontram os relatórios frequentes e detalhados que os inspetores remetem ao intendente sobre as visitas que fizeram aos fabricantes, para garantir a obediência das normas indicadas para a fabricação; além de diversos decretos do conselho, expedidos a conselho do intendente, para impedir ou autorizar a fabricação, seja em determinados endereços, seja de certos tecidos, seja, enfim, de acordo com certos procedimentos.

Nas observações desses inspetores, que se mostram muito arrogantes para com o fabricante, predomina a noção de que o Estado tem o dever e o direito de forçar o último a fazer o melhor possível, não apenas no interesse do público, mas também de seu próprio. Por conseguinte, julgam-se compromissados a fazê-lo adotar o melhor método e a compartilhar com ele os míseros detalhes de sua arte, não sem a companhia de um grande luxo de contravenções e de enormes multas.

## [15] (p. 81)
## ESPÍRITO DO GOVERNO DE LUÍS XI.

Nenhum documento possibilita uma melhor visão do verdadeiro espírito do governo de Luís XI do que as incontáveis constituições outorgadas por ele às cidades. Tive a oportunidade de estudar bem detalhadamente a maioria das cidades do interior de Anjou, do Maine e de Touraine, que devem suas constituições ao referido monarca.

Todas essas constituições seguem praticamente o mesmo modelo e revelam as mesmas intenções com absoluta nitidez. Nelas a figura de Luís XI assume uma feição um pouco diferente daquela que se conhece. Esse príncipe é geralmente visto como o inimigo da nobreza e, ao mesmo tempo, como o amigo sincero, ainda que um pouco brutal, do povo. Nessas constituições ele exibe um ódio comum pelos direitos políticos do povo e da nobreza. Serve-se igualmente da burguesia para rebaixar o que está acima dela e para reprimir o que lhe está abaixo, sendo antiaristocrático e antidemocrático de uma só vez: é o rei burguês por excelência. Cumula os notáveis das cidades com privilégios, pretendendo assim aumentar sua importância; concede-lhes títulos de nobreza em profusão, rebaixando assim seu valor, enquanto destrói todo o caráter popular e democrático da administração das cidades, circunscrevendo o governo a um pequeno número de famílias comprometidas com sua reforma e ligadas a seu poder por imensos favores.

## [16] (p. 82) A ADMINISTRAÇÃO DE UMA CIDADE NO SÉCULO XVIII.

Do inquérito realizado em 1764 sobre a administração das cidades, extraio o dossiê relativo a Angers, no qual encontramos a constituição dessa cidade sendo analisada, criticada e defendida respectivamente pelo presidial, pela municipalidade, pelo subdelegado e pelo intendente. Como os mesmos fatos se reproduzem em vários outros lugares, é preciso encarar essa exposição como algo que ultrapassa um retrato individual.

### MEMORIAL DO PRESIDIAL SOBRE O ESTADO PRESENTE DA CONSTITUIÇÃO MUNICIPAL DE ANGERS E SOBRE AS REFORMAS A SEREM FEITAS ALI.

"Como a municipalidade de Angers", diz o presidial, "quase nunca consulta a *totalidade* dos habitantes, mesmo para os projetos mais importantes, exceto quando se vê obrigada por ordens específicas, essa administração é ignorada por todos aqueles que não integram a administração municipal, e mesmo pelos vereadores removíveis, que dela só possuem uma noção muito superficial".

(Com efeito, a tendência de todas essas pequenas oligarquias burguesas era a de consultar o mínimo possível o que o documento aqui designa como a totalidade dos habitantes.)

A municipalidade compõe-se, conforme um decreto regulamentar de 29 de março de 1681, de 21 oficiais.

Um prefeito, que adquire a nobreza e cujas funções têm validade para quatro anos; quatro vereadores removíveis, que ficam por dois anos; doze vereadores conselheiros, que, uma vez eleitos, são vitalícios; dois procuradores municipais; um procurador substituto (em caso de morte do titular) e um tabelião.

Possuem diferentes privilégios, entre os quais os seguintes: o valor de sua capitação é fixo e módico; estão isentos dos encargos relativos aos alojamentos dos militares e milicianos (tais como utensílios, móveis e contribuições); estão livres dos foros, das tarifas de *double et triple cloison*[85] (de outorga antiga e recente), das acessórias sobre os gêneros de consumo e até mesmo do dom gratuito – do qual acreditaram por conta própria que podiam isentar-se, declarou o presidial; possuem, ademais, reembolsos sobre velas e alguns sobre moradia e salários dos criados.

Vemos por este detalhe o quão vantajoso era ser vereador vitalício de Angers naquela época. Reparem como esse sistema sempre e por toda parte favorece os mais ricos com a isenção fiscal. Neste ínterim, o memorando revela mais adiante: "Esses postos são disputados pelos habitantes mais ricos, que os anseiam para obter uma considerável redução da capitação, cuja sobrecarga recai sobre todos os outros. No momento, encontram-se inúmeros funcionários municipais cuja capitação está fixada em 30 libras, mas que deveriam pagar 250 ou 300 libras; entre outros, há um que, tendo em vista sua fortuna, poderia pagar pelo menos mil libras de capitação". Em outro trecho do documento lemos que "entre os habitantes mais abastados se encontram mais de 40 funcionários ou viúvas de funcionários (detentores de ofícios) cujos cargos oferecem o privilégio de isentar-se da considerável capitação que pesa sobre a cidade; o ônus dessa capitação recai sobre um infindável número de pobres artesãos, os quais, julgando-se sobrecarregados, reclamam constantemente de suas excessivas contribuições, e quase sempre sem fundamento, pois a divisão do restante dos encargos municipais não reconhece desigualdades".

A *assembleia geral* compõe-se de 76 pessoas:

O prefeito, dois deputados do capítulo, um síndico eclesiástico, dois deputados do presidial, um deputado da universidade, um capitão-geral de polícia, quatro vereadores, doze conselheiros vereadores, um procurador do rei no presidial, um procurador municipal, dois deputados florestais, dois de eleição, dois dos depósitos de sal, dois membros do tráfico de escravos, dois da moeda, dois do corpo de advogados e procuradores, dois juízes cônsules, dois tabeliães, dois membros do corpo mercantil e, por fim, dois deputados enviados por cada uma das dezesseis paróquias.

Estes últimos estão supostamente incumbidos de representar o povo propriamente dito, e as corporações industriais em especial. Percebe-se que não mediram esforços para mantê-los sempre em minoria.

Assim que os cargos ficam vagos na municipalidade, cabe à assembleia geral fazer a escolha de três indivíduos para cada posição vacante.

A maioria dos postos da prefeitura não está destinada a determinadas corporações, como constatei em várias outras constituições municipais, ou seja, os eleitores não estão obrigados a escolher um magistrado, um advogado etc., o que os membros do presidial consideram péssimo.

---

85. *Grosso modo*, "dupla e tripla barreira". Instituída pelo duque de Anjou em meados do século XIV, ou seja, nos quadros da Guerra dos Cem Anos, como uma contribuição extraordinária para custear a construção de uma fortificação em Angers, tornou-se permanente após uma concessão régia de Luís XI, em 1474. Duplicada já em 1477 e triplicada em 1638, tratava-se de uma designação complicada para a cobrança de tarifas sobre todos os produtos e mercadorias que entravam, saíam ou passavam pela cidade de Angers.

De acordo com esse mesmo presidial – que parece animado dos mais violentos rancores contra a municipalidade e o qual, desconfio seriamente, vê na falta de suficientes privilégios o único defeito da constituição municipal –, "a assembleia geral, muito numerosa e parcialmente composta por pessoas de pouca inteligência, só deveria ser consultada nos casos de alienação do domínio comunal, empréstimos, estabelecimentos de taxas e eleição dos funcionários municipais. Todos os demais assuntos poderiam ser deliberados em uma assembleia mais reduzida, composta exclusivamente de notáveis. Só poderiam compor essa assembleia o capitão-geral da senescalia, o procurador do rei e outros doze notáveis escolhidos entre as seis corporações (do clero, da magistratura, da nobreza, da universidade, do comércio, dos burgueses) ou fora delas. Pela primeira vez, a escolha dos notáveis ficaria a cargo da assembleia geral e, na sequência, da assembleia dos notáveis ou das corporações em que cada notável deve ser escolhido".

Todos esses funcionários do Estado, que assim participam como detentores de ofício ou como notáveis das municipalidades do Antigo Regime, assemelham-se muitas vezes aos funcionários de hoje pelo título da função que exercem e, não raro, inclusive pela natureza dessa função, apesar de diferirem profundamente pela posição, algo que nunca pode ser esquecido, sob pena de chegarmos a conclusões bastante equivocadas. Com efeito, quase todos esses funcionários eram notáveis da cidade antes de serem investidos com funções públicas ou haviam ambicionado as funções públicas para tornar-se notáveis; não tinham a menor intenção de abandoná-la e tampouco esperavam chegar mais alto, o que bastava para torná-los totalmente diferentes daquilo que conhecemos hoje.

*Memorial dos funcionários municipais.* Lemos que a municipalidade foi instituída em 1474, por Luís XI, sobre as ruínas da antiga constituição democrática da cidade, e sempre de acordo com o sistema indicado anteriormente, ou seja, restrição da maioria dos direitos políticos apenas para a classe média, afastamento ou enfraquecimento do elemento popular, grande número de oficiais municipais para atrair mais interessados na reforma, a nobreza hereditária prodigalizada e privilégios de toda espécie concedidos à fração da burguesia que administra.

Esse relatório também apresenta as cartas-patentes dos sucessores de Luís XI, os quais reconhecem, enquanto restringem ainda mais o poder do povo, essa nova constituição. Ele nos informa que, em 1485, as cartas-patentes outorgadas com essa finalidade por Carlos VIII foram criticadas diante do parlamento pelos habitantes de Angers, exatamente do mesmo modo com que na Inglaterra teriam encaminhado os processos relativos à constituição municipal perante uma corte de justiça. Em 1601, é ainda um decreto do parlamento que fixa os direitos políticos oriundos da carta régia. A partir dessa data, já não se vê nada além do conselho régio.

Conclui-se desse relatório que não só para a vaga de prefeito, mas também para todos os outros cargos da municipalidade, a assembleia geral apresenta três candidatos a serem escolhidos pelo rei, em virtude de um decreto do conselho régio de 22 de junho de 1708. Conclui-se igualmente que, em virtude dos decretos do conselho de 1733 e 1741, os comerciantes tinham o direito de reivindicar uma vaga de vereador ou de conselheiro (tais como os vereadores vitalícios). Finalmente, descobrimos que naquela época a municipalidade estava encarregada da repartição das somas recolhidas para a capitação, as ferramentas, o aquartelamento, a manutenção dos pobres, dos militares, da guarda costeira e das crianças abandonadas.

Segue o detalhamento bastante extenso da faina a que se submetem os funcionários municipais, e que, segundo eles, justificam plenamente os privilégios e a perpetuidade que demonstram grande receio em perder. Várias das razões que oferecem para seus trabalhos chegam a ser curiosas, tais como esta: "Suas ocupações mais essenciais", afirmam eles, "consistem no exame das questões financeiras continuamente crescentes pela dimensão cada vez maior conferida aos impostos indiretos, à gabela, aos controles, à verificação das atas, ao recebimento ilícito dos direitos de registro e das terras alodiais. As contestações que as companhias financeiras suscitam ininterruptamente a propósito dessas diferentes taxas obrigou-os a mover, em nome da cidade, processos em diversas jurisdições, parlamento ou conselho régio, a fim de resistir à opressão que os fazia gemer. A experiência e o exercício de trinta anos ensinaram-lhes que a vida humana quase não basta como garantia contra as armadilhas e as emboscadas que os arrematadores de todas as partes das companhias arrecadadoras[86] sempre reservam ao cidadão para conservar suas comissões".

Curiosamente, tudo isso foi escrito para o controlador-geral em pessoa, e para torná-lo favorável à manutenção dos privilégios daqueles que lhe escrevem, a tal ponto estava arraigado o hábito de considerar as companhias coletoras de impostos como um adversário sobre o qual se podia investir de todos os lados sem que ninguém visse nisso um erro. Foi esse hábito que, ampliando-se e fortalecendo-se cada vez mais, acabou por fazer do fisco um adversário odioso e mal-intencionado na visão dos franceses: não o agente de todos, mas o inimigo comum.

"A reunião de todos os ofícios", acrescenta o memorando, "ocorreu pela primeira vez na municipalidade por um decreto do conselho (de 4 de setembro de 1694), mediante o pagamento de 22 mil libras", ou seja, que os ofícios foram comprados de volta naquele ano por esse valor. Por um decreto de 26 de abril de 1723, reuniram novamente na municipalidade os funcionários municipais criados pelo édito de 24 de maio de 1722; em outras palavras, permitiu-se a recompra de tais ofícios

---

86. Também conhecidas como "fermes", eram companhias privadas de arrematadores de impostos (diretos e indiretos) cujo recrutamento ou nomeação dependia dos favores do ministro das Finanças e/ou da compra de um ofício ("office") pelos plebeus abastados, que assim logravam integrar-se aos poucos (não sem ressentimentos da parte dos nobres de velha cepa, também conhecidos como nobreza de espada) na ordem nobiliárquica. Como o Estado monárquico, após calcular o valor dos impostos, atribuía a cobrança deles a esses funcionários de caráter misto (ou seja, privados que desempenhavam uma função pública por excelência), os quais, por sua vez, buscavam ultrapassar aquela meta de todas as maneiras (pois ficavam com o excedente), podemos imaginar os abusos e os conflitos sociais decorrentes desse quadro. Para mais detalhes sobre a origem e o caráter desses cargos venais, consulte-se MOUSNIER, Roland. *La Vénalité des offices sous Henri IV et Louis XIII*. Maugard: Rouen, 1945.

pela cidade. Por outro decreto de 24 de maio de 1723, possibilitou-se à cidade o empréstimo de 120 mil libras para a aquisição dos referidos cargos. Um outro decreto, de 26 de julho de 1728, autorizou o empréstimo de 50 mil libras para a compra dos cargos de escrivão-secretário da prefeitura. "A cidade", afirma-se no memorial, "desembolsou esses valores para conservar a liberdade de suas eleições e permitir que seus funcionários – uns eleitos por dois anos, outros vitaliciamente – desfrutem das diversas prerrogativas vinculadas a seus cargos". Como uma parte dos funcionários municipais foi restaurada pelo édito de novembro de 1733, o conselho, a pedido dos prefeitos e dos vereadores, interveio com o decreto de 11 de janeiro de 1751, que fixou o preço dos resgates em 170 mil libras e para cujo pagamento concedeu-se a prorrogação das taxas alfandegárias durante quinze anos.

Eis uma boa amostra da administração do Antigo Regime com respeito às cidades. Levam-nas a contrair dívidas para, em seguida, permitir que criem impostos extraordinários e temporários para quitarem seus débitos. Acrescente-se a isso o fato, que constatei muitas vezes, de que mais tarde esses impostos provisórios se tornam permanentes, com o governo recebendo seu quinhão.

O memorial prossegue: "Os funcionários municipais só foram privados dos grandes poderes judiciários que Luís XI lhes concedera pelo estabelecimento das jurisdições régias. Estiveram a par das disputas entre mestres e artesãos até 1669. A prestação de contas das tarifas é entregue diante do intendente, ao critério de todos os decretos de criação ou prorrogação delas."

Observa-se igualmente nesse relatório que os deputados das 16 paróquias mencionadas e que integram a assembleia geral são escolhidos pelas companhias, corporações ou comunidades, de modo que não passam de mandatários do pequeno corpo que os elege e transmite instruções específicas para cada assunto.

Finalmente, a íntegra dessa memória deixa claro que em Angers, como em toda a França, os gastos, de qualquer ordem que fossem, deviam ser autorizados pelo intendente e pelo conselho. É preciso admitir que, quando se entrega a administração de uma cidade como propriedade exclusiva a certos homens, concedendo a eles, em vez de retribuições fixas, privilégios que os colocam pessoalmente fora do alcance dos efeitos que sua administração pode ter sobre a fortuna privada de seus concidadãos, a tutela administrativa pode parecer uma necessidade.

Não obstante sua redação bastante precária, ao longo de todo o memorando percebe-se, da parte dos detentores de cargos, um temor extraordinário de que se altere o estado presente das coisas. Todos os tipos de argumentos, bons ou ruins, são reunidos por eles no interesse da manutenção do *status quo.*

*Memorando do subdelegado.* O intendente, tendo lido esses dois relatórios em sentido oposto, quer ouvir o que tem a dizer seu subdelegado, o qual lhe responde:

"O memorando dos conselheiros municipais", diz ele, "não é digno de grande atenção, pois limita-se a defender os privilégios desses detentores de cargos. O relatório do presidial pode ser útil, embora não exista possibilidade de conferir todas as prerrogativas que esses magistrados reivindicam".

De acordo com esse subdelegado, há muito tempo que a constituição da prefeitura precisava ser melhorada. Além das imunidades que já conhecemos dos funcionários municipais de Angers, somos informados de que o prefeito, durante seu mandato, tinha uma moradia que custava 600 francos de aluguel, pelo menos; além dos 50 francos para os serviçais e mais 100 francos de custeio para as postagens, fora as gratificações. O procurador-síndico também era hospedado, assim como o escrivão. Para obterem a isenção dos impostos indiretos e das tarifas locais, os funcionários municipais estabeleceram uma previsão de consumo para cada um deles, com o propósito de autorizar a entrada, isenta de quaisquer taxas, de um certo número de barris de vinho ao ano, privilégio que se estendia para todos os tipos de gêneros.

Embora o subdelegado não propusesse a supressão das imunidades fiscais dos conselheiros municipais, desejava que a capitação dos últimos, em vez de fixa e insuficiente, fosse tributada anualmente pelo intendente. Pretendia que esses mesmos funcionários fossem submetidos, como todos os outros, ao dom gratuito[87], do qual se dispensaram não se sabe por meio de qual precedente.

Os funcionários municipais, prossegue o memorando, estão encarregados de elaborar as listas da capitação para os habitantes, uma obrigação que cumprem de forma leviana e arbitrária, causando um número enorme de reclamações e requerimentos dirigidos ao intendente. Seria preferível que doravante, no interesse de cada companhia ou comunidade, essa distribuição fosse feita por seus membros e de maneira geral e fixa. Os funcionários municipais permaneceriam encarregados somente da lista de capitação dos burgueses e de outros sem vínculos corporativos, como alguns artesãos e os domésticos de todos os privilegiados.

O memorando do subdelegado confirma o que os funcionários municipais já haviam dito: que os cargos municipais foram resgatados pela cidade, em 1735, pela soma de 170 mil libras.

*Carta do intendente ao controlador-geral.* Munido de todos esses documentos, o intendente escreve ao ministro: "É do interesse", diz ele, "dos habitantes e para o bem da coisa pública que se reduza a municipalidade cujo número excessivo de membros gera um encargo infinito ao público, em razão dos privilégios de que eles desfrutam."

"Estou impressionado", acrescenta o intendente, "com as enormes somas que, durante tanto tempo, foram desembolsadas em Angers na reaquisição dos ofícios municipais. Empregado em obras úteis, o montante desse dinheiro teria revertido

87. Tratava-se de uma contribuição voluntária feita pela ordem clerical ao erário régio, e a qual, nascida como uma doação voluntária no contexto das guerras de religião do século XVI, tornou-se permanente durante o reinado de Luís XIV. No entanto, no contexto em que alude Tocqueville, e como destacou Guizot em sua *Histoire de la Civilisation en France* (1830), tal contribuição podia recair sobre os plebeus, especialmente os comerciantes, segundo regras bem específicas do tempo e do lugar (isto é, províncias, *países de estados*, municipalidades etc.) e, conforme o caso, beneficiar o senhor local e não o tesouro régio. Em se tratando do último caso, ela nada tinha de "gratuita", exceto o nome.

em proveito da cidade, que, ao contrário, sentiu apenas o peso da autoridade e dos privilégios desses funcionários".

"Os abusos interiores dessa administração merecem total atenção do conselho", diz ainda o intendente. "Independentemente das gratificações e das velas, que consomem o valor anual de 2.127 libras (era o cálculo para gastos desse tipo indicado pelo orçamento regular, que de tempos em tempos o rei impunha às cidades), o tesouro público é dissipado e empregado em usos clandestinos ao arbítrio desses funcionários, e o procurador do rei, completando trinta ou quarenta anos da posse de seu cargo, tornou-se de tal modo o senhor da administração – cujas engrenagens só ele conhece –, que era impossível aos habitantes de qualquer época obter a mínima informação sobre o emprego dos rendimentos comunais." Consequentemente, o intendente solicita ao ministro que limite a administração da cidade a um prefeito nomeado por quatro anos, a seis vereadores nomeados por seis anos, a um procurador régio nomeado por oito anos, a um escrivão e um coletor vitalícios.

Ademais, a constituição que ele propôs a essa municipalidade é expressamente idêntica à que o mesmo intendente propõe em outro lugar para Tours. Segundo ele, é preciso:

1) conservar a assembleia geral, mas somente como corpo eleitoral destinado a eleger os funcionários municipais;
2) criar um conselho extraordinário de notáveis, que deverá desempenhar todas as funções que o édito de 1764 parecia conferir à assembleia geral. Composto de doze membros com mandato de seis anos, esse conselho seria eleito pelos doze corpos considerados notáveis (cada corpo elege o seu), e não pela assembleia geral. Ele designa como corpos notáveis: o presidial; a universidade; a eleição; os advogados e procuradores; os juízes-cônsules; os notários; os mercadores; os burgueses e os seguintes oficiais: de rios e florestas, do armazém de sal, das moedas e do tráfico negreiro.

Como foi observado, quase todos esses notáveis eram funcionários públicos e todos os funcionários públicos eram notáveis; podendo-se inferir disso, como inúmeras outras passagens desses dossiês sugerem, que a classe média era então igualmente ávida por cargos e buscava tão pouco quanto em nossos dias o campo de sua atividade fora das funções públicas. A única diferença, como mencionei no texto, era que naquela época comprava-se a pequena importância que os cargos conferem, ao passo que hoje os solicitantes pedem que lhes façam a mercê de oferecer-lhes gratuitamente.

Esse projeto demonstra que o poder municipal pertencia efetivamente ao conselho extraordinário, restringindo assim a administração a um minúsculo grupinho da burguesia. Na única assembleia em que o povo ainda aparecia um pouco, ela só estava encarregada da eleição dos funcionários municipais e não tinha mais conselhos a dar-lhes. É preciso destacar ainda que o intendente é mais restritivo e antipopular que o rei – que parecia em seu édito conceder as principais funções à assembleia geral –, e muito mais liberal e democrático que a burguesia, com base apenas no memorando a que me referi. Neste, os notáveis de uma outra cidade são favoráveis a excluir o povo até mesmo da eleição dos funcionários municipais, que o rei e o intendente facultam a ele.

Foi possível observar que o intendente serve-se das denominações de *burguês* e de *mercadores* para designar duas categorias distintas de notáveis, de modo que valeria a pena apresentar a definição exata desses termos para mostrar em quantos pequenos fragmentos essa burguesia estava cortada e quantas pequenas vaidades agiam sobre ela.

O termo burguês tinha um significado geral e um restrito: indicava os membros da classe média, mas também designava, no interior dessa classe, um certo número de homens. "Os burgueses são aqueles cujo nascimento e fortuna permitem viver decentemente sem se envolver em qualquer trabalho lucrativo", diz um dos memorandos produzidos pela sindicância de 1764. Nota-se no restante do memorando que o termo "burguês" não deve ser aplicado aos que fazem parte das companhias de impostos ou das corporações industriais, embora seja mais difícil apontar precisamente os casos em que ele se aplica. "Pois", sublinha ainda o mesmo memorando, "entre os que se arrogam o título de burguês, é muito frequente encontrarmos pessoas que só por sua ociosidade se encaixam nessa descrição; ademais, são desprovidas de fortuna e levam uma vida inculta e obscura. Ao contrário, os burgueses devem distinguir-se sempre por sua fortuna, por seu nascimento, por seus talentos, costumes e hábitos de vida. Os artesãos participantes das comunidades nunca foram chamados às fileiras dos notáveis".

Ao lado dos burgueses, os mercadores eram a segunda espécie de homens que não pertenciam quer a uma companhia, quer a uma corporação. Posto isso, quais eram os limites dessa pequena classe? "Pode-se confundir os mercadores de origem humilde e de pequeno comércio com os grandes atacadistas?" Para resolver tais dificuldades, a memória propõe que os vereadores elaborem anualmente um catálogo dos mercadores notáveis, o qual será enviado a seu chefe ou síndico a fim de que ele só convoque nas deliberações da prefeitura aqueles que ali estivessem inscritos. Terão o cuidado de não indicar para esse catálogo ninguém que tivesse sido doméstico, mascate, almocreve ou exercido outras funções inferiores.

## [17] (p. 84)

Uma das características mais marcantes do século XVIII, no que diz respeito à administração das cidades, não é tanto a abolição de toda representação e de toda intervenção do público nos assuntos quanto a extrema fluidez das regras a que essa administração está sujeita, sendo os direitos dados, tirados, devolvidos, ampliados, reduzidos e modificados de mil maneiras e ininterruptamente. Nada demonstra melhor o aviltamento em que tinham caído essas liberdades locais do que esse eterno revolvimento de suas leis, às quais ninguém parecia prestar atenção. Essa mobilidade por si só teria bastado para solapar de antemão qualquer ideia particular, qualquer gosto pelas lembranças, qualquer patriotismo local na instituição que, todavia, mais se presta a isso. Preparava-se assim a grande destruição do passado que a Revolução ia realizar.

## [18] (p. 85) UMA ADMINISTRAÇÃO DE ALDEIA NO SÉCULO XVIII. EXTRAÍDA DOS DOCUMENTOS DA INTENDÊNCIA DE ÎLE-DE-FRANCE.

O assunto que agora abordarei foi escolhido entre vários outros para, por meio de um exemplo, dar a conhecer algumas das formas adotadas pela administração paroquial e apontar a lentidão que as caracterizava na maioria das vezes. Por último, mostrarei o que era a assembleia geral de uma paróquia no século XVIII.

O fato em questão tratava da restauração do presbitério e do campanário de uma paróquia rural, aquela de Ivry, em Île-de-France. A quem se dirigir para obter a realização desses reparos? Como determinar os que devem arcar com as despesas? Como arrecadar a soma necessária?

I. Petição do pároco ao intendente, na qual se mostra: que o campanário e o presbitério necessitam de reparos urgentes; que seu antecessor, ao fazer construir no referido presbitério aposentos inúteis, alterou e deturpou por completo o inventário; e que, uma vez que os habitantes consentiram, cabe a eles, bem como aos herdeiros do pároco precedente, arcar com as despesas para recolocar as coisas em ordem.

II. Ordenação do monsenhor o intendente (29 de agosto de 1747) intimando a convocação, sob a supervisão do síndico, de uma assembleia para deliberar sobre a necessidade das operações reivindicadas.

III. Deliberação dos habitantes, pela qual se declaram favoráveis aos reparos do presbitério mas não aos do campanário, pois o campanário está construído sobre o coro, e o pároco, na condição de grande dizimista, tem a incumbência de reparar o coro. [Um decreto do conselho, do final do século precedente (de abril de 1695), realmente atribuía o reparo do coro a quem detivesse o direito de coletar os dízimos da paróquia, obrigando os paroquianos a manterem somente a nave.]

IV. Nova ordenação do intendente, que, diante dos fatos contraditórios, envia um arquiteto, o senhor Cordier, para proceder à visita e à descrição do presbitério e do campanário, elaborar o orçamento das obras e realizar a inspeção.

V. Ata de todas essas operações, relatando particularmente o fato de que certo número de proprietários de Ivry – que aparentam ser fidalgos, burgueses e camponeses locais – apresentou-se diante do enviado do intendente e fez registrar por escrito suas opiniões favoráveis ou contrárias às pretensões do pároco.

VI. Nova ordenação do intendente, informando que o orçamento elaborado por seu arquiteto será comunicado a proprietários e habitantes em uma nova assembleia geral, a ser convocada sob a supervisão do síndico.

VII. Nova assembleia paroquial em resposta a essa ordenação, na qual os habitantes declaram manter o que haviam dito.

VIII. Ordenação do monsenhor intendente, que prescreve: 1. Que se dará procedimento, diante de seu subdelegado em Corbeil, no palácio da prefeitura dessa localidade, à adjudicação dos trabalhos que foram orçados – adjudicação que será feita nas presenças do pároco, do síndico e dos principais habitantes da paróquia; 2. Que, diante do risco implicado na demora, uma cobrança de todo o valor será imposta aos habitantes, salvo aqueles que, insistindo na crença de que o campanário pertence ao coro e deve ser reparado pelo principal dizimista, recorrem à justiça comum.

IX. Intimação feita a todas as partes para que se apresentem à sede do subdelegado, em Corbeil, onde serão feitas as licitações e a adjudicação.

X. Requerimento do pároco e de vários habitantes, solicitando que os custos dos processos administrativos não sejam debitados, como de costume, ao adjudicatário, pois seus valores elevados poderiam impedir a contratação de algum.

XI. Ordenação do intendente, informando que as despesas realizadas na adjudicação serão retidas pelo subdelegado, custos que incluem a adjudicação e o imposto relativo à obra.

XII. Poderes conferidos por alguns habitantes notáveis ao senhor X., para assistir à referida adjudicação e autorizá-la a critério do arquiteto.

XIII. Certificado do síndico, informando que os editais e publicações costumeiras foram feitos.

XIV. Ata da adjudicação.

| | |
|---|---|
| Montante das reparações a fazer | 487 l. |
| Despesas envolvidas na adjudicação | 237 l. 18 s. 6 d. |
| | 724 l. 18 s. 6 d. |

XV. Enfim, decreto do conselho (23 de julho de 1748) que autoriza a cobrança destinada a cobrir aquele valor.

Foi possível observar como em todo esse processo mencionou-se a convocação por diversas vezes. Tenho diante de mim a ata da sessão de uma dessas assembleias, que mostrará ao leitor como as coisas geralmente se davam naquelas ocasiões.

Ata notarial: "Hoje, na saída da missa paroquial, no lugar trivial e de costume, após o toque do sino, compareceu à assembleia instaurada pelos habitantes da referida paróquia, diante do subscrito senhor X., notário em Corbeil, e das testemunhas doravante nomeadas, o senhor Michaud, viticultor, síndico da mesma paróquia, o qual apresentou o mandado do intendente que autoriza a assembleia, fez a leitura do documento e solicitou o registro de suas deliberações".

"E imediatamente apareceu um habitante daquela paróquia, o qual disse que o campanário estava sobre o coro e, por conseguinte, sob a responsabilidade do pároco; compareceram também (seguem os nomes de alguns outros que, em contrapartida, consentiam em admitir a solicitação do pároco). Em seguida, apresentaram-se quinze indivíduos (entre camponeses, jornaleiros, pedreiros, viticultores) que declaram apoio ao que foi dito pelos precedentes. Também marcou presença o senhor Raimbaud, viticultor, que declarou estar inteiramente de acordo com o que for decidido pelo monsenhor o intendente. Compareceu igualmente o senhor X., doutor pela Sorbonne, pároco, que persevera nas declarações e conclusões da petição. Desta, e de tudo o que foi dito anteriormente, os presentes solicitaram uma cópia. Assinada e aprovada no referido local de Ivry, diante do cemitério daquela paróquia, na presença do subscrito; foi interrompida para a redação do presente registro entre 11 e 14 horas."

Vemos que essa assembleia paroquial é apenas a uma sindicância administrativa, com as formas e o custo das sindicâncias judiciárias; que nunca chega a abrir uma votação e, portanto, a expressar a vontade da paróquia; que contém apenas opiniões individuais e não representa nenhum entrave à vontade do governo. De fato, aprendemos por vários outros documentos que a assembleia paroquial existia para esclarecer a decisão do intendente e não para criar-lhe empecilhos, mesmo quando se tratava única e exclusivamente do interesse da paróquia.

Reparamos também nos mesmos documentos que essa questão resultava em três sindicâncias: uma diante do notário, uma segunda diante do arquiteto e, por fim, uma terceira diante de dois notários, para saber se os habitantes persistem em suas posições anteriores.

O imposto de 524 libras e dez sous, determinado pelo decreto de 23 de julho de 1748, incide sobre todos os proprietários (privilegiados ou não), como quase sempre ocorrera para esses tipos de despesas, muito embora a base de cálculo utilizada para estabelecer a parte de uns e de outros fosse distinta. Os indivíduos submetidos à talha são taxados na proporção de sua talha, ao passo que os privilegiados o são em razão de sua fortuna presumida, ficando os últimos em grande vantagem em relação aos primeiros.

Enfim, essa mesma matéria revela que a divisão do valor de 524 l. e 10 s. era feita por dois coletores, os quais não eram eleitos, nem sorteados – como se via com muita frequência na época –, mas escolhidos e nomeados ao cargo pelo subdelegado e pelo intendente.

O pretexto alegado por Luís XIV para destruir a liberdade municipal das cidades fora a má administração de suas finanças. Todavia, como disse Turgot coberto de razão, o mesmo fato persistiu e agravou-se após a reforma realizada por esse príncipe. Hoje, acrescenta o economista, a maioria das cidades está consideravelmente endividada, em parte devido aos fundos que emprestaram ao governo, em parte devido às despesas ou decorações que os funcionários municipais, que dispõem do dinheiro de outrem e não têm de prestar contas aos habitantes nem destes receber instruções, multiplicam a fim de se tornar ilustres e às vezes de enriquecer.

## [19] (p. 88) O ESTADO ERA TUTOR DOS CONVENTOS, BEM COMO DAS COMUNAS. EXEMPLO DESSA TUTELA.

O controlador-geral, ao autorizar o intendente a depositar 15 mil libras no convento das carmelitas, a quem tinham de pagar os subsídios, recomenda ao intendente que se assegure de que esse dinheiro, que representa um capital, será investido de maneira útil. Fatos análogos chegam a todo instante.

## [20] (p. 92) COMO ERA NO CANADÁ QUE MELHOR SE PODIA APRECIAR A CENTRALIZAÇÃO ADMINISTRATIVA DO ANTIGO REGIME.

Nas colônias é onde melhor se pode avaliar a fisionomia do governo da metrópole, pois é nelas que geralmente todos os traços que a caracterizam aumentam e tornam-se mais visíveis. Quando quero examinar o espírito da administração de Luís XIV e seus vícios, é para o Canadá que devo ir. Percebe-se então as distorções do objeto como em um microscópio.

O Canadá não apresentava uma infinidade de obstáculos que os fatos anteriores ou o antigo estado social opunham, aberta ou veladamente, ao livre desenvolvimento do espírito do governo. A nobreza quase não se fazia mais presente ou pelo menos perdera quase todas suas raízes; a Igreja já não tinha sua posição dominante; as tradições feudais estavam abandonadas ou desvanecidas; o poder judiciário não estava mais enraizado em velhas instituições e velhos costumes. Nada impedia o poder central de abandonar-se a todas as suas inclinações naturais e de elaborar todas as leis de acordo com o espírito que o animava. Portanto, no Canadá não havia nem sombra de instituições municipais ou provinciais, nenhuma força coletiva autorizada, nenhuma iniciativa individual permitida. Um intendente com uma posição muito mais preponderante que a de seus equivalentes na França; uma administração intrometendo-se em muito mais coisas ainda do que na metrópole e querendo, da mesma maneira, fazer tudo de Paris, apesar das mil e oitocentas léguas que a separam de lá; que nunca adotava os grandes princípios que podem tornar uma colônia povoada e próspera, mas, em compensação, recorria a toda espécie de mesquinhos procedimentos artificiais e pequenas tiranias regulamentares para aumentar e espalhar a população: cultivo obrigatório, todos os processos derivados da concessão de terras retirados dos tribunais e entregues ao julgamento exclusivo da administração régia, obrigatoriedade de cultivar de determinada maneira, exigência de estabelecer-se em certos locais e não em outros etc. Tudo isso acontece sob Luís XIV e esses éditos são referendados por Colbert. Poderíamos pensar que já se está em plena centralização moderna e na Argélia. O Canadá é realmente a imagem fiel do que sempre se viu por lá. Em ambos os lados, estamos diante dessa administração quase tão numerosa quanto a população: preponderante, atuante, regulamentadora, restritiva, querendo prever tudo, encarregando-se de tudo, sempre mais a par dos interesses do administrado do que ele mesmo, incessantemente ativa e estéril.

Nos Estados Unidos, o sistema de descentralização dos ingleses intensifica-se em sentido contrário: as comunas tornam-se municipalidades quase independentes, espécies de repúblicas democráticas. O elemento republicano, que forma como que a base da constituição e dos costumes ingleses, manifesta-se sem obstáculos e se desenvolve. A administração propriamente dita faz poucas coisas na Inglaterra, e os particulares fazem muito; na América, a administração, por assim dizer, não intervém mais em nada, e os indivíduos, unindo-se, fazem tudo. A ausência das classes superiores, que torna o habitante do Canadá ainda mais submisso ao governo do que, na mesma época, o habitante da França, torna o das províncias inglesas cada vez mais independente do poder.

Em ambas as colônias chega-se ao estabelecimento de uma sociedade integralmente democrática; mas aqui, pelo menos enquanto o Canadá continuar sob o domínio francês, a igualdade mistura-se com o governo absoluto; nas colônias inglesas, combina-se com a liberdade. Quanto às consequências materiais dos dois métodos coloniais, sabe-se que em 1763, época da conquista, a população do Canadá era de 60 mil almas, e a das províncias inglesas era de três milhões.

## [21] (p. 93)
## EXEMPLO, ENTRE INÚMEROS OUTROS, DOS REGULAMENTOS GERAIS QUE O CONSELHO DE ESTADO DITAVA CONTINUAMENTE, OS QUAIS TINHAM AUTORIDADE LEGAL EM TODA A FRANÇA E CRIAVAM DELITOS ESPECIAIS QUE SÓ PODIAM SER JULGADOS PELOS TRIBUNAIS ADMINISTRATIVOS.

Apanho os primeiros que minhas mãos alcançam: decreto do conselho, de 29 de abril de 1779, estabelecendo que dali em diante os criadores e comerciantes de ovelhas de todo o reino deverão marcar seus animais de determinada maneira, sob pena de serem multados em 300 libras. Nele, Sua Majestade prescreve aos intendentes que dispensem especial atenção na execução do presente decreto, donde se segue que compete ao intendente pronunciar a pena da contravenção. Outro exemplo: decreto do conselho, de 21 de dezembro de 1778, que proíbe os condutores e os carroceiros de armazenar as mercadorias das quais estão encarregados, sob pena de 300 libras de multa; ordena Sua Majestade ao capitão-tenente de polícia e aos intendentes que mantenham estrita vigilância.

## [22] (p. 100)

A assembleia provincial da Alta Guyenne solicita, com grande alarde, o estabelecimento de novas brigadas de polícia montada, exatamente do mesmo modo como, em nossos dias, o conselho geral de Aveyron ou de Lot claramente exigem o estabelecimento de novas brigadas de polícia. É sempre a mesma ideia: a polícia representa a ordem, e a ordem não pode vir com a polícia senão do governo.

O relatório acrescenta: "Há queixas diárias da falta de qualquer polícia nos campos. Como haveria, se o nobre não se importa com nada, o burguês está na cidade, e a comunidade, representada por um camponês rústico, por sua vez não tem nenhum poder? Do mesmo modo, é preciso convir que, se excetuarmos alguns cantões cujos senhores justos e benevolentes se servem da influência que sua condição lhes confere sobre seus vassalos – para prevenir aquelas vias de fato a que os habitantes dos campos estão naturalmente inclinados pela rusticidade de seus costumes e pela dureza de seu caráter –, praticamente não existe em nenhuma outra parte qualquer meio para conter esses homens ignorantes, grosseiros e exaltados".

Eis como os nobres da assembleia provincial permitiam que falassem de si mesmos, e o modo com que os membros do Terceiro Estado, que por si sós ocupavam metade da assembleia, se referiam ao povo nos documentos públicos!

## [23] (p. 101)

As agências de tabaco eram tão requisitadas no Antigo Regime quanto em nossos dias. Os indivíduos mais ilustres solicitavam-nas para seus filhos. Encontro algumas que são dadas mediante recomendação de grandes damas, e há outras concedidas após solicitação de arcebispos.

## [24] (p. 102)

Essa completa extinção da via pública local havia então superado todos os limites imagináveis. Uma das estradas que conduziam do Maine à Normandia estava impraticável. Quem solicita seu reparo? A generalidade de Touraine, por onde ela passa? A província da Normandia ou a de Maine, grandemente interessadas no comércio de animais que acompanha esse estrada? Enfim, algum cantão particularmente prejudicado pelo mau estado dessa via? A generalidade, a província, os cantões estão mudos. É preciso que os mercadores, que utilizam aquela estrada e nela ficam presos, se encarreguem pessoalmente de chamar a atenção do governo central para este lado. Escrevem ao controlador-geral, em Paris, rogando-lhe que venha em seu auxílio.

## [25] (p. 108)

### VALOR MAIS OU MENOS ELEVADO DAS RENDAS OU FOROS SENHORIAIS, DE ACORDO COM AS PROVÍNCIAS.

Turgot afirma em suas obras: "Devo destacar que os direitos dessa espécie são de um valor totalmente distinto na maioria das províncias ricas, tais como a Normandia, a Picardia e nos arredores de Paris. Nestes últimos, a principal riqueza consiste no próprio produto das terras agrupadas em grandes herdades e cujos proprietários recolhem consideráveis rendimentos. As rendas senhoriais dos maiores domínios constituem apenas uma fatia bastante modesta do lucro, razão pela qual esse artigo é quase encarado como honorífico. Nas províncias menos ricas e cultivadas conforme princípios distintos, os senhores e os fidalgos praticamente não possuem terras próprias; extremamente divididas, as heranças são oneradas com volumosas rendas em grãos que submetem igualmente todos os coarrendatários. Tais rendas, que muitas vezes absorvem a principal parte do produto do solo, compõem praticamente todo o ganho dos senhores".

## [26] (p. 113)
## INFLUÊNCIA ANTICASTA DA DISCUSSÃO COLETIVA DAS QUESTÕES PÚBLICAS.

Os trabalhos de menor importância das sociedades de agricultura do século XVIII mostram a influência anticasta que a discussão comum exercia sobre os interesses coletivos. Apesar dessas reuniões acontecerem 30 anos antes da Revolução, em pleno Antigo Regime, e que se trate apenas de teorias, simplesmente por se debaterem questões nas quais as diferentes classes se sentem interessadas e discutem em conjunto, percebemos de imediato a aproximação e a união dos homens, vemos as ideias de reformas razoáveis apoderar-se dos privilegiados como dos outros, embora se trate apenas de conservação e de agricultura.

Estou convencido de que só um governo como o do Antigo Regime, que buscava sua força exclusivamente em si mesmo e sempre tomava os homens isoladamente, poderia ter mantido a ridícula e insensata desigualdade que existia na França no momento da Revolução; o mais ligeiro contato com o *self-government* a teria modificado profundamente e logo a transformaria ou destruiria.

## [27] (p. 113)

As liberdades provinciais podem subsistir durante algum tempo sem que a liberdade nacional exista, quando essas liberdades são antigas, ligadas aos hábitos, aos costumes e às lembranças, e o despotismo, ao contrário, é recente; mas é insensato imaginar que se possam criar liberdades locais ao bel-prazer, ou mesmo mantê-las por muito tempo, quando se suprime a liberdade geral.

## [28] (p. 113)

Numa memória dirigida ao rei, Turgot resume da seguinte maneira – a qual me parece bastante exata – a real dimensão dos privilégios dos nobres em matéria fiscal:

> 1) Os privilegiados podem aplicar a isenção total da talha a um arrendamento de quatro arados, sobre o qual incidem geralmente, nos arredores de Paris, dois mil francos de imposto.

2) Os mesmos privilegiados não pagam absolutamente nada pelos bosques, prados, vinhedos, lagoas, bem como pelas terras cercadas adjuntas aos seus castelos, de qualquer extensão que sejam. Há cantões cuja principal produção provém dos prados ou dos vinhedos. Nesses casos, o nobre que manda administrar suas terras isenta-se de qualquer imposto, que recai sobre os que estão sujeitos à talha. Esta segunda vantagem é imensa.

## [29] (p. 114)

### PRIVILÉGIO INDIRETO EM MATÉRIA TRIBUTÁRIA. DIFERENÇA NA ARRECADAÇÃO, MESMO QUANDO A TAXA É COMUM.

Também a esse respeito, Turgot elabora um quadro que tenho razões para crer exato, como mostram os documentos.

"As vantagens indiretas dos privilegiados em matéria de capitação são enormes. A capitação é um imposto arbitrário por sua natureza, pois é impossível reparti-la sobre a totalidade dos cidadãos de outro modo que não às cegas. Julgou-se mais cômodo tomar por base as listas da talha, que já estavam totalmente prontas. Fez-se uma lista particular para os privilegiados; porém, como estes se defendem e os sujeitos à talha não têm ninguém que fale por eles, seguiu-se que a capitação dos primeiros foi sendo pouco a pouco reduzida, nas províncias, a um valor extremamente módico, ao passo que a capitação dos segundos foi quase igual ao substancial da talha."

### OUTRO EXEMPLO DA DESIGUALDADE NA ARRECADAÇÃO DE UMA TAXA COMUM.

Com respeito aos impostos locais, é sabido que a taxa era cobrada de todo mundo, "cujos valores", informam os decretos do conselho que autorizam esses tipos de dispêndio, "serão cobrados de todos os sujeitos à jurisdição do juizado local, isentos ou não isentos, privilegiados ou não privilegiados, sem nenhuma exceção, conjuntamente com a capitação ou uma parcela dela".

Destacar que, como a capitação dos submetidos à talha, somada a esta, era comparativamente sempre maior que a capitação do privilegiado, a desigualdade reaparecia até mesmo sob a forma que mais parecia excluí-la.

### MESMO ASSUNTO.

Em um projeto de édito de 1764, que almeja criar a igualdade fiscal, encontro todos os tipos de disposições com o propósito de conservar uma exceção aos privilegiados na arrecadação. Entre outras coisas, observo que todas as medidas visando determinar, naquilo que lhes concerne, o valor do conteúdo tributável, só podem ser adotadas na presença deles ou de seus representantes legais.

## [30] (p. 114)
## COMO O PRÓPRIO GOVERNO RECONHECIA QUE OS PRIVILÉGIOS ERAM FAVORECIDOS NA PERCEPÇÃO, MESMO QUANDO A TAXA ERA COMUM.

"Vejo", escreve o ministro de 1766, "que a parte dos impostos devida pelos nobres e privilegiados é a que sempre suscita mais dificuldades na arrecadação, em razão das deferências que os coletores das talhas se julgam obrigados a observar em relação a eles, que ficam com restos muito antigos e altamente consideráveis a pagar de sua capitação e de seus vigésimos (impostos que lhes eram comuns com o povo)".

## [31] (p. 121)

Encontramos em *Voyage d'Arthur Young en 89* uma pequena cena na qual esse estado das duas sociedades é tão agradavelmente retratado e tão bem emoldurado que não posso resistir à tentação de incluí-la aqui.

Young, atravessando a França em meio à primeira emoção causada pela tomada da Bastilha, é detido em uma determinada aldeia por uma tropa de populares que, ao verem que ele não ostenta o emblema tricolor, querem conduzi-lo à prisão. Para livrar-se do apuro, ocorreu a Young fazer-lhes este pequeno discurso:

"Senhores, acabam de dizer que os impostos devem ser pagos como antes. Os impostos realmente devem ser pagos, mas não como antes. É preciso pagá-los como na Inglaterra. Temos muitas taxas que vocês não têm, mas o Terceiro Estado, o povo, não as paga, pois recaem apenas sobre o rico. Em nosso país, cada janela é paga, mas quem só tem seis janelas em sua casa nada paga. Um senhor paga os vigésimos e as talhas, mas o pequeno proprietário de um jardim não paga nada. O rico paga por seus cavalos, suas carruagens, seus criados: paga até mesmo para ter a liberdade de caçar suas próprias perdizes; o pequeno proprietário permanece alheio a todas essas taxas. E ainda há mais!

Temos na Inglaterra uma taxa que o rico paga para socorrer o pobre. Portanto, se tivermos de continuar pagando impostos, é preciso pagá-los de outro modo. O método inglês é bem melhor". E Young acrescenta: "Como o meu péssimo francês combinava consideravelmente com o seu dialeto, compreenderam-me muito bem; não houve uma só palavra desse discurso que não merecesse sua aprovação, razão pela qual pensaram que eu podia ser um homem de bem, o que confirmei gritando: *Viva o Terceiro Estado!* E, então, deixaram-me passar com um hurra!"

## [32] (p. 123)

A Igreja de X., na circunscrição de Chollet, estava caindo em ruínas; tratava-se de restaurá-la de acordo com o modelo indicado pelo decreto de 1684 (de 16 de dezembro), ou seja, com o auxílio de um imposto cobrado de todos os habitantes. Assim que os coletores se dispõem a cobrar esse imposto, o marquês X., senhor da paróquia, declara que, como se encarrega sozinho do reparo do coro, não pretende contribuir com aquela taxação; cobertos de razão, os outros habitantes replicam que, como senhor e grande dizimista (certamente detinha os dízimos enfeudados[88]), ele está obrigado a reparar o coro sozinho e não pode subtrair-se ao encargo comum. Em seguida interveio uma ordenação do intendente, declarando que o marquês estava errado e autorizando a ação dos coletores. O dossiê conta com mais de dez cartas daquele marquês, cada uma mais inoportuna que a outra, solicitando com alarde que o restante da paróquia pague a sua parte e, para consegui-lo, dignando-se a tratar o intendente de *monsenhor* e até mesmo fazer-lhe súplicas.

## [33] (p. 124)
## EXEMPLO DO RESPEITO QUE O GOVERNO DO ANTIGO REGIME MANIFESTAVA PELOS DIREITOS ADQUIRIDOS, PELOS CONTRATOS FORMAIS E PELAS LIBERDADES DAS CIDADES OU DAS ASSOCIAÇÕES.

Declaração régia "suspendendo, nos tempos de guerra, o reembolso de todos os empréstimos feitos pelas cidades, vilarejos, colégios, comunidades, administrações de hospitais e asilos, instituições de caridade, corporações de artes e ofícios, entre outros, que quitam seus débitos e se reembolsam pelo produto das taxas ou direitos por nós concedidos", diz a declaração, "em virtude dos referidos empréstimos, cujos juros continuam contando".

Isso implica não apenas a suspensão do reembolso no período indicado no contrato firmado com os credores, mas também um duro golpe à garantia dada em resposta à dívida. Semelhantes medidas, que fervilham no Antigo Regime, jamais teriam sido praticadas sob um governo fiscalizado pela opinião pública ou pelas assembleias. Compare-se isso com o que sempre aconteceu nesses tipos de situações na Inglaterra e mesmo na América. O desprezo pelo direito é tão flagrante aqui quanto o desdém pelas liberdades locais.

## [34] (p. 125)

O caso citado neste texto está longe de ser o único em que os privilegiados haviam percebido que o direito feudal que pesava sobre o camponês também incidia sobre eles. Eis o que declarava uma sociedade agrícola, composta inteiramente de privilegiados, trinta anos antes da Revolução: "Quando as rendas não amortizáveis, ou seja, feudais, que incidem sobre os bens fundiários atingem somas um pouco consideráveis, elas se tornam tão onerosas ao devedor que acarretam

88. Direito de cobrança que alguns leigos adquiriam junto ao clero mediante pagamento.

respectivamente a ruína dele e do próprio patrimônio. Não podendo encontrar meios para obter empréstimos sobre um patrimônio muito onerado nem compradores interessados nele, é obrigado a negligenciá-lo. Se essas rendas fossem amortizáveis, não faltariam ao foreiro arruinado oportunidades de empréstimo para amortizar sua dívida ou compradores capazes de reembolsar o patrimônio e a renda. É sempre mais confortável manter e melhorar um bem livre que se acredita tranquilamente possuir. A descoberta de meios viáveis que possibilitem a amortização de tais rendas representaria um grande incentivo à agricultura. Muitos proprietários de feudos, persuadidos dessa verdade, não hesitariam em aderir a arranjos dessa espécie. Assim, seria muito interessante encontrar e apontar medidas práticas que consigam realizar essa liberação das rendas fundiárias".

## [35] (p. 127)

Todas as funções públicas, mesmo a dos arrematadores de impostos, eram retribuídas com imunidades fiscais, privilégios que lhes foram concedidos pela declaração régia de 1681. Em uma carta de 1782 que um intendente endereça ao ministro, lê-se: "Entre os privilegiados, não há classe tão numerosa quanto a dos empregados das gabelas, dos transportes, dos domínios, dos correios, das tarifas e de outras agências arrematadoras de toda espécie. Há poucas paróquias em que não estão presentes e em várias encontram-se até dois ou três deles".

Tratava-se de dissuadir o ministro, de propor ao conselho um decreto para ampliar a imunidade fiscal aos empregados e domésticos desses privilegiados, imunidades cuja extensão era incessantemente solicitada pelos arrematadores gerais para, de acordo com o intendente, dispensar do pagamento os agraciados com tal concessão.

## [36] (p. 127)

Os ofícios não eram totalmente desconhecidos em outros lugares. Na Alemanha, alguns príncipes menores haviam introduzido vários deles, mas em número reduzido e nas esferas menos importantes da administração pública. O sistema era globalmente adotado apenas na França.

## [37] (p. 130)

Ninguém deve ficar surpreso, embora isso pareça muito estranho e efetivamente o seja, ao ver no Antigo Regime os funcionários públicos, vários dos quais pertencem à administração propriamente dita, recorrerem ao parlamento para saber o limite de seus diferentes poderes. Isso se torna compreensível quando se imagina que todas essas disputas eram simultaneamente questões de administração pública e de direito privado. O que aqui se toma como uma invasão do poder judiciário era tão somente uma consequência do erro que o governo cometera ao colocar esses cargos públicos à venda. Como os cargos eram postos à venda e cada funcionário recebia em razão das ações que desempenhava, era impossível mudar a natureza da função sem lesar um direito que fora adquirido do governo predecessor. Eis um exemplo entre milhares: o tenente-geral de polícia de Mans sustenta um longo processo contra a secretaria da Fazenda daquela cidade, para provar que a incumbência do policiamento das ruas devia torná-lo encarregado de realizar todos os atos relativos à pavimentação delas, bem como definir o custo dessas ações. Em resposta, a secretaria observou que a pavimentação das ruas foi-lhe atribuída pelo próprio título de sua comissão. Dessa vez, a decisão não coube ao conselho régio: como se trata principalmente do interesse do capital engajado na aquisição de um ofício, é o parlamento que decide. A questão administrativa transformou-se em processo civil.

## [38] (p. 131)
## ANÁLISE DOS CADERNOS DA NOBREZA EM 1789.

Creio que a Revolução Francesa seja a única em cujo início as diferentes classes puderam dar separadamente um testemunho autêntico da ideia que haviam concebido e revelar os sentimentos que as animavam, antes que essa mesma Revolução tivesse desvirtuado ou modificado estes sentimentos e estas ideias. Como todos sabem, esse testemunho autêntico foi registrado nos cadernos que as três ordens redigiram em 1789. Esses cadernos ou memórias foram redigidos com plena liberdade, em meio à maior divulgação, por cada uma das ordens às quais diziam respeito; foram longamente discutidos entre os interessados e refletidos com maturidade por seus redatores; pois o governo daquela época, quando se dirigia à ação, não se encarregava de formular ao mesmo tempo a pergunta e a resposta. Na época em que se redigiram os cadernos, suas partes principais foram reunidas em três volumes impressos que se veem em todas as bibliotecas. Os originais estão depositados nos arquivos nacionais, encontrando-se com eles as atas das assembleias que os redigiram, bem como parte da correspondência entabulada na mesma época entre o sr. Necker e seus agentes a propósito dessas assembleias. Formando uma longa série de tomos *in folio*, esta coleção é o documento mais sério que nos resta da antiga França e o que deve ser constantemente consultado por quem quiser conhecer o estado de espírito dos nossos pais no momento em que a Revolução eclodiu.

Pensava que o extrato em três volumes mencionado anteriormente talvez fosse obra de um partido e não reproduzisse exatamente o caráter desse imenso inquérito; mas, comparando um ao outro, encontrei a maior semelhança entre o grande quadro e a cópia reduzida.[89]

89. Conforme assinalou J.-P Mayer em sua edição revisada do *L'Ancien Régime et la Révolution* (publicada em 1964 pela Gallimard), Tocqueville refere-se aqui à obra *Résumé ou Extrait des Cahiers de Pouvoirs, Instructions, Demandes e Doléances, Remis par les Divers Bailliages,*

O resumo dos cadernos da nobreza que agora apresento mostra o que a grande maioria dessa ordem realmente pensava. Nele se vê claramente o que ela queria obstinadamente preservar dos antigos privilégios, o que estava inclinada a ceder, e o que ela mesma se dispunha a sacrificar. Acima de tudo, descobre-se cabalmente o espírito que a animava por inteiro com respeito à liberdade política. Triste e curioso quadro!

*Direitos individuais.* Antes de mais nada, os nobres reivindicam que seja feita uma declaração explícita dos direitos que pertencem a todo ser humano, e que essa declaração confirme sua liberdade e garanta sua segurança.

*Liberdade da pessoa.* Desejam que seja abolida a servidão da gleba onde ela ainda exista e que se procurem os meios de destruir o tráfico e a escravidão dos negros; que cada um seja livre para viajar ou fixar residência onde quiser, seja dentro ou fora do reino, sem risco de ser preso arbitrariamente; que se corrija o abuso dos regulamentos de polícia e que a polícia esteja de agora em diante nas mão dos juízes, mesmo em caso de insurreição; que ninguém possa ser preso e julgado, a não ser por seus juízes naturais; que, por conseguinte, as prisões do Estado e outros locais de detenção ilegais sejam suprimidos. Alguns pedem a demolição da Bastilha. A nobreza de Paris insiste principalmente nesse ponto.

Todas as cartas *lettres de cachet* devem ser proibidas.[90] Se o risco para o Estado tornar necessária a detenção de um cidadão sem que ele seja entregue imediatamente aos tribunais comuns de justiça, é preciso adotar medidas para impedir os abusos, seja informando a prisão ao conselho de Estado, seja de qualquer outra maneira.

A nobreza quer a abolição de todas as comissões particulares, todos os tribunais de especiais ou de exceção, todos os privilégios de *committimus*[91], relaxamento de prisão etc., e que as penas mais severas sejam aplicadas contra os que ordenem ou executem uma ordem arbitrária; que na jurisdição comum, a única que deve ser conservada, sejam tomadas as medidas necessárias para garantir a liberdade individual, principalmente em matéria penal; que a justiça seja prestada gratuitamente e as jurisdições inúteis sejam suprimidas. "Os magistrados são instituídos para o povo, e não o povo para os magistrados", diz um caderno. Pede-se inclusive que em cada bailiado seja estabelecido um conselho e defensores gratuitos para os pobres; que a instrução seja pública e que se dê aos litigantes a liberdade de fazer autodefesa; que, nas matérias penais, se ofereça um conselho ao acusado e que em

---

*Sénéchaussées et Pays d'Etats du Royaume, à leurs Députés à l'Assemblée des Etats Généraux, Ouverts à Versailles le 4 mai 1789 par une Société de Gens de Lettres* (*Resumo geral ou extrato dos poderes, instruções, pedidos e queixas, remetido pelos diversos Bailiados, Senescalias e países de estados do Reino aos seus deputados na Assembleia dos Estados-gerais, inaugurados em Versalhes em 4 de maio de 1789, por uma Sociedade de Homens de Letras*).

90. Cartas com o selo régio contendo ordens de exílio ou mandados de prisão sem julgamento prévio.

91. Privilégio concedido a algumas pessoas de defenderem suas causas perante juízes e em tribunais especialmente escolhidos para os seus casos.

todas as etapas do processo o juiz seja assistido por certo número de cidadãos da mesma ordem do acusado, os quais serão encarregados de pronunciar-se sobre o crime ou delito do réu (a respeito disso aludem à constituição inglesa); que as penas sejam proporcionais aos delitos e iguais para todas as pessoas; que a pena de morte se aplique com menor frequência e todos os suplícios corporais, torturas etc., sejam suprimidos; enfim, que a condição dos presos seja melhorada, principalmente a dos réus.

De acordo com os cadernos, devem-se buscar os meios necessários para que se respeite a liberdade individual no recrutamento das tropas terrestres e da marinha. Deve-se permitir que a obrigação militar seja convertida em prestação pecuniária e impedir que se faça a triagem sem a presença de uma deputação das três ordens reunidas; enfim, é preciso compatibilizar os deveres da disciplina e da subordinação militar com os direitos do cidadão e do homem livre. Os açoites de sabre serão abolidos.

*Liberdade e inviolabilidade da propriedade.* Pede-se que a propriedade seja inviolável e que não se possa agir em seu prejuízo, salvo por motivo de utilidade pública indispensável. Nesse caso, o governo deverá pagar uma indenização elevada e sem demora. O confisco deve ser abolido.

*Liberdade do comércio, do trabalho e da indústria.* A liberdade da indústria e do comércio deve ser assegurada. Por conseguinte, as mestrias e outros privilégios concedidos a certas companhias serão abolidos; as divisões alfandegárias serão transferidas para as fronteiras.

*Liberdade de religião.* A religião católica será a única dominante na França, mas todos gozarão de liberdade de consciência e os não católicos serão reintegrados em seu estado civil e em suas propriedades.

*Liberdade de imprensa, inviolabilidade do sigilo postal.* A liberdade de imprensa será garantida e uma lei determinará previamente as restrições que se lhe possam aplicar em nome do interesse geral. A censura eclesiástica só deve vigorar para os livros alusivos ao dogma; quanto ao restante, basta tomar as precauções necessárias a fim de conhecer os autores e os editores. Vários pedem que os delitos de imprensa só possam submeter-se ao julgamento dos jurados.

Os cadernos insistem, sobretudo e unanimemente, na necessidade de, inviolavelmente, se respeitar os segredos confiados aos correios, de modo que, dizem, as cartas não possam tornar-se um documento ou meio de acusação. Afirmam sem rodeios que a abertura das cartas é a mais odiosa espionagem, uma vez que consiste na violação da fé pública.

*Ensino, educação.* Os cadernos da nobreza limitam-se a pedir que se trate ativamente do incentivo à educação, que seja estendida às cidades e aos campos, e que seja dirigida de acordo com os princípios compatíveis com o destino presumível das crianças; que sobretudo se ofereça a estas uma educação nacional, ensinando-lhes seus deveres e direitos como cidadãos. Querem até mesmo que se redija um catecismo que coloque ao alcance delas os pontos principais da constituição. Por outro lado, não indicam os meios que seriam empregados para facilitar e difundir a instrução; limitam-se a exigir estabelecimentos educacionais para os filhos da nobreza indigente.

*Cuidados que se deve ter para com o povo.* Um grande número de cadernos insiste em que se dê mais atenção ao povo. Vários reclamam contra o abuso dos regulamentos de polícia, que, segundo dizem, costumam arrastar, arbitrariamente, sem julgamento regular e muitas vezes por pequenas faltas ou mesmo por simples suspeitas, uma multidão de artesãos e de cidadãos úteis para as prisões, casas de correção etc., o que é um atentado contra a liberdade natural. Todos os cadernos solicitam que a corveia seja definitivamente abolida. A maioria dos bailiados deseja que se permita o resgate dos direitos de banalidade e de pedágio. Um grande número pede que se torne menos pesada a cobrança de vários direitos feudais e a abolição do direito de feudo livre. Um caderno diz que o governo está interessado em facilitar a compra e a venda das terras. Esta é precisamente a razão que será dada para abolir de uma só vez todos os direitos senhoriais e colocar à venda os bens de mão-morta[92]. Muitos cadernos querem que o direito de pombal se torne menos prejudicial à agricultura. Quanto aos estabelecimentos destinados a conservar a caça do rei, conhecidos pelo nome de capitanias, solicitam sua abolição imediata por serem atentatórios ao direito de propriedade. Pretendem que se substituam os impostos atuais por taxas cuja cobrança seja menos onerosa para o povo.

A nobreza pede que se procure difundir a riqueza e o bem-estar nos campos; que se criem estabelecimentos de fiação e tecelagem de tecidos grosseiros nas aldeias, a fim de ocupar as pessoas do campo durante a estação ociosa; que em cada bailiado se criem armazéns públicos supervisionados pelas administrações provinciais, para evitar a escassez e manter o preço dos produtos a um certo nível; que se procure aperfeiçoar a agricultura e melhorar a condição nos campos; que façam mais obras públicas e, especialmente, que tratem de drenar os pântanos e prevenir as inundações etc., que, finalmente, distribuam em todas as províncias incentivos ao comércio e à agricultura.

Os cadernos queriam que se repartissem os hospitais em pequenos estabelecimentos criados em cada distrito; que fossem abolidos os depósitos de mendicância, substituindo-os por oficinas de caridade; que se criassem fundos emergenciais sob a direção dos estados provinciais, e que os cirurgiões, médicos e parteiras fossem distribuídos nos distritos, às expensas das províncias, para atender gratuitamente os pobres; que a justiça fosse sempre gratuita para o povo; por fim, que se pensasse em criar estabelecimentos para cegos, surdos e mudos, crianças abandonadas etc.

Por outro lado, em todas essas matérias a ordem da nobreza limita-se geralmente a expressar seus anseios de reforma sem entrar em grandes detalhes de execução. Nota-se que conviveu menos do que o baixo clero com as classes inferiores e que o menor contato com sua miséria refletiu menos nos meios de remediá-la.

*Sobre a admissibilidade às funções públicas, a hierarquia das classes e os privilégios honoríficos da nobreza.* É sobretudo, ou melhor, é apenas no que se refere à

92. *Grosso modo*, representavam os bens possuídos por congregações religiosas, corporações ou hospitais, e os quais nunca eram colocados à venda no mercado.

hierarquia das classes e à diferença de condições que a nobreza se afasta do espírito geral das reformas solicitadas e, ao mesmo tempo que faz certas concessões importantes, prende-se aos princípios do Antigo Regime. Percebe que aqui combate em prol de sua própria existência. Assim, seus cadernos insistem em pedir que o clero e a nobreza sejam mantidos como ordens distintas. Desejam até que se busquem meios de conservar em toda sua pureza a ordem da nobreza; que, por conseguinte, se proíba a compra do título de fidalguia em troca de dinheiro, que ele não seja mais atribuído a certos ofícios mas apenas por merecimento após longos e úteis serviços prestados ao Estado. Desejam que os falsos nobres sejam investigados e processados. Enfim, todos os cadernos insistem em que a nobreza seja mantida com todas as suas honrarias. Alguns querem que se dê aos fidalgos um emblema distintivo que os torne reconhecíveis exteriormente.

Não se poderia imaginar nada mais característico do que um pedido como esse e mais adequado para demonstrar a perfeita similitude que já existia entre o nobre e o plebeu, a despeito da diferença de condições. Em geral, a nobreza, que em seus cadernos se mostra bastante flexível a respeito de vários de seus direitos úteis, prende-se com um ardor inquieto aos seus privilégios honoríficos. Quer conservar todos os que possui e gostaria de inventar outros que nunca teve, de tanto que já se sente arrastada pelas ondas da democracia e receia dissolver-se nelas. Fato singular! Tem o instinto deste perigo mas não sua percepção!

Quanto à distribuição dos cargos, os nobres pedem que a venalidade dos ofícios seja suprimida para os postos da magistratura; que, quando se trata desta espécie de empregos, todos os cidadãos possam ser apresentados pela nação ao rei e nomeados indistintamente por ele, desde que atendam aos requisitos de idade e de capacidade. Para as graduações militares, a maioria pensa que o Terceiro Estado não deve ser excluído e que todo militar que tiver servido bem a pátria tem o direito de alcançar os postos mais eminentes. "A ordem da nobreza não aprova nenhuma das leis que impedem o ingresso da ordem do Terceiro Estado nos empregos militares", dizem alguns cadernos. Os nobres querem que se reserve exclusivamente para eles o direito de ingressar como oficial em um regimento sem antes ter passado pelas patentes inferiores. Ademais, quase todos os cadernos exigem que se estabeleçam regras fixas e aplicáveis a todos para a distribuição das patentes do exército, que elas não dependam mais inteiramente do favor e que se chegue aos demais graus, que não os de oficial superior, por direito de antiguidade.

Quanto às funções clericais, a nobreza em seus cadernos pede que se restabeleça a eleição para a distribuição dos benefícios, ou que pelo menos o rei crie um comitê que possa esclarecê-lo na repartição deles.

Enfim, dizem que doravante as pensões devem ser distribuídas com mais discernimento, que convém que elas não estejam mais concentradas em certas famílias, e que nenhum cidadão possa ter mais de uma pensão nem receber emolumentos de mais de um cargo ao mesmo tempo; que as sobrevivências[93] sejam eliminadas.

93. Remontando ao período carolíngio, as sobrevivências eram um favor régio, concedido mediante pagamento, que autorizava o ocupante de um cargo não hereditário a indicar seu substituto.

*Igreja e clero.* Quando já não se trata de seus direitos e de sua constituição particular e sim dos privilégios e da organização da Igreja, a nobreza já não observa tão de perto; ali tem os olhos bem abertos para os abusos.

Pede que o clero não tenha privilégio de imposto e que pague suas dívidas sem transferi-las à nação; que as ordens monásticas sejam profundamente reformadas. A maioria dos cadernos declara que esses estabelecimentos se afastam do espírito de sua instituição.

A maior parte dos bailiados quer que os dízimos se tornem menos nocivos à agricultura e muitos deles passam a exigir até sua abolição. "A parte mais considerável dos dízimos", diz um caderno, "é cobrada por aqueles párocos que menos se empenham em proporcionar auxílios espirituais ao povo". Vê-se que em suas observações a segunda ordem era pouco cautelosa em relação à primeira. Tampouco agem de maneira mais respeitosa com relação à própria Igreja. Vários bailiados reconhecem formalmente aos Estados-gerais o direito de suprimir certas ordens religiosas e de aplicar seus bens a outro uso. Dezessete bailiados declaram que os Estados-gerais são competentes para regulamentar a sua disciplina. Muitos dizem que há dias festivos em excesso, prejudicando a agricultura e favorecendo a embriaguez, e que, portanto, é preciso extinguir um grande número deles, transferindo-os para o domingo.

*Direitos políticos.* Quanto aos direitos políticos, os cadernos reconhecem a todos os franceses o direito de participar direta ou indiretamente do governo, ou seja, o direito de eleger e ser eleito, mas conservando a hierarquia das classes, para que ninguém possa nomear nem ser nomeado fora de sua ordem. Uma vez fixado esse princípio, deve-se estabelecer o sistema de representação de modo a garantir que todas as ordens da nação tenham a possibilidade de participar ativamente na direção dos assuntos públicos.

Quanto à maneira de votar na assembleia dos Estados-gerais, as opiniões dividem-se: a maioria quer um voto separado para cada ordem; uns pensam que se deve abrir exceção a esta regra para o voto do imposto; outros, enfim, pedem que seja assim sempre. "Os votos serão contados por cabeça e não por ordem", dizem aqueles, "pois só esta forma é razoável e só ela pode afastar e aniquilar o egoísmo corporativo – fonte única de todos os males –, aproximar os homens e conduzi-los ao resultado que a nação tem o direito de esperar de uma assembleia em que o patriotismo e as grandes virtudes serão fortalecidos pelas luzes". Todavia, como no estado atual dos espíritos esta inovação muito abrupta poderia ser perigosa, vários pensam que só se deve adotá-la com precaução e que a assembleia deve julgar se não seria mais prudente adiar o voto por cabeça aos próximos Estados-gerais. Em todos os casos, a nobreza pede que cada ordem possa conservar a dignidade devida a todo francês; que, por conseguinte, sejam abolidas as formalidades humilhantes a que o Terceiro Estado estava sujeito no Antigo Regime, como o ajoelhar-se por exemplo, pois "o espetáculo de um homem ajoelhado perante um outro fere a dignidade humana e proclama, entre seres iguais por natureza, uma inferioridade incompatível com seus direitos fundamentais", diz um caderno.

*Sobre o sistema a estabelecer na forma de governo, e sobre os princípios da Constituição.* Quanto à forma de governo, a nobreza pede a manutenção da constituição monárquica, a conservação dos poderes legislativo, judiciário e executivo na pessoa do rei, mas, ao mesmo tempo, o estabelecimento de leis fundamentais destinadas a garantir os direitos da nação no exercício de seus poderes.

Por conseguinte, todos os cadernos proclamam que a nação tem o direito de reunir-se em Estados-gerais, compostos por um número de membros em quantidade suficiente para garantir a independência da assembleia. Desejam que esses Estados passem a reunir-se em épocas periódicas fixas, bem como em cada nova sucessão ao trono, sem que haja necessidade de cartas de convocação. Muitos bailiados até declaram que seria desejável que esta assembleia fosse permanente. Se a convocação dos Estados-gerais não ocorresse no prazo indicado pela lei, seria permitido recusar o imposto. Um pequeno número quer que, no intervalo de tempo entre uma e outra reunião dos Estados-gerais, seja estabelecida uma comissão intermediária encarregada de supervisionar a administração do reino. Porém, a grande maioria dos cadernos opõe-se formalmente ao estabelecimento dessa comissão, declarando que ela seria totalmente contrária à constituição. A razão que oferecem é curiosa: temem que uma assembleia tão pequena se deixe seduzir pelas instigações do governo na presença deste.

A nobreza quer que os ministros não tenham o direito de dissolver a assembleia e que sejam punidos juridicamente quando lhe perturbarem a ordem com seus conluios; que nenhum funcionário, nenhum indivíduo minimamente dependente do governo possa ser deputado; que a pessoa dos deputados seja inviolável e que estes, dizem os cadernos, não possam ser processados pelas opiniões emitidas; enfim, que as sessões da assembleia sejam públicas e que, para melhor atrair a atenção da nação às suas deliberações, estas sejam difundidas pela imprensa.

A nobreza pede unanimemente que os princípios que devem reger o governo do Estado sejam aplicados à administração das diversas partes do território; que, consequentemente, em cada província, em cada distrito, em cada paróquia se constituam assembleias compostas de membros livremente eleitos e para um prazo limitado.

Vários cadernos consideram que as funções de intendentes e de cobradores gerais devem ser suprimidas; todos acham que doravante as assembleias provinciais devem ser as únicas encarregadas de repartir o imposto e de fiscalizar os interesses particulares da província. Entendem que o mesmo deve ocorrer com as assembleias distritais e paroquiais, que passariam a depender apenas dos estados provinciais.

*Distinção dos poderes. Poder Legislativo.* Quanto à distinção dos poderes entre a nação reunida em assembleia e o rei, a nobreza pede que nenhuma lei possa ter validade sem antes ter sido aprovada pelos Estados-gerais e pelo rei, e transcrita no registro dos tribunais encarregados de manter sua execução; que cabe exclusivamente aos Estados-gerais estabelecer e determinar o valor do imposto;

que os subsídios que forem concedidos só vigorem no intervalo de tempo entre uma e outra reunião dos estados; que todos os que tivessem sido arrecadados ou instituídos sem o consentimento dos Estados sejam declarados ilegais, e que os ministros e arrecadadores responsáveis por ordenar e receber tais impostos sejam processados como concussionários.

Que tampouco se conceda qualquer empréstimo sem a autorização dos Estados-gerais; que se abra apenas um crédito fixado pelos Estados e o qual poderá ser usado pelo governo em caso de guerra ou de grandes calamidades, sob a condição de convocar os Estados-gerais no prazo mais curto.

Que todos os depósitos nacionais sejam postos sob a supervisão dos Estados-gerais; que as despesas de cada departamento sejam fixadas por eles, e que sejam tomadas as medidas mais seguras para que os recursos votados não possam ser excedidos.

A maioria dos cadernos deseja que se solicite a extinção daqueles impostos vexatórios conhecidos como direitos de registro, centésimos e homologação, reunidos sob a denominação de Administração das rendas do rei: "A simples denominação já bastaria para ofender a nação, pois anuncia como pertencentes ao rei objetos que integram uma parte real da propriedade dos cidadãos", diz um caderno; também pedem que todos os domínios que não forem alienados sejam colocados sob administração dos estados provinciais, e que nenhuma ordenança, nenhum édito anunciando a criação de impostos possam ser decretados sem o consentimento das três ordens da nação.

A nobreza tem a clara intenção de conferir à nação toda a administração financeira, tanto na regulamentação dos empréstimos e impostos como na cobrança desses impostos, por intermédio das assembleias gerais e provinciais.

*Poder judiciário.* Do mesmo modo, na organização judiciária a nobreza tende a subordinar o poder dos juízes, pelo menos em grande parte, à nação reunida em assembleia. Assim, vários cadernos declaram:

"Que os magistrados responderão pelo exercício de seus cargos perante a nação reunida em assembleia"; que só poderão ser destituídos com o consentimento dos Estados-gerais; que nenhum tribunal poderá, sob pretexto algum, ser obstruído no exercício de suas funções sem o consentimento desses estados; que as prevaricações do supremo tribunal de justiça, bem como a dos parlamentos, serão julgadas pelos Estados-gerais. De acordo com a maioria dos cadernos, os juízes só devem ser nomeados pelo rei após uma proposta feita pelo povo.

*Poder executivo.* Quanto ao poder executivo, este é reservado exclusivamente ao rei, mas com os limites necessários para prevenir os abusos.

Assim, no tocante à administração, os cadernos pedem que o estado contábil dos diferentes departamentos seja publicado pela imprensa, e que os ministros sejam responsáveis perante a nação reunida em assembleia; da mesma forma, que antes de empregar tropas na defesa externa, o rei comunique com exatidão suas intenções aos Estados-gerais. Internamente, essas mesmas tropas só poderão ser empregadas contra os cidadãos mediante requisição dos Estados-gerais. O contingente das tropas deverá ser limitado e somente dois terços permanecerão no segundo efetivo em tempos normais. Quanto às tropas estrangeiras que o governo poderá ter a seu soldo, ele deverá afastá-las do centro do reino e enviá-las para as fronteiras.

O que mais impressiona na leitura dos cadernos da nobreza, mas que nenhum resumo conseguiria reproduzir, é o grau de inserção desses nobres em seu tempo: têm o seu espírito e empregam fluentemente sua linguagem. Falam dos *direitos inalienáveis do homem*, dos *princípios inerentes ao pacto social.* Quando se trata do indivíduo, preocupam-se geralmente com seus direitos e, quando se trata da sociedade, com os deveres dela. Os princípios da política parecem-lhes *tão absolutos quanto os da moral, sendo a razão a base comum de ambos.* Quando querem abolir o que resta da servidão: *trata-se de apagar até os últimos vestígios da degradação da espécie humana.* Por vezes, referem-se a Luís XVI como *um rei cidadão* e em várias ocasiões mencionam o crime de *lesa-nação* que lhes será tantas vezes imputado. A seus olhos como aos de todos os outros, deve-se esperar tudo da educação pública, que deve ser dirigida pelo Estado. *Os Estados-gerais*, diz um caderno, *buscarão inspirar um caráter nacional por meio de mudanças na educação das crianças.* Como o restante de seus contemporâneos, mostram um gosto vivo e contínuo pela uniformidade legislativa, exceto no que diz respeito à existência das ordens. Querem a uniformidade administrativa, a uniformidade de pesos e medidas etc., tanto quanto o Terceiro Estado; indicam toda espécie de reformas e pretendem que sejam radicais. Acham que todos os impostos, sem exceção, devem ser abolidos ou transformados, e o sistema judicial totalmente alterado, exceto as justiças senhoriais, que necessitam apenas ser aperfeiçoadas. A exemplo dos demais franceses, veem a França como um campo de experimentação, uma espécie de fazenda-modelo em política, onde tudo deve ser revolvido e experimentado, exceto em um cantinho em que crescem seus privilégios particulares; assim mesmo, é preciso dizer em honra desses nobres que mesmo este não é praticamente poupado por eles. Numa palavra, conclui-se pela leitura desses cadernos que só lhes faltou serem plebeus para fazerem a Revolução.

## [39] (p. 131) EXEMPLO DO GOVERNO RELIGIOSO DE UMA PROVÍNCIA ECLESIÁSTICA EM MEADOS DO SÉCULO XVIII.

1) O arcebispo.
2) Dois vigários-gerais.
3) Duas comissões eclesiásticas, denominadas *oficialidade*: uma, chamada de *oficialidade metropolitana*, analisa as sentenças dos litigantes; a outra, denominada *oficialidade diocesana*, verifica:

a) assuntos pessoais envolvendo os clérigos; e

b) a validade dos matrimônios, no tocante ao sacramento.

Este último tribunal compõe-se de três juízes e conta com notários e procuradores sob seu vínculo.

4) Dois tribunais fiscais.

Um, denominado *junta diocesana*, analisa em primeira instância todos os assuntos relativos às tributações do clero na diocese (sabemos que o clero tributava-se a si mesmo). Presidida por um arcebispo, esta corte compunha-se de outros seis padres.

A outra corte julga em última instância os casos remetidos às outras juntas diocesanas da província eclesiástica. Todos esses tribunais admitem a presença de advogados e permitem o amplo direito de defesa.

## [40] (p. 132)
## ESPÍRITO DO CLERO NOS ESTADOS E ASSEMBLEIAS PROVINCIAIS.

O que acabo de afirmar no texto sobre os estados do Languedoc também se aplica às assembleias provinciais reunidas nos anos de 1779 e 1787, principalmente na Alta Guyenne. Os membros do clero estão entre os representantes mais esclarecidos, mais ativos e mais liberais daquela assembleia provincial. A proposta de publicar as atas da assembleia partiu do bispo de Rodez.

## [41] (p. 133)

Essa disposição liberal dos padres em matéria política, que se observa em 1789, não era tão somente o produto de um entusiasmo momentâneo, pois já podia ser vista em uma época muito anterior. Mostra-se, sobretudo na província de Berry, desde 1779, pela oferta de 68 mil libras em doações voluntárias feitas pelo clero, sob a única condição de que a administração provincial fosse mantida.

## [42] (p. 134)

Reparem bem como a sociedade política não continha mais vínculos, muito embora a sociedade civil ainda os tivesse. Os indivíduos estavam ligados uns aos outros no interior das classes; restava até alguma coisa do vínculo estreito que existira entre a classe senhorial e o povo. Apesar de isso ocorrer na sociedade civil, seus impactos podiam ser percebidos na sociedade política: os homens assim ligados constituíam massas irregulares e desorganizadas, mas refratárias às mãos do poder. A Revolução, ao quebrar esses vínculos sociais sem estabelecer vínculos políticos no lugar deles, preparou ao mesmo tempo a igualdade e a servidão.

## [43] (p. 135)
## EXEMPLO DE COMO OS TRIBUNAIS SE EXPRESSAVAM EM OCASIÃO DE CERTOS ATOS ARBITRÁRIOS.

De um memorando submetido à leitura do controlador-geral, em 1781, por iniciativa do intendente da generalidade de Paris, conclui-se que era uma prática comum daquela generalidade que as paróquias tivessem dois síndicos, um eleito pelos habitantes em uma assembleia presidida pelo subdelegado, o outro escolhido pelo intendente e responsável por supervisionar o primeiro. Na paróquia de Rueil, surgiu uma disputa entre ambos os síndicos, com o síndico eleito negando-se a obedecer ao síndico escolhido. O intendente obteve do sr. de Breteuil a promessa de impor uma prisão de 15 dias ao síndico eleito, que foi efetivamente preso e posteriormente destituído, cedendo sua vaga a outro síndico. A esse respeito, o Parlamento de Paris, apelado no requerimento do síndico aprisionado, inicia um procedimento cujo desfecho não encontrei, no qual se lê que a prisão do apelante e a cassação de sua eleição só podem ser vistas como *ações arbitrárias e despóticas*. A justiça daquela época às vezes chegava a ser bastante franca!

## [44] (p. 137)

Longe de serem oprimidas e subjugadas durante o Antigo Regime, pode-se dizer que as classes esclarecidas e abastadas, incluindo a burguesia, eram cada vez mais livres para fazer o que lhes convinha, uma vez que o poder régio não ousava impedir que seus membros criassem constantemente uma posição de destaque para si mesmos, em detrimento do povo, e quase sempre acreditava que tinha a obrigação de lhes fazer tais concessões, para obter sua simpatia ou pôr um fim em sua má vontade. É possível afirmar que, no século XVIII, um francês pertencente àquelas classes tinha cada vez mais facilidade para resistir ao governo e obrigá-lo a prover-lhe, situação que um cidadão inglês da mesma época e da mesma condição não encontraria. O governo francês julgara-se às vezes obrigado a ter em relação a ele uma postura mais moderada e uma ação mais tímida que o governo inglês jamais se acreditou obrigado a dispensar a um cidadão da mesma categoria: tamanho é o erro em que se incorre ao confundir a independência com a liberdade. Não há nada menos independente do que um cidadão livre.

## [45] (p. 137)
## RAZÃO QUE FORÇAVA COM FREQUÊNCIA, NA ANTIGA SOCIEDADE, O GOVERNO ABSOLUTO A MODERAR-SE.

Apenas o aumento dos antigos impostos, e sobretudo a criação de novos, eram capazes, nos períodos de normalidade, de gerar grandes incômodos ao governo e de comover o povo. Na antiga constituição financeira da Europa, quando um príncipe tinha inclinações perdulárias, quando ele se lançava em uma política aventureira, quando permitia o descontrole das finanças, ou ainda quando precisava de dinheiro para garantir seu poder – obtendo o apoio de muitas pessoas por meio dos altos lucros e dos elevados salários que auferiam sem tê-los conquistado, mantendo numerosos exércitos, empreendendo grandes obras etc. –, via-se na obrigação de recorrer o mais rápido possível aos impostos, o que despertava e agitava imediatamente todas as classes, especialmente aquela que torna as revoluções violentas, o povo. Um governante de hoje na mesma situação faz empréstimos, cujos efeitos imediatos são quase imperceptíveis e cujo resultado final só será sentido pela geração seguinte.

## [46] (p. 138)

Entre inúmeros casos desse tipo, descubro que os principais domínios localizados na eleição de Mayenne estavam arrendados aos arrematadores de impostos, que tomavam os pequenos agricultores miseráveis, que não tinham nenhum pertence e só recebiam os utensílios mais necessários, como seus subarrendatários. Percebe-se que semelhantes arrematadores não deviam poupar os arrendatários ou devedores do antigo senhor feudal que os colocara em seu lugar, e que sob o seu controle o feudalismo pudesse parecer frequentemente mais rígido do que durante a Idade Média.

## [47] (p. 138)
## OUTRO EXEMPLO.

Os habitantes de Montzabon fizeram com que a talha incidisse sobre os administradores do ducado que estavam a serviço do príncipe de Rohan, embora esses administradores só explorassem o solo em nome do último. Tal príncipe (que certamente era muito rico) não apenas interrompeu *este abuso* e apelou à justiça contra ele, como também obteve a indenização de uma soma no valor de 5.344 libras e 15 sous que lhe haviam feito pagar indevidamente, e que seria cobrada dos habitantes.

## [48] (p. 141)
## EXEMPLO DO MODO PELO QUAL OS DIREITOS PECUNIÁRIOS DO CLERO ALIENAVAM-LHE AS SIMPATIAS DAQUELES CUJO ISOLAMENTO DEVERIA APROXIMAR DELE.

O pároco de Noisai entende que os habitantes estão obrigados a reparar seu celeiro e seu lagar, e solicita uma tributação local para este fim. O intendente responde que os habitantes só estão obrigados a reparar o presbitério: o celeiro e o lagar permanecerão ao encargo daquele pastor, mais preocupado com sua herdade do que com o seu rebanho (1767).

## [49] (p. 142)

Num dos memorandos que os camponeses enviaram, em 1788, como resposta a uma pesquisa realizada pela assembleia provincial – memorando este escrito com clareza e num tom moderado –, encontra-se o seguinte: "Aos abusos da cobrança da talha, juntam-se ainda aqueles cometidos pelos beleguins. Apresentam-se geralmente em cinco ocasiões durante a percepção da talha, e, o mais das vezes, são soldados aposentados ou guardas-suíços. A cada viagem, hospedam-se durante quatro ou cinco dias na paróquia e são taxados em 36 sous por dia pela agência da receita das talhas. Quanto à repartição das talhas, nada diremos sobre os abusos sobejamente conhecidos do arbítrio, nem sobre os danos causados pelas listas de pagamento produzidas muitas vezes por funcionários incompetentes e quase sempre parciais e vingativos. Portanto, estiveram na origem das disputas e das discórdias, e geraram processos extremamente dispendiosos para os litigantes e profundamente vantajosos às sedes das eleições".

## [50] (p. 143)
## SUPERIORIDADE DOS MÉTODOS ADOTADOS NOS *PAÍSES DE ESTADOS*, RECONHECIDA ATÉ MESMO PELOS FUNCIONÁRIOS DO GOVERNO CENTRAL.

Em uma carta confidencial, escrita em 3 de junho de 1772 pelo diretor dos impostos ao intendente, lê-se: "Como nos *países de estados* o imposto era de um *tantième*[94] fixo, todos os contribuintes estão sujeitos a ele e o pagam efetivamente. Durante a repartição, o aumento do *tantième* é proporcional ao aumento requerido pelo rei sobre o total que deve ser fornecido (um milhão, por exemplo, ao invés de 900 mil libras). Trata-se de uma operação simples, ao passo que, na generalidade, a repartição é pessoal e, por assim dizer, arbitrária: enquanto uns pagam o que devem e outros só quitam a metade, há quem pague um terço, um quarto ou absolutamente nada. Diante disso, como submeter o imposto a um novo aumento?"

## [51] (p. 145)
## DO MODO PELO QUAL, A PRINCÍPIO, OS PRIVILEGIADOS ASSOCIAVAM OS AVANÇOS DA CIVILIZAÇÃO ÀS ESTRADAS.

Em uma carta endereçada ao intendente, o conde de X queixa-se da pouca urgência com que tratam de abrir uma estrada de sua vizinhança. Afirma que o

94. *Grosso modo*, era uma unidade de medida tributária, calculada sobre o valor total das propriedades de determinada circunscrição administrativa, e a qual incidia proporcional e variavelmente sobre cada contribuinte (isto é, acompanhava o fluxo do mercado imobiliário da jurisdição).

subdelegado é o responsável por isso, pois este não aplica a energia necessária no cumprimento de suas funções nem obriga os camponeses a realizar suas corveias.

## [52] (p. 145)
## PRISÃO ARBITRÁRIA PELA CORVEIA.

Exemplo: vê-se na carta de um grande preboste, de 1768: "Ontem, atendendo ao requerimento de M. C., o subengenheiro, ordenei a prisão de três homens por descumprimento de suas corveias, o que gerou comoção entre as mulheres da aldeia, que gritavam: *Vejam vocês! Pensam nos pobres quando se trata da corveia, mas não dão a mínima para sua subsistência*!"

## [53] (p. 145)

Os recursos para abrir estradas eram de dois tipos: 1º) o principal era a corveia, para todas as grandes obras que só exigiam o trabalho; 2º) o menor, obtido de um imposto geral cujo produto era colocado à disposição do corpo de viação e obras públicas, era para viabilizar as obras complexas. Os privilegiados, isto é, os principais proprietários, os maiores interessados nas estradas, não contribuíam em nada com a corveia, e como, além disso, a taxa do corpo de viação e obras públicas era agregada à talha e recolhida como ela, esses privilegiados estavam igualmente isentos de ambas.

## [54] (p. 146)
## EXEMPLO DAS CORVEIAS PARA TRANSPORTAR OS PRISIONEIROS.

Vemos, por uma carta de 1761 que um comissário assistente da polícia carcerária enviou ao intendente, que os camponeses eram forçados a transportar os prisioneiros em carroças, que eles o faziam com extrema má-vontade e que sofriam frequentes maus-tratos dos guardas-carcereiros, "visto que", diz o comissário, "os guardas são pessoas grosseiras e brutais, e os camponeses, que fazem tal serviço à revelia, são muitas vezes insolentes".

## [55] (p. 146)

Turgot, em sua descrição das inconveniências e dos rigores da corveia empregada no transporte dos efetivos militares, não me pareceu exagerar após a leitura dos dossiês. Entre outras coisas, diz que a primeira inconveniência está na extrema desigualdade de uma tarefa por si só tão árdua, pois recai inteiramente sobre um pequeno número de paróquias que têm a infelicidade de estarem sujeitas a isso. A distância a percorrer geralmente é de cinco, seis, e às vezes de dez ou quinze léguas, o que exige, portanto, três dias entre a ida e a volta. O pagamento concedido aos proprietários representa apenas a quinta parte de seus tributos. A execução dessa corveia coincide quase sempre com o verão, a época das colheitas. Os bois ficam quase sempre sobrecarregados e, não raro, adoecidos após serem empregados nela, a tal ponto que um grande número de proprietários prefere doar entre 15 e 20 libras a fornecer uma carroça e quatro bois. Por fim, ali impera uma desordem inevitável, com o camponês incessantemente exposto à violência dos militares. Os oficiais quase sempre exigem o que não lhes é devido e às vezes forçam os condutores a atrelar seus cavalos de sela às charretes, sob o risco de estropiá-los. Os soldados são conduzidos em carroças já totalmente sobrecarregadas; em outras ocasiões, impacientes com a lentidão dos bois, açoitam os animais com suas espadas, e o camponês que quiser fazer alguma representação passa a ser muito malvisto.

## [56] (p. 146)
## EXEMPLO DE COMO A CORVEIA APLICAVA-SE A TUDO.

O intendente da marinha de Rochefort queixa-se da má-vontade dos camponeses, obrigados pela corveia a carregar as madeiras de construção compradas pelos fornecedores da marinha de diversas províncias. Com efeito, essa correspondência revela que os camponeses ainda estavam obrigados (em 1775) a executar aquela corveia, cujo preço era fixado pelo intendente. O ministro da Marinha, que remete essa carta ao intendente de Tours, informa-lhe que é preciso fornecer as carroças solicitadas. O intendente, o sr. Ducluzel, nega-se a autorizar esses tipos de corveias. O ministro da Marinha escreve-lhe uma carta ameaçadora, na qual anuncia que dará testemunho de sua resistência ao rei. O intendente responde (em 11 de dezembro de 1775) pronta e peremptoriamente que, durante os dez anos de sua intendência em Tours, nunca quis autorizar tais corveias, em razão dos inevitáveis abusos que elas acarretam, abusos que o valor fixado para as carroças não alivia; "pois", segundo ele, "os animais são estropiados pelo peso das enormes peças que estão obrigados a transportar por caminhos tão ruins quanto as temporadas em que são comandados". O que torna esse intendente tão renitente parece ser uma carta, anexa aos documentos, do sr. Turgot, a qual, datada de 30 de julho de 1774, época de sua posse no ministério, informa que ele jamais autorizou tais corveias em Limoges, e aprova a decisão do sr. Ducluzel de não aplicá-las em Tours.

Outras partes dessa correspondência revelam que os fornecedores de madeira exigiam até com certa frequência essas corveias – sem que a isso estivessem autorizados pelas negociações estabelecidas entre eles e o Estado –, pois isso lhes proporcionava ao menos um terço de economia nos custos de transporte. Um exemplo desse ganho é dado por um subdelegado: "Distância para transportar as madeiras do local onde são abatidas até o rio, por meio de caminhos de travessia quase impraticável", diz ele, "seis léguas; tempo gasto para ir e vir, dois dias.

Ao passar aos corveáveis, para sua indenização, o pé cúbico em razão de seis *liards*[95] por légua, isso custará 13 francos e 10 sous para a viagem, o que mal basta para cobrir a despesa do pequeno proprietário, aquela de sua ajuda e dos bois ou cavalos que devem atrelar-se à sua charrete. Seus esforços, seu tempo, o trabalho de seus animais, tudo foi desperdiçado para ele". Em 17 de maio de 1776, a autorização régia para mandar executar essa corveia foi intimada ao intendente pelo ministro. Falecido o sr. Ducluzel, seu sucessor, o sr. l'Escalopier, apressa-se em obedecer e publica uma ordenança, informando que "o subdelegado fará a divisão do encargo entre as paróquias, a fim de que os diversos corveáveis das paróquias em questão sejam obrigados a se apresentar, no horário e local prescritos pelos síndicos, no lugar em que se encontram as madeiras, carregando-as pelo preço a ser determinado pelo subdelegado".

## [57] (p. 153)

Afirmou-se que o caráter da filosofia do século XVIII era uma espécie de adoração da razão humana, uma confiança ilimitada em sua onipotência para transformar ao seu alvedrio as leis, as instituições e os costumes. Mas deixemos algo bem claro: na verdade, o que alguns desses filósofos adoravam era menos a razão humana do que sua própria razão. Nunca ninguém mostrou menos confiança na sabedoria comum do que eles. Poderia citar vários que desprezavam quase tanto a multidão quanto o bom Deus. Mostravam um orgulho de rivais para com este e um orgulho de novos-ricos para com aquela. A verdadeira e respeitosa submissão ante as vontades da maioria era-lhes tão estranha quanto a submissão às vontades divinas. Desde então, quase todos os revolucionários demonstraram esse duplo caráter. Estamos muito longe do respeito testemunhado pelos ingleses e americanos aos sentimentos da maioria dos seus concidadãos. Entre eles, a razão é altiva e segura, mas nunca insolente; por isso conduziu à liberdade, ao passo que a nossa só inventou novas formas de servidão.

## [58] (p. 161)
## EXEMPLO DO TRATAMENTO GERALMENTE DISPENSADO AOS CAMPONESES.

Estamos em 1768. O rei concede dois mil francos de desconto da talha à paróquia de *Chapelle-Blanche*, próxima a Saumur. O pároco pretende separar uma parte desse valor, a fim de mandar construir um campanário e livrar-se dos ruídos que, segundo ele, o incomodam de seu presbitério. Os habitantes resistem e fazem queixas. O subdelegado tomou o partido do pároco e ordenou a busca e apreensão de três dos principais habitantes da paróquia durante a noite.

95. Moeda de prata comum em algumas regiões do Antigo Regime francês.

Outro exemplo: mandado régio para manter durante 15 dias na prisão uma mulher que insultou dois cavaleiros da polícia montada. Outro mandado para prender por 15 dias um tecelão de seda que fez comentários desairosos à polícia montada. O intendente responde ao ministro que já ordenou a prisão daquele homem, aprovada categoricamente pelo ministro. As injúrias proferidas à polícia montada ocorreram em ocasião da violenta prisão dos mendigos, medida que, tudo indica, teria revoltado a população. O subdelegado informa que, durante a prisão do tecelão, avisou o público de que os novos insultos à polícia seriam punidos com maior severidade.

Nota-se pela correspondência dos subdelegados e do intendente (1760-1770) que as ordens do último para deter as pessoas nocivas eram menos para levá-las a julgamento do que para mantê-las presas. O subdelegado solicita ao intendente a prisão perpétua de dois indigentes que mandara prender. Um pai reclama da prisão de seu filho, detido como vagabundo por viajar sem documentos. Um proprietário de X. solicita a prisão de um homem, seu vizinho, que veio morar em sua paróquia, recebeu sua ajuda, mas que se conduziu de maneira bastante imprópria em relação à sua pessoa e o incomoda. O intendente de Paris roga a seu congênere de Rouen que faça a gentileza de atender ao pedido daquele proprietário, que é seu amigo.

Aos que pretendem a libertação dos mendigos, o intendente responde "que o asilo de mendigos não deve ser encarado como uma prisão, mas tão somente como uma casa destinada a reter por *correção administrativa* os que mendigam e os vagabundos". Este conceito insinuou-se até no Código Penal, a tal ponto as tradições do Antigo Regime foram bem conservadas nessa matéria.

## [59] (p. 163)

Frederico, o Grande, escreveu em suas memórias: "Os Fontenelle e os Voltaire, os Hobbes, os Collins, os Shaftesbury[96] e os Bolingbroke, esses grandes homens desferiram um golpe mortal à religião. Os homens começaram a examinar o que haviam estupidamente adorado; a razão solapou a superstição e tomou-se aversão pelas fábulas em que haviam acreditado. O deísmo atraiu inúmeros seguidores. Se o epicurismo tornou-se funesto ao culto idólatra dos pagãos, o deísmo não o foi menos em nossos dias para as visões judaicas adotadas por nossos ancestrais. A liberdade de pensamento reinante na Inglaterra muito contribuía para os progressos da filosofia".

---

96. Anthony Ashley-Cooper, o terceiro conde de Shaftesbury (1671-1713), parlamentar *whig* e filósofo inglês, cuja principal obra – *Characteristics of Men, Manners, Opinions, Times* (*Características dos homens, maneiras, opiniões e tempos*, 1711) – exerceu grande influência sobre a Ilustração francesa e europeia; Anthony Collins (1676-1729), autor do *Discourse of Freethinking* (*Discurso do livre-pensamento*, 1713). Para maiores informações sobre esses filósofos "livre-pensadores" ingleses, leia-se a magistral obra de VENTURI, Franco. *Utopia e Reforma no Iluminismo*. Bauru: Edusc, 2003; em especial o Capítulo 2.

Vê-se pela passagem anterior que, no momento em que redigia estas linhas, isto é, em meados do século XVIII, Frederico, o Grande, considerava ainda nessa época a Inglaterra como o lar das doutrinas irreligiosas. Essas memórias mostram algo mais impressionante: um dos soberanos mais versados na ciência dos homens e dos assuntos públicos, que não parece suspeitar da utilidade política das religiões por terem sido a tal ponto alteradas suas qualidades espirituais pelos defeitos do espírito de seus mestres.

## [60] (p. 179)

Esse espírito de progresso, observável na França em fins do século XVIII, manifestava-se na mesma época em toda a Alemanha, e em toda parte era igualmente acompanhado pelo desejo de mudar as instituições. Vejam este quadro que um historiador alemão descreveu sobre o que acontecia então em seu país:

"Na segunda metade do século XVIII", diz ele, "o novo espírito do tempo introduziu-se gradualmente nos próprios territórios eclesiásticos. Começam a passar por reformas. A indústria e a tolerância penetram por toda parte; o absolutismo esclarecido, que já se apoderara dos grandes Estados, é visto até por aqui. É preciso dizer que em nenhum momento do século XVIII esses territórios eclesiásticos haviam visto príncipes tão notáveis e tão dignos de estima quanto precisamente durante as últimas décadas que precederam a Revolução Francesa".

Vale destacar o quanto esse quadro assemelha-se ao que apresentava a França, onde o movimento de melhoria e de progresso começa na mesma época e onde os homens mais dignos de governar aparecem no momento em que a Revolução vai devorar tudo.

Deve-se reconhecer também a que ponto toda essa parte da Alemanha estava visivelmente sendo arrastada pelo movimento da civilização e pela política francesa.

## [61] (p. 180)

### COMO AS LEIS JUDICIÁRIAS INGLESAS PROVAM QUE AS INSTITUIÇÕES PODEM TER MUITOS VÍCIOS SECUNDÁRIOS SEM QUE ISSO AS IMPEÇA DE ALCANÇAR O OBJETIVO PRINCIPAL QUE SE TINHA EM MENTE AO ESTABELECÊ-LAS.

Esta faculdade que as nações têm de prosperar, a despeito da imperfeição presente nas partes secundárias de suas instituições, quando os princípios gerais, o próprio espírito que anima essas instituições, são fecundos, esse fenômeno nunca fica mais evidente do que quando se examina a organização da justiça entre os ingleses do século passado, tal como aborda Blackstone[97].

97. William Blackstone (1723-1780), jurista, juiz e político *tory* do Parlamento britânico, foi a principal autoridade constitucional inglesa, autor de uma edição comentada da *Magna Carta*,

Logo de cara, notam-se duas grandes diversidades que impressionam:

I – a diversidade das leis;

II – a diversidade dos tribunais que as aplicam;

I – *Diversidade das leis.*

1) As leis são diferentes para a Inglaterra propriamente dita, para a Escócia, para a Irlanda, para diversos apêndices europeus da Grã-Bretanha, tais como a ilha de Man, as ilhas normandas etc., e finalmente para as colônias.

2) Na Inglaterra propriamente dita, observam-se quatro espécies de leis: o direito consuetudinário, os estatutos, o direito romano, a equidade. O direito consuetudinário, por sua vez, divide-se em costumes gerais, adotados em todo o reino, e costumes que são particulares a certas senhorias, a certas cidades e às vezes só a certas classes, tais como o costume dos mercadores, por exemplo. Em determinadas ocasiões, esses costumes diferem muito uns dos outros: por exemplo, aqueles que, em oposição à tendência geral das leis inglesas, querem uma partilha igual entre todos os filhos (*gavelkind*) e, o que é ainda mais singular, dão um direito de primogenitura ao filho mais novo.

II – *Diversidade dos tribunais.*

A lei, diz Blackstone, instituiu uma variedade prodigiosa de tribunais diferentes, como é possível concluir pela análise bastante sumária que segue:

1) Em primeiro lugar, encontravam-se os tribunais estabelecidos fora da Inglaterra propriamente dita, tais como as cortes da Escócia e da Irlanda, que nem sempre dependiam dos tribunais superiores da Inglaterra, embora todas devessem culminar, creio eu, na Câmara dos Lordes.

2) Quanto à Inglaterra propriamente dita, se não me falha a memória, entre as classificações de Blackstone vejo que havia:

a) 11 tipos de tribunais que existiam de acordo com a lei comum (*common law*), quatro dos quais, é bem verdade, parecem já ter caído em desuso;

b) três espécies de tribunais cuja jurisdição se estende a todo o país, mas que se aplicam apenas a determinadas matérias;

c) dez espécies de tribunais com um caráter especial. Uma dessas espécies compõe-se de tribunais locais, criados por diferentes atos do Parlamento ou existentes em virtude da tradição, seja em Londres, seja nas cidades ou nos povoados das províncias. Estas são tão numerosas e oferecem uma variedade tão grande em sua constituição e em suas regras que o autor renuncia a fazer uma exposição detalhada delas.

Assim, tomando-se como referência o texto de Blackstone, só na Inglaterra propriamente dita havia, na época em que ele escrevia, isto é, na segunda metade do século XVIII, 24 tipos de tribunais, vários dos quais se subdividiam num grande número de unidades, cada uma com sua fisionomia própria. Mesmo se afastarmos os tipos que desde então parecem quase desaparecidos, ainda restam 18 ou 20.

---

em 1759, e dos *Commentaries on the Laws of England* (*Comentários sobre as leis da Inglaterra*, 1765-1769), obra clássica do pensamento jurídico britânico e norte-americano.

Se examinarmos agora esse sistema judiciário, vemos facilmente que ele contém toda sorte de imperfeições.

Malgrado a multiplicidade de tribunais, é frequente a falta de pequenos tribunais de primeira instância instalados próximos aos justiciáveis e feitos para julgar *in loco* e a baixo custo as pequenas causas, o que torna a justiça complicada e onerosa. As mesmas causas são da alçada de vários tribunais, o que lança uma incômoda incerteza sobre o início das instâncias. Quase todos os tribunais de apelação julgam, em certos casos, em primeira instância, sendo cortes de *direito comum* em determinadas ocasiões, e *cortes de equidade* em outras. Os tribunais de apelação são muito diversos. O único ponto central é a Câmara dos Lordes. Não há qualquer separação entre o contencioso administrativo e o contencioso comum, o que pareceria uma grande deformidade aos olhos da maioria de nossos legistas. Enfim, todos esses tribunais vão extrair as razões de suas decisões em quatro legislações diferentes, uma das quais só se estabelece por precedentes, ao passo que a outra, a equidade, não o faz sobre nada preciso, já que quase sempre seu objetivo é ir contra o costume ou os estatutos, e corrigir pelo arbítrio do juiz o que no estatuto ou no costume for antiquado ou excessivamente severo.

Eis uma quantidade imensa de vícios, e, se compararmos esta enorme e antiquada máquina da justiça inglesa com a estrutura moderna de nosso sistema judiciário – a simplicidade, a coerência, o encadeamento que vemos neste com a complicação e a incoerência que observamos naquela –, os vícios da primeira parecerão ainda maiores. No entanto, não há país no mundo onde, desde o tempo de Blackstone, o grande objetivo da justiça fosse tão completamente alcançado quanto na Inglaterra, ou seja, onde todo homem, independentemente de sua condição, quer pleiteasse contra um particular ou contra o príncipe, estivesse mais seguro de que seria ouvido e encontrasse em todos os tribunais de seu país melhores garantias para a defesa de sua fortuna, de sua liberdade e de sua vida.

Isso não quer dizer que os vícios do sistema judiciário inglês servissem ao que chamo aqui de o grande objetivo da justiça, mas prova tão somente que em toda organização judiciária há vícios secundários que podem prejudicar apenas moderadamente esse fim da justiça, e outros principais que não apenas o prejudicam como também o destroem, embora estejam unidos a muitas perfeições secundárias. Os primeiros são percebidos com mais facilidade e costumam impressionar de imediato os espíritos vulgares. Saltam aos olhos, como se diz. Os outros estão muitas vezes mais ocultos, nem sempre são os jurisconsultos e as outras pessoas do ofício que os descobrem ou os assinalam.

Ademais, observem que as mesmas qualidades podem ser secundárias ou principais, conforme as épocas e a organização política da sociedade. Nas épocas de aristocracia, de desigualdades, tudo o que tende a diminuir um privilégio para certos indivíduos perante a justiça, a assegurar garantias ao justiciável fraco contra o justiciável forte, a fazer prevalecer a ação do Estado, naturalmente imparcial quando se trata apenas de uma disputa entre dois súditos, tudo isso se torna qualidade principal, mas diminui de importância à medida que o estado social e a constituição política voltam-se para a democracia.

Quem estudar à luz desses princípios o sistema judiciário inglês, descobrirá que ao deixar subsistir todos os defeitos que em nossos vizinhos podiam tornar a justiça obscura, emperrada, lenta, dispendiosa e incômoda, foram adotadas infinitas precauções para que o forte nunca pudesse ser favorecido à custa do fraco, nem o Estado à custa do particular; verá, à medida que investigar mais a fundo os detalhes dessa legislação, que nela se concedeu a cada cidadão toda espécie de armas para defender-se e que as coisas foram organizadas de maneira a oferecer a cada um o máximo de garantias possíveis contra a parcialidade, a venalidade propriamente dita dos juízes e essa espécie de venalidade mais comum, e sobretudo mais perigosa nos tempos democráticos, que nasce do servilismo dos tribunais perante o poder político.

Sob todos esses ângulos, o sistema judiciário inglês, a despeito dos numerosos defeitos secundários que ainda apresenta, parece-me superior ao nosso, o qual, é bem verdade, não sofre de quase nenhum desses vícios, mas tampouco oferece no mesmo grau as qualidades principais que ali se encontram e que, excelente quanto às garantias que oferece a cada cidadão nas disputas que surgem entre particulares, fraqueja no ponto que sempre deveria ser reforçado em uma sociedade democrática como a nossa, a saber, nas garantias do indivíduo frente ao Estado.

## [62] (p. 180) VANTAGENS USUFRUÍDAS PELA GENERALIDADE DE PARIS.

Esta generalidade era igualmente beneficiada tanto no tocante às caridades governamentais quanto em relação ao recolhimento das taxas, por exemplo: carta do controlador-geral ao sr. intendente da generalidade de Île-de-France, de 22 de maio de 1787, informando a este que naquele ano o rei estabeleceu, para a generalidade de Paris, uma soma de 172.800 libras a ser empregada em obras de caridade. Além disso, destinou 100 mil libras na aquisição de vacas que devem ser doadas aos agricultores. A carta também revela que o montante de 172.800 libras devia ser distribuído unicamente pelo intendente, sob a condição dele obedecer às regras gerais que o governo lhe prescrevera e de submeter a quota da divisão à aprovação do controlador-geral.

## [63] (p. 185) AUMENTO ARBITRÁRIO DOS IMPOSTOS.

Isto que o rei acaba de afirmar a respeito da talha, poderia ter sido dito com ainda mais razão a respeito dos vigésimos, como a seguinte correspondência permite concluir. Em 1772, o controlador-geral Terray[98] tinha ordenado um aumento considerável, na ordem de 100 mil libras, sobre os vigésimos da generalidade de Tours. Percebe-se o sofrimento e o mal-estar que tal medida causou ao intendente, o sr. Ducluzel, um hábil administrador e um homem íntegro, que afirma numa carta confidencial: "A facilidade com que as 250 mil libras foram entregues (o aumento anterior) provavelmente encorajou a cruel interpretação e a carta do mês de junho".

Em uma carta estritamente confidencial que o diretor tributário escreveu ao intendente, o primeiro diz: "Se, como você teve a gentileza de me confidenciar, os aumentos exigidos parecem-lhe sempre exacerbados e revoltantes em relação à miséria geral, seria desejável para a província, que só logra encontrar defesa e proteção em sua generosa sensibilidade, que você pudesse ao menos poupá-la das retificações, cobrança retroativa cada vez mais odiosa".

Essa correspondência também demonstra o quão injustificada e arbitrária (não obstante as boas intenções) era aquela prática. Tanto o intendente como o ministro fizeram com que o ônus da sobretaxa recaísse ora sobre a agricultura em vez da indústria, ora sobre um gênero agrícola em vez de outro (as videiras, por exemplo), conforme achassem que a indústria ou um ramo da agricultura precisavam de cuidados.

## [64] (p. 187) MODO PELO QUAL TURGOT REFERE-SE AOS HABITANTES DO CAMPO NO PREÂMBULO DE UMA DECLARAÇÃO RÉGIA.

Segundo o ministro, "na maior parte do reino as comunidades camponesas são constituídas de camponeses pobres, ignorantes, brutos e incapazes de governar-se autonomamente".

## [65] (p. 190) COMO, EM PLENO ANTIGO REGIME, AS IDEIAS REVOLUCIONÁRIAS GERMINAVAM COM TOTAL NATURALIDADE ENTRE OS ESPÍRITOS.

Em 1779, um advogado dirige-se ao conselho e solicita um decreto que restabeleça um preço máximo para a palha em todo o reino.

98. O abade Joseph-Marie de Terray (1715-1778) foi o último controlador-geral das finanças do reinado de Luís XV, tendo sido nomeado em 1769 para aquele posto. Marcado pelo rigor extremo com que tentou reduzir a dívida pública, adotou medidas que contrariaram tanto a nobreza (especialmente a de toga) quanto a burguesia, e as quais culminaram na grave crise política que opôs o chanceler Maupeou ao Parlamento de Paris, entre os anos de 1771-1774 – crise esta de profundas consequências para a monarquia. A exemplo de Maupeou, Terray foi dispensado por Luís XVI no início de seu reinado. Era tão malquisto pelo povo de Paris, que em 1770 este alcunhou a rua "Vide-Gousset" (esvazia-bolsos) de "rua Terray".

## [66] (p. 190)

Em 1781, o engenheiro-chefe escreve ao intendente, a propósito de um requerimento de indenizações suplementares: "O solicitante ignora que as indenizações concedidas são um favor particular à generalidade de Tours, sendo motivo de grande felicidade a recuperação de uma parte de sua perda. Se indenizássemos da maneira indicada pelo solicitante, quatro milhões de libras não seriam suficientes".

## [67] (p. 194)

A Revolução não ocorreu em razão dessa prosperidade; mas o espírito que devia engendrar a Revolução – esse espírito ativo, inquieto, inteligente, inovador, ambicioso –, esse espírito democrático das sociedades novas, começava a animar tudo e, antes de convulsionar bruscamente a sociedade, já era suficiente para agitá-la e desenvolvê-la.

## [68] (p. 195)
CONFLITO ENTRE OS DIFERENTES PODERES ADMINISTRATIVOS EM 1787.

Exemplo disso: a comissão intermediária da assembleia provincial de Île-de-France reivindica a administração do asilo de mendicância. O intendente pretende manter-se no controle, "pois esse edifício", diz ele, "não é mantido com os recursos da província". Durante o debate, a comissão intermediária consultara as comissões intermediárias de outras províncias, a fim de saber a opinião delas. Entre outras respostas, encontramos a oferecida pela comissão intermediária de Champagne, que anuncia à sua congênere de Île-de-France estar diante da mesma dificuldade, perante a qual opõe resistência idêntica.

## [69] (p. 198)

Na ata da primeira assembleia provincial de Île-de-France, encontro a seguinte frase, proferida pelo relator de uma comissão: "Até o presente, as funções de síndico, muito mais penosas do que honrosas, deviam repelir todos os que aliavam a abastança às luzes proporcionadas por sua condição".

Este livro foi impresso pela Gráfica Grafilar
em fonte Minion Pro sobre papel Pólen Bold 70 g/m²
para a Edipro no inverno de 2022.